语言与权力

二战后马来西亚语言教育政策发展研究

刘勇 ◎ 著

时事出版社
北京

序

《语言与权力——二战后马来西亚语言教育政策发展研究》一书是刘勇在其博士学位论文的基础上修改完善的成果，作为其论文撰写的见证者和指导者，我为他这一成果的即将付梓而感到欣慰。

语言是文明的血脉，亦是权力的符码。在马来西亚这片土地上，多元民族语言编织的复调交响，构成了世界语言版图中瑰丽的马赛克拼图。当我们以权力博弈的棱镜审视这个国家的语言教育政策演变史，便如同打开了一部解码东南亚现代国家建构的秘钥。

从1957年"独立宪章"确立马来语的国语地位，到新世纪多元语言教育体系的曲折生长，马来西亚的语言教育政策始终在"熔炉"与"拼盘"的张力中寻找平衡点。《语言与权力——二战后马来西亚语言教育政策发展研究》一书突破传统政策史书写的线性叙事框架，将语言教育政策的演变视作族群政治博弈的动态场域。在这个充满张力的空间中，马来民族的"语言主权""制度性权力"诉求、非马来民族的"母语教育保卫战""文化身份焦虑""语言生态危机"，构成了多声部交织的权力交响曲。

本书以语言政治生态学为理论透镜，通过解密历次《教育法案》修订背后的族群角力，剖析《1961年教育法令》第21（2）条引发的华文教育抗争，追踪2003年英语教数理政策（PPSMI）的兴废轨迹，揭示出语言政策既是族群权力博弈的产物，也是重构社会关系的政治技术。在国民华文小学的生存空间中，在国民大学招生政策的字里行间，在官方文件的多语转换机制里，处处可见语言如何成为族群资本再生产的战略工具。

通过历时性考察与共时性比较，本书构建了"语言权力双重模型"：宪法赋权的制度性权力、文化传承的象征性权力，两者间的动态平衡构成了马来西亚语言政治的基本图式。这种分析框架不仅为理解东南亚多语社会提供了新的理论工具，更揭示了后殖民国家在建构国族认同过程中面临的深层悖论——如何在保持文化多样性的同时锻造国家共同体。当我们的视线穿透语言政策的文本表层，看到的不仅是词汇与语法的博弈，更是各族群对历史记忆的争夺、对未来话语权的竞逐。从独立广场的"默迪卡"呼声，到茨厂街的粤语叫卖；从马来短剑纹饰的国徽，到华人庙宇飞檐的剪影，语言政策的每个转折都折射着这个国家在多元共生道路上的艰难求索。这部研究既是对过往的"病理学解剖"，更是为东南亚多元社会提供的"诊断学手册"。

值此付梓之际，惟愿此书能够成为理解马来西亚族群政治的一面棱镜，为多语国家治理提供启示。当全球化浪潮不断冲刷民族国家的边界，马来西亚的语言政治实验或许能给予我们这样的启示：真正的国家认同不应建立在某种语言的霸权之上，而应孕育于不同语言文明对话产生的"第三空间"。这既是东南亚给世界的礼物，也是人类文明存续的智慧。

最后，衷心祝愿刘勇博士继续保持专注于科研的恒心和毅力，在未来的学术道路上每一步都走得坚定而有力，在学术探究的艰难之路上能始终满怀热忱、斗志昂扬，乘风破浪去书写属于自己的精彩篇章。

是为序。

国防科技大学外国语学院教授、博士生导师
唐慧
2024 年 8 月于南京

目　　录

绪　论 …………………………………………………………（1）

　　第一节　缘起及意义 ………………………………………（1）
　　第二节　理论基础 …………………………………………（3）
　　第三节　概念阐释 …………………………………………（13）

第一章　马来族群权力观的形成 ……………………………（24）

　　第一节　二战前马来族群权力意识的萌芽 ………………（24）
　　第二节　二战期间及战后马来族群权力意识的发展 ……（42）

第二章　权力妥协与语言教育政策的初定
　　　　（二战后至1957年）………………………………（56）

　　第一节　二战前及二战期间马来亚的语言教育发展 ……（56）
　　第二节　战后初期语言教育政策的争持 …………………（65）
　　第三节　权力认可与语言教育政策的出台 ………………（75）
　　第四节　独立前语言教育政策的调整 ……………………（93）

第三章　权力争夺与语言教育政策的改变
　　　　（1957年至1969年）………………………………（105）

　　第一节　独立初期马来亚多元族群状况 …………………（105）
　　第二节　独立初期语言教育政策的变化 …………………（109）

· 1 ·

第三节　马来西亚成立后语言教育政策的新论战 ……………（129）

第四章　权力压制与语言教育政策的再变
　　　　　（1969年至1990年） ……………………………………（147）
　　第一节　新经济政策初期语言教育政策的调整与落实 ………（147）
　　第二节　新经济政策后期语言教育政策的变动 ………………（164）

第五章　权力让步与语言教育政策的转向
　　　　　（1990年以后） ………………………………………（177）
　　第一节　国家发展政策时期语言教育政策的再论争 …………（177）
　　第二节　21世纪初关于英语教育语言政策的问题 ……………（194）
　　第三节　权力博弈与语言教育政策的未来发展 ………………（204）

结　　语 …………………………………………………………（210）

参考文献 …………………………………………………………（213）

绪　　论

第一节　缘起及意义

马来西亚位于亚洲大陆和东南亚群岛的衔接处，紧邻马六甲海峡和南海，位于太平洋与印度洋的交汇地带，是中国共建"一带一路"倡议中"21世纪海上丝绸之路"的关键节点国家之一，具有十分重要的战略地位。作为后殖民国家，多元族群和多元文化是马来西亚的显著特点，而族际关系整合则是困扰马来西亚民族国家建构的核心问题。语言作为一种特殊的文化，是族群身份的重要载体，由此语言教育从一开始就成为族群关系中备受关注的议题。二战结束后，马来亚[①]关于语言教育的争论就开始凸显，由于殖民者的存在以及各族群对未来国家建构理念的不同，各方围绕语言教育政策的制定展开了激烈的论争。英国殖民者推崇英语教育以塑造马来亚在资本主义政治经济体系中的地位；马来族群坚持将马来语作为马来文化的重要标志，力主马来语教育在国家教育体系中的核心地位；非马来族群则强调国家的多元文化属性，坚决维护族群母语的教育机会。这种矛盾构成了马来西亚独立后相当复杂的语言教育环境，当政府将马来语确定为国语和官方语言并将其作为教育语

[①] 二战后，马来亚开启独立化进程，1957年获得独立。1963年马来亚与沙巴、沙捞越、新加坡共同组成马来西亚联邦（1965年新加坡退出）。本书在对马来西亚民族国家建构的描述中，将按照时间发展称呼其为马来亚或马来西亚。

言进行推广，同时限制其他族群母语教学时，触发了潜在的族群矛盾，语言教育问题由此成为马来西亚一个敏感的政治问题。

二战后，马来族群精英在民族主义国家建构理念的驱动下产生"马来人的马来亚"观念，形成以马来族群主导权为核心的权力观。在多元文化国家，语言教育政策是民族国家建构过程中的核心问题，对族群文化与国家文化关系的探讨在民族国家建构过程中一直都是族群间的热点话题。不同于东南亚其他国家的多元族群构成方式，马来西亚以三大族群为主的多元族群社会增加了族群整合的难度，也导致它在民族国家建构过程中形成独特的族群政治生态，因此与族群利益密切相关的语言教育政策必须放在马来西亚特殊的族群政治生态下进行分析和研究。本书基于权力与权力博弈的相关概念展开研究，研究意义主要体现在理论和实践两个方面。

在理论意义方面：

第一，运用权力相关理论，拓宽研究视角，增强相关研究的理论性。通过政治学与社会学的相关权力理论分析语言的权力特征，达成对语言更为深刻的理解。语言是一种权力，语言教育政策是获取权力的方式，在不同历史时期语言教育政策的变化显示出不同的权力获取策略，权力博弈是马来族群精英采取不同策略的深层次动因。结合权力理论，可以透视语言教育政策形成与演变的权力博弈本质，为它的研究提供独特的视角与多样的诠释。

第二，运用历史学、政治学、民族学、社会学等跨学科研究方法，提供新的研究范式，促进语言教育政策研究在新文科背景下的转型与发展。权力问题是政治学和社会学问题，语言教育问题是民族学和社会学问题，通过权力博弈研究语言教育政策的形成和演变需要具有跨学科的研究思维，运用跨学科的研究方法，将不同的研究范式相结合形成新的研究思路，将语言教育政策研究引入新的研究领域，结合政治学以及社会学相关理论，产生新的研究成果。

第三，提出研究框架，为未来的研究提供参考，具有一定的启发意义。通过对马来西亚语言教育政策形成和演变的研究，在揭示其历史发展深层逻辑的同时提出新的研究框架，为未来可能出现的变化提供分析路径和分析模式。同时，通过将语言教育政策与民族国家建构中的权力博弈相结合，也能给对象国相关问题的研究一些启发。

在实践价值方面：

第一，加深对马来西亚语言教育政策形成和演变的理解。通过权力视角研究语言教育政策，在加强对语言本质理解的同时，全面把握其形成和演变与马来族群精英文化权力获取策略的关系，通过分析它背后的权力博弈来揭示它与马来西亚族群政治发展的关系。此外，语言教育政策作为族群关系的重要关注点，将语言教育政策作为对象国研究的切入点，能够起到以小见大、见微知著的作用。

第二，加深对马来西亚族群政治本质的理解。马来西亚族群政治实际上是在民族国家建构过程中马来族群的民族主义思想与非马来族群多元主义思想碰撞下产生的特殊的政治生态，它反映了马来西亚在民族国家建构过程中的矛盾和冲突。一定程度上，这些矛盾和冲突也影响了国家的内政和外交，通过权力理论研究语言教育政策的同时也揭示了族群政治的本质特征和它运行的深层次逻辑，有助于对马来西亚政治进行更为深入的理解。

第三，为多元族群国家的语言教育政策提供一定的借鉴和参考。语言教育问题是多元族群国家面临的重要问题，通过对族群政治生态下语言教育政策形成和演变的研究提出新的研究框架，能够为其他多元族群国家的语言教育政策研究提供一定的参考和借鉴。

第二节 理论基础

权力是社会科学中的一个重要概念，从词源上看，英语中权力"power"一词源于法语"pouvoir"，而法语一词的渊源又出自拉丁语"potestas"。拉丁语一词中它的词根"potere"本意包含了"能够"的意思，所以"能力"是"权力"最基本的内涵。从历史发展的角度来看，学者们也倾向于将权力看作是某个人或某个组织影响、支配或控制其他人或其他组织的能力和力量。从亚里士多德、卢梭，到韦伯，再到布劳，他们都将能力作为权力的核心要素，其中强制性是其最显著的特征。罗素认为，在社会科学中权力是基本的概念，就如物理学中能的基本概念，它和能一样，必须被看作是不断地从一个形态向另一个形态的转变。[①] 法国哲学家福柯认为，权力是一种关系，是一种相互交错的网络，它并无特定的主体且具有非中心化的特点。布尔迪厄的权力观点与福柯最为相似，他认为权力本身是一个关系型概念，不同行为体之间资本总量的不对称性构成行动者之间的权力关系。此外，罗素认为权力分为不同的类型，权力间的相互作用就像物理学中的能量从一种形态转变成为了另一种形态，这里提到权力的相互作用和相互转化问题，也是权力博弈的重要组成部分。本书的权力理论主要基于安东尼奥·葛兰西的文化霸权理论和皮埃尔·布尔迪厄的象征性权力理论。

一、葛兰西与文化霸权理论

葛兰西是意大利共产党领袖、创始人以及"欧洲共产主义"的奠基者，他于1891年出生于意大利的撒丁岛。《狱中札记》是他的代表性作品，在书中葛兰西解释了为何通过革命，社会主义政权能够在俄国建立，而不是意大利或西欧。在葛兰西之前，德国政治学家及经济学家卡尔·马克思曾指出，统治阶级用强制（武力威胁）及合意（操控人民的意识，使他们相信现存制度是天然有益的），尽可能从工人身上榨取劳动力，以便追求更高利润。葛兰西在《狱中札记》中以此为基础，引入霸权的概念，他指出霸权是指一个社会的统治阶层如何获得、维持，并操控权力。[②] 马克思主义思想家认为，一个社会的权力来自对经

[①] [英]伯兰特·罗素著，吴友三译：《权力论》，商务印书馆2012年版，第5页。
[②] [英]洛伦佐·福萨罗等著，李翼译：《解析安东尼奥·葛兰西〈狱中札记〉》，上海外语教育出版社2020年版，第4页。

济关系的掌控，葛兰西扩展了这一理论方法，使其囊括文化与思想，并以此为基础提出了文化霸权理论。葛兰西认为，霸权意味着统治阶层既掌握经济关系，也控制着文化价值观。此外，他对霸权的探讨还基于完整国家的概念，完整国家是指统治阶级依赖社会机构的共同作用来维持其权力与控制。[①] 通过将霸权和完整国家概念结合起来探讨，葛兰西指出统治阶级将政治组织（政府）与市民组织（教堂、学校）结合起来，以此来实现统治阶级的控制。其中，政府通过市民组织获得的文化和思想的统治力就是文化领导权。

霸权理论框架下的文化领导权理论是本书的理论逻辑起点。在葛兰西看来，文化领导权的关键在于通过工会、教会等社会舆论领域，报刊、杂志、新闻媒体、学术团队等历史形态领域将代表统治阶级的思想观念以及文化规制灌输并内化于被统治者，使被统治者认同其统治的合法性和有效性，发挥间接的、广泛的、非强制性的领导职能。葛兰西认为，一个社会集团的霸权地位表现在以下两个方面，即"统治"和"智识与道德的领导权"[②]，以此为基础即产生了葛兰西政治领导权和文化领导权的观点。葛兰西认为，随着人类历史的发展，群体之间在政治和经济上的冲突会逐渐转移到文化领导权的争夺当中，因此对文化领导权的争夺比对政治和经济领导权的占领更加必要，统治者通过对文化和思想观念的控制，通过教育、舆论等方式促使被统治者发自内心地认同和效仿，从而获得权力。葛兰西通过对文化和意识形态中所包含的权力因素的分析，为强势群体对弱势群体的文化霸权提供了理论支持。

葛兰西最重要的创新之处在于，他详尽而具体地论述了掌权者如何维持对他人施加的霸权。在葛兰西看来，霸权既通过经济关系也通过文化理念来施行。如果多数人认为当下的社会制度可能是存在的最好形式——即使这并非事实——他们也会接受随之而来的各种因素。社会之

[①] [英]洛伦佐·福萨罗等著，李翼译：《解析安东尼奥·葛兰西〈狱中札记〉》，上海外语教育出版社2020年版，第4页。

[②] [意]安东尼奥·葛兰西著，曹雷雨、姜丽、张跣译：《狱中札记》，河南大学出版社、重庆出版社2016年版，第38页。

所以保持稳定，是因为人们相信这是最好的选择，这一观点在葛兰西的论证中尤为重要。他认为，真正的权力来自劝服多数人相信并接受这种思想，即当下的社会制度几乎就是最好的安排。① 实际上，这也反映出葛兰西的权力观，正如法国总统萨科齐所说："我最终得出了与葛兰西相同的观点，权力是通过思想获得的。"② 通过思想获得的权力则表现为文化层面的权力，因此葛兰西的文化霸权理论实际上也可以理解为，在他看来，在某些特定国家中，获得文化领域的领导权才是政府实现统治的核心。

在《狱中札记》中，葛兰西对文化中的语言成分进行考察，认为语言也是文学和哲学，它也包含世界观和意识形态的成分，"某个只讲方言或者完全不理解标准语言的人，必定对世界具有一种或多或少狭隘和地方性的直觉"。他指出，"文化（这里葛兰西主要指语言）在其各种不同的层次上，把或多或少数量的，在不同程度上理解彼此的表达方式的个人联合成一系列彼此接触的阶层，正是这些历史、社会差异翻译在'共同'的语言中"。③ 因此，语言自身也是文化领导权的体现，马来族群意图提高马来语的地位，使非马来族群将其认同为某种形式的权力，从某种程度上来说，这是产生语言的主流文化群体——马来族群试图将其作为一种"常识"来表现，通过构筑马来族群的文化主导权，实现族群的主导权，为"马来人的马来西亚"提供合法性基础和现实支撑。

葛兰西的文化霸权理论将国家和市民社会作为理论的重要分析层面。他指出，在成熟的社会生活中，市民社会已经发展较为成熟，而统治阶级由于自身政治权力的加持，就会对市民社会产生一种文化或者意

---

① ［英］洛伦佐·福萨罗等著，李翼译：《解析安东尼奥·葛兰西〈狱中札记〉》，上海外语教育出版社2020年版，第30页。

② ［英］洛伦佐·福萨罗等著，李翼译：《解析安东尼奥·葛兰西〈狱中札记〉》，上海外语教育出版社2020年版，第48页。

③ 孙晓萌：《语言与权力：殖民时期豪萨语在北尼日利亚的运用》，社会科学文献出版社2014年版，第10页。

识形态上的领导权，统治阶级在加强自身的文化领导权的过程中，如果被统治阶级将这种文化或者意识形态灌输为自己的思想，那么可以说统治者的意识形态在此时就得到了价值共识，实现这种价值共识的过程就是领导权或者说霸权实现的过程。对于二战后的马来亚来说，马来族群"马来人的马来亚"理念，实际上就是获得马来族群在马来亚的主导权，包括政治领导权和文化领导权。此时，族群之间无论是在经济上还是在文化上，实际上已经形成族群闭环，马来族群大多居住在农村，以农耕经济为主，非马来族群中华人主要居住在城镇地区，印度人则主要居住在种植园地区，三大族群之间具有互不干扰的经济发展和文化发展闭环。马来族群为了在各个族群之间树立起自身的族群主导权，走向了率先获得文化领导权再获得政治领导权的道路。殖民者在马来亚对各族群之间长期以来采取的"分而治之"策略，使得族群之间相互交流并不多，对马来族群来说，获得文化领导权，让马来族群的文化成为马来亚的主流文化，并得到其他族群认同的首要方式就是规范语言的使用。对于语言使用的规范则首先要从统一学校的语言教育政策着手，通过规范使用相同的教育语言，提高马来语在各个族群之间的使用频率，提高各个族群对马来语的认同，使马来亚成为具有马来族群文化特色的国家。

  关于文化领导权和政治领导权之间的关系问题，在分析俄国与意大利革命的不同类型之后，葛兰西指出，由于市民社会的发展程度不同，对于政治领导权和文化领导权的获得顺序也可以有所差别。俄国可以通过十月革命的方式获得政治领导权，然后再获得文化领导权，这是俄国市民社会的不发达所造成的；对于意大利等欧洲国家来说，由于已经存在成熟的市民社会，无产阶级要想获得国家政权，可以通过先获得文化领导权再获得政治领导权的方式。上述两种方式也被葛兰西分别称为运动战和阵地战。运动战主要指通过暴力革命的形式直接夺取和粉碎国家机器，以达到全面颠覆旧的国家政权性质的战略目标，对领导权的获取是从政治到文化的；阵地战主要指采取攻克高校、出版社等知识机构和群众宣传机构来瓦解资产阶级文化体系，从而构建无产阶级意识形态，夺取文化领导权，在夺取文化领导权后再获得政治领导权。[①] 葛兰西关于政治领导权和文化领导权之间的关系问题是本书权力博弈的重要内容，政治权力与文化权力之间相互影响、相互转化也体现了权力的相互博弈。

二、布尔迪厄与象征性权力理论

皮埃尔·布尔迪厄是20世纪法国著名的社会学家和人类学家，他的思想成果受到马克思的阶级观、实践观的影响，同时在语言学研究上也受索绪尔等语言学家的影响。他的思想并不是简单承袭前人，而是一种继承性发扬，通过社会学解释索绪尔的一些语言学知识，将权力要素带入到语言学的研究当中，丰富语言学的研究。他提出的象征性权力理论是本书的理论基础，通过将以语言为代表的文化权力进行结合，在阐述其性质的同时，探究其发展变化的本质特征。

在研究语言与权力的关系时，布尔迪厄引入中间变量——资本的概念，他认为经济资本、文化资本、社会资本和象征资本是资本的最基本形式，而象征资本是对前三种资本形式的一种认可和体现。他认为经济资本、文化资本和社会资本之间在一定条件下通过一定的比率可以相互转化，但并不是在所有的方向上相互转化都具有同样的可能性。象征资本作为其他类型资本的转化形式，转化的过程就是各种资本在象征化实践中被赋予象征结构的过程，就是以更曲折和更精致的形式掩饰地进行资本的"正当化"和权力分配的过程，也是各种资本汇集在社会精英和统治阶级手中的过程，同时又是各类资本在社会各场域周转之后实现资本再分配的过程。[②]

他指出，当语言在发挥社会效应时，它作为一种象征资本在发挥作用，这种象征资本是语言能力在对合法能力的生产手段和表达的合法地

[①] [意]安东尼奥·葛兰西著，曹雷雨、姜丽、张跣译：《狱中札记》，河南大学出版社、重庆出版社2016年版，第10页。

[②] 高宣扬：《布迪厄的社会理论》，同济大学出版社2004年版，第151页。

点的获得机会上存在着不平均分配的时候出现的。当合法语言的能力作为资本发挥作用时,它同时也在每一个社会交换的情形中创造出区分性利润,即产生社会效应。他认为语言实践不仅是一种信息交换,也是一种经济交换,正是其中发挥作用的价格形成规律使布尔迪厄用"语言资本"代替了"语言能力"的概念,因为语言资本暗示了语言利润的产生。一个语言市场的建立为客观竞争提供了条件,由此合法语言的能力可以作为语言资本发挥作用,在每一个语言交换的情形中都创造出区分性利润。这种区分性利润是作为言说者在社会结构中所占据位置的功能而分配的。所有语言实践都按照合法语言的实践来衡量,即按照那些占支配地位的群体的实践来衡量。客观地指定给不同言说者的语言产品的可能价值,和由此与他们自己的产品之间关系的可能价值,实际上都是在竞争的变量系统内界定的。在特定的社会条件下,支配性的能力作为语言资本发挥作用,并在它与其他能力的关系中获得区分性利润,由此使得拥有这种能力的群体能够在正式场合或市场中,以及在大部分他们所参与的语言交换中,把它作为唯一合法的资本而加强。[1]

在布尔迪厄的资本理论中,语言能力首先属于文化资本。布尔迪厄将文化资本分为三种形式:身体化的形式,如习性;客体化的形式,如书籍;体制化的形式,如学历凭证。他认为语言能力属于文化资本的身体化形式,"语言是一种身体技术,具体的语言学尤其是语音学的能力则是身体魔力的一个纬度,它体现了个人与社会世界的整体关系以及与世界的整体性社会渗透关系"。[2]但是语言资本又不仅是文化资本,还是象征资本,语言的权力关系不仅凭借语言能力之间的关系予以界定。不同群体之间的重要性还依赖于他们的象征资本,即他们从群体中获得的认可,无论这种认可是否已经制度化了。任何由使用合法语言所获得的区分性利润的源泉,都取自社会世界的整体,以及赋予其结构的支配

---

[1] 鲍建竹:《作为社会技艺的语言:布尔迪厄社会语言学研究》,上海大学出版社2018年版,第127页。

[2] 鲍建竹:《作为社会技艺的语言:布尔迪厄社会语言学研究》,上海大学出版社2018年版,第129页。

性关系。

　　语言交换作为一种符号交换，语言能力之间的关系是一种象征性权力关系。因此在语言市场中，不同言说者之间的权力关系事实上就是一种象征性权力关系。针对语言的象征性权力，布尔迪厄认为合法的言语是一种创造性的话语，语言通过生产那种为集体所承认并且因而能够被实现的关于存在的表征，从而也生产着存在。他进一步指出象征性权力是构造之权力，"它是一种保全或改变在社会世界中运作的联合与区分，结合与离异、聚合与游离之客观原则的权力；是维护或转化现行之性别、国家、区域、年龄与社会地位的分类方式的权力，而这一切都是借由那些用来指称或者描述个人、群体与制度的语词而运作的"。[①] 象征性权力的拥有必须建立在对象征资本的拥有之上，只有那些获得了足够认可并且能够强加给别人认可的人才拥有这种象征性权力。因此这种构造的权力只能是长久的制度化过程的结果，只能在被群体赋予制造群体的权力的代表设立之后才能获得，而代表正是通过仪式性话语的象征炼金术来实现的。因此在布尔迪厄看来，象征性权力是次一级的权力形式，是由其他形式的权力转化的、能够引起误识的、被变形的，也是合法的形式。语言的权威来自它的外部，语言只是代表了这种权威，并将其象征化。

　　针对象征性权力发挥作用的方式，布尔迪厄提出象征性暴力的概念，并认为语言的象征性权力正是通过象征性暴力这种柔性暴力的方式来实现其支配效应的。同时，布尔迪厄也以"合法性"作为其象征性暴力理论的分析依据，在布尔迪厄看来，任何一种真实的权力都是作为一种象征力量在起作用，并包含着认同的要求。这种认同要求针对的是具有自主性的行动者，即一位有能力将权力和权力赋予它自己的东西协调起来的行动者。这不是一种简单而专制的强制行为，实际上只有得到某一独立的权力的特许，这一认同要求才会有价值，才能够产生社会效

[①] 鲍建竹：《作为社会技艺的语言：布尔迪厄社会语言学研究》，上海大学出版社2018年版，第139页。

能，认同行为越是不受物质的、经济的、政治的、情感的外部制约的影响，或者说这种行为越是仅仅受到某一选择性服从的特殊理由的激励，那么它的合法性被认同的机会就越多，行使合法权力的机会就越多。通过使用象征性暴力这一概念，布尔迪厄所强调的正是被统治者的被统治状况不仅为统治者所接受，同时也为被统治者自己所接受。权威话语的特殊性就在于，它不仅需要被理解，而且只有在被认可为权威话语时，才能发挥其特殊效应。因此，听话者与言说者之间实际上是一种共谋关系，所谓象征性暴力，就是在一个社会行动者本身共谋的基础上，施加在他身上的暴力。① 听话者并没有领会出那些施加在他们身上的是一种暴力，反而对其认可。布尔迪厄将这种现象称为误识，误识的作用在于使一种不对称的力量对比合法化。

三、理论应用

二战后，基于多元族群的社会现实，马来亚在民族国家建构过程中逐渐形成族群竞争的政治生态。伴随着世界局势的变化和马来族群权力观念的发展成型，马来亚的族群主导权成为马来族群精英追求的最高目标。基于葛兰西的文化霸权理论体系，马来族群精英追求的族群主导权主要包括政治领导权和文化领导权，其中文化领导权是统治者对文化和思想观念的控制。语言包含世界观和意识形态的成分，是文化的重要组成部分，对语言的使用规划是实现文化领导权的重要方式。关于语言与文化领导权的内在关系逻辑，布尔迪厄的象征性权力理论认为，语言具有象征资本，对语言的使用是对象征资本的认可，当使用特定语言能够获得区分性利润时，语言的象征资本就转化为象征性权力，语言的言说者就获得了语言代表的象征性权力，它属于文化领导权的范畴。在不同国家，政府对特定语言教育进行规划，旨在生成语言资本并创造出语言的区分性利润，这是不断获得文化权力、实现文化领导权的过程。在马

---

① 鲍建竹：《作为社会技艺的语言：布尔迪厄社会语言学研究》，上海大学出版社2018年版，第144页。

来西亚，政府通过制定语言教育政策来强调马来语的学习和使用，获得非马来族群对马来语的认可，就是要创造马来语的象征资本，作为马来语言说者的马来族群就能够获得语言的区分性利润，也就能获得国家的文化领导权，因此语言教育政策中对马来语的规划是马来族群获得文化权力进而获得文化领导权的重要方式。

  关于权力的获取问题，葛兰西指出，在实现族群霸权的过程中，政治领导权和文化领导权的获得顺序和方式因为市民社会的发展程度不同有所差异，包括阵地战和运动战两种类型。布尔迪厄指出，语言资本和语言区分性利润是以言说者在社会中的位置决定的，当言说者处于社会支配性地位，言说者就能界定语言使用的变量系统，语言就具备象征资本，言说者也具有象征性权力。布尔迪厄提出的言说者的支配性地位和能力与葛兰西提出的特定群体的政治领导权具有一定的相似性。当言说者具备支配性能力或者说政治权力的时候，言说者就能够在大部分他们参与的语言交换中将该语言作为唯一合法的资本强行使用，从而获得文化权力。因此，在大多数社会中文化权力的获得要以政治权力为基础。在多元族群的马来西亚社会，作为马来语言说者的马来族群是土生族群，但在英国殖民者塑造的文化体系中，马来族群文化发展程度较低，受非马来族群的认可度也较低，相反以英语和非马来族群母语为代表的文化发展较为繁荣。马来族群在语言教育政策上显现出来的对文化权力的追求与其文化的象征资本不匹配，难以获得非马来族群自觉的认同，因此难以自然地获得文化权力。政府通过规划语言教育政策来提升马来语在国家中的地位，实际上是希望通过象征性暴力的方式，得到非马来族群对马来族群以语言为核心的文化权力的认可，但在象征性暴力实施的过程中并未与非马来族群达成共识，造成了族群间的矛盾与争论。因此，马来族群精英的文化权力诉求受到政治权力状态的影响，也造成了族群间的权力博弈，影响了语言教育政策的形成和演变。

第三节 概念阐释

一、语言教育政策

语言教育是指通过学校教育体系学习语言课程。设置这些课程的目的，就是帮助训练学生掌握目的语的语言知识和语言技巧。学生通过这些语言课程，可以学到目的语的语言系统知识，例如语音发音方法、语法条规、习俗表达法，也可以掌握该语言的技巧。[①]

教育语言则是指被用作媒介语言来传授知识的某一种具体的语言。卢丹怀教授指出："虽然从严格意义上来说语言教育和教育语言是两个不同的概念，但实际上两者并不能决然分开。"[②] 有时为了达到语言教育的目的，人们特意采用某种教育语言。如果使用得当，教育语言可以帮助人们达到语言教育的目标。例如在马来西亚，马来文学校的所有课程都以马来语作为教育语言，这一状况最终促进了马来文的语言教育；华文学校的所有课程都以华文为教育语言，最终促进了华文的语言教育。可见，语言教育与教育语言之间有着相辅相成的关系。就马来西亚而言，各种不同语言源流学校的差别，实际上就是教育语言的不同，对语言教育政策的研究关注点也在于政府对不同教育语言的态度。

语言教育政策研究属于交叉学科研究，其理论基础可追溯至三大学科：政策学、语言学和教育学，关于语言教育政策的研究包含三个主要环节：政策制定、政策执行和政策结果。[③] 本书对于语言教育政策历史演进的分析，主要关注政策制定环节，分析政策制定和演变的内在动因。语言教育政策通常指政府为实现语言教育的目的而颁布的法令、法规及政策指导性文件，它包括政府以书面形式颁布的法律、法案、文

[①] 卢丹怀：《香港双语现象探索》，三联书店（香港）有限公司2005年版，第144页。
[②] 卢丹怀：《香港双语现象探索》，三联书店（香港）有限公司2005年版，第145页。
[③] 刘泽海：《东南亚国家语言教育政策发展研究》，社会科学文献出版社2018年版，第59页。

书、文件、通告以及国家领导人在公共场合所发表的言论、通知等。本书所研究的语言教育政策，主要是指二战后至今马来西亚针对语言教育和语言发展而制定的一系列报告书、法令等文件，以此为基础研究马来西亚语言教育政策的发展史。

语言教育政策是国家语言政策的一个方面，在不同历史时期，马来西亚语言教育政策产生了不同的变化，也拥有不同的特点。相对而言，国家的语言政策从独立开始就保持了一致性。语言政策是指一个国家为了规范国民语言使用而颁布的相关政策和法令，在马来西亚，政府语言政策的核心是致力于推动马来语在各个领域的使用。1957年马来亚宪法规定国语和官方语言是马来语，政府不得阻止使用其他语言。1967年颁布的《国语法令》进一步确立了马来语的国语地位，但该法令由于对英语和非马来族群母语限制不严一直遭到诟病。"5·13族群冲突"后，政府更加强调马来语在行政、教育、经济中的地位，马来语的国语地位得到实质性提高。总的来说，马来西亚在语言政策上坚定推崇马来语的国语和官方语言地位，也通过各种不同方式提高马来语的使用率。

二、权力与权力博弈

权力问题是政治学和社会学研究的重点，各个学科对权力的阐释都离不开能力和影响力的范畴。根据葛兰西的文化霸权理论，本书引入政治权力和文化权力两个权力概念，同时结合马来族群和非马来族群（主要是华人族群）共同构成四种类型的权力：马来族群政治权力、马来族群文化权力、非马来族群政治权力、非马来族群文化权力。同时以马来族群的政治权力和文化权力为出发点，探讨它们相互影响的过程。关于博弈理论，社会生活中充满了矛盾与妥协、冲突与合作，博弈理论正是分析利益冲突的架构，博弈实际上是一种竞争和合作的关系，主要指在一定的条件下，遵守一定的规则，一个或几个拥有绝对理性思维的人或团体，从各自允许选择的行为和策略进行选择并加以实施，从中各自取得相应结果或收益的过程。①

本书权力博弈的概念主要包含两个层面的意义。第一个层面的意义是族群之间以及族群内部权力的博弈。从国家独立至今，马来族群与非马来族群各自都有对于国家政治权力的想象，想象与现实的不同造成了族群之间在政治权力上的合作和角逐，正是在特定历史时期的权力博弈影响了马来族群的政治权力状态，从而影响了族群文化权力状态。此外，马来族群内部的权力博弈也是影响族群文化权力的重要因素。马来族群内部因为派系以及党派等的不同，在不同的历史时期有过团结和分裂，影响了族群的政治权力状态，并随之影响了文化权力状态。族群内部和族群之间的权力博弈相互交织，最终形塑了语言教育政策特殊的形成和演变轨迹。第二个层面的意义是政治权力和文化权力相互影响和相互转化的现象及过程。在马来西亚，政治权力是马来族群主导地位的核心和保证，当政治权力不足或不稳定时，马来族群可以通过让渡理想中的文化权力获得政治权力，实现文化权力向政治权力的转化；当政治权力巩固之时，马来族群则希望通过政治权力获得文化权力，实现政治权力向文化权力的转化。因此权力博弈包含上述不同的权力互动状态，为解释马来西亚语言教育政策的形成和演变提供特殊的视角。

三、与"马来"相关的指称

（一）马来联邦、马来属邦和英属马来亚

1. 马来联邦（英语为 Federated Malay States，马来语为 Negeri-negeri Melayu Bersekutu）

1824年《英荷条约》签订后，马来半岛成为英国的势力范围。1826年英国将新加坡、马六甲和槟榔屿组成单独的行政区，称为"海峡殖民地"，1867年开始受到英国殖民部的直接管理，并成立了马来半岛上第一个立法会，称之为"三州府"。1874年，英国殖民者与霹雳州苏丹签订《邦咯条约》，规定英方承认苏丹阿卜杜拉的统治者地位，不

---

① 杨光斌：《政治学导论》，中国人民大学出版社2019年版，第6页。

干涉马来习俗和伊斯兰事务,而霹雳州成为英国的保护对象,英国向该地派出驻扎官。此外,英国还分别于1874年、1884年、1895年分别与雪兰莪、森美兰和彭亨三州签订了类似条约并派出驻扎官。在此基础上,1896年,英国设立包括霹雳、雪兰莪、森美兰和彭亨四州在内的马来联邦,称之为"四州府",首府设在吉隆坡。

2. 马来属邦

历史上,马来半岛北部诸州长期处于暹罗控制之下。英国来到马来半岛后,通过与暹罗秘密协议,派遣英国籍顾问官到北部各州。1914年,英国成立包括柔佛、玻璃市、吉兰丹、吉打和登嘉楼五州在内的马来属邦,称之为"五州府"。这五个州在行政上各自为政,保留了更多实权和传统的统治形式,英国对其的控制也较为松散。

3. 英属马来亚

殖民者建立马来属邦后,英属马来亚基本形成,它由海峡殖民地、马来联邦和马来属邦构成,囊括马来半岛各州,关于英属马来亚的称呼也正式确定下来。由于当时马来亚国家的概念并未形成,有时也称其为马来亚地区。

(二)马来亚联邦和马来亚联合邦

1. 马来亚联邦

1941年,太平洋战争爆发后,日本迅速占领马来亚。二战后期,盟军在太平洋地区的优势逐渐扩大,英国殖民部也开始探讨战后殖民地的安排,马来亚联邦正是英国殖民者对战后马来亚地区的安排。马来亚联邦计划在英国重返马来亚后于1946年被正式提出,它是英国对马来亚进行直接殖民的计划,受到各族群的反对。其中,马来族群对计划中将公民权平等地授予各个族群的方案提出强烈反对,并基于此建立了马来民族统一机构——巫统,产生了马来民族主义。在巫统的强烈要求下,马来统治者拒绝出席马来亚联邦成立仪式,使得英国的马来亚联邦计划在实施不久后破产。

2. 马来亚联合邦

由于以巫统为代表的马来族群强烈反对,殖民者的马来亚联邦计划破产,面对社会各界对国家未来发展的规划和想象,英国选择和巫统以及马来统治者秘密探讨新的国家形式,在1948年2月成立马来亚联合邦,在联合邦中,马来族群继续拥有特权,对非马来族群的公民权资格给予严格限制。受到第三世界民主化浪潮的影响,马来亚联合邦独立也在1949年提上日程,在联盟党的努力下,马来亚联合邦于1957年独立,属于马来亚人的马来亚联合邦正式建立。

(三)马来西亚联邦

马来亚联合邦于1957年独立后,在东南亚民主化浪潮和冷战等因素的影响下,马来亚与英国殖民下的沙巴、沙捞越和新加坡决定联合成立新的联邦,马来西亚联邦于1963年9月16日正式成立。马来西亚联邦成立后,由于马来亚与新加坡在经济、政治、社会等方面较大的差异,产生了难以调和的矛盾和冲突,新加坡于1965年8月退出马来西亚联邦。马来西亚联邦如今包含马来半岛的11个州和婆罗洲的沙巴和沙捞越,共13个州。

四、民族、族群与种族

民族、族群和种族的概念在如今的学界使用较为混乱,对于相关概念的区分不明也使得人们对其使用随意化,民族主义则由于其使用语境和使用场合的不同,意义也存在较大差别。在马来西亚,对于族群与种族的混用现象比较普遍,有的学者认为,它们的概念相互区别不大,在马来西亚的语境下即使混用也没有太大关系,然而,就上述几个词的情感色彩和使用惯例来说,还是有较大区别的。

(一)民族与民族主义

关于民族概念的发展,古今中外的政治社会学者和研究人员从各自生活的历史场景出发,对民族做出了各种各样的诠释,总的来说,民族概念的演变主要有三个基本的源流:西方国家的民族概念、苏联及俄罗斯的民族概念和中国的民族概念。①

从人类学家的考证来看，英语中的"nation"一词来源于拉丁语的"natio"，原意是指种族、地域、出身或血缘纽带等，是指拥有同一出生地的居民团体。在古罗马，"natio"主要用来指称那些具有相同籍贯的外国人群，在一定程度上含有贬义。②它在西方国家的演变与西方民族国家的发展理论是相伴而生的，随着新兴资产阶级对于传统封建社会君主专制制度的反对，需要建立一个全新的国家形式，这样的国家就是如今仍然伴随历史发展的民族国家。民族国家概念的提出将"民主"与"公民权利"等结合在一起，逐渐成为一个与政治相关的概念。但是关于民族的确切概念，尚没有统一的标准和定论。马克斯·韦伯认为，"nation"是一个自我宣称具有国家情感的共同体，同样，它也倾向于建立属于自己的国家共同体；本尼迪克特·安德森指出，"nation-ness"（民族属性）是"我们这个时代的政治生活中最具普遍合法性的价值"，"nation"是"一种想象的政治共同体——并且，它是被想象为本质上有限的，同时也享有主权的共同体"。③

就苏联对民族的定义来说，以马克思和恩格斯的理解以及斯大林的定义最广为流传。恩格斯在《劳动在从猿到人转变过程中的作用》中论述了民族起源这一问题，他提出了"从部落发展成了民族和国家"这一观点。对于民族形成的具体条件，马克思和恩格斯则认为语言是形成民族的重要因素，因此在他们对民族的理解中，语言占有十分重要的地位。斯大林对于民族的思考则比马克思和恩格斯更进一步，他在《马克思主义和民族问题》中指出，民族的形成需要满足四条标准：共同语言、共同地域、共同经济生活以及表现于共同文化上的共同心理素质。

---

① 高永久、秦伟江：《"民族"概念的演变》，《南开学报》（哲学社会科学版）2009年第6期，第126页。

② 潘蛟：《"族群"及其相关概念在西方的流变》，《广西民族学院学报》（哲学社会科学版）2003年第5期，第55页。

③ [美]本尼迪克特·安德森著，吴叡人译：《想象的共同体：民族主义的起源与散布》，上海人民出版社2003年版，第2页。

民族也和任何历史现象一样,是受法则支配的,它有自己的历史,有自己的始末,只有一切特征都具备才算一个民族。① 现俄罗斯学界对民族的理解则主要表现在对斯大林民族概念的反思上,他们指出斯大林概念中的民族缺少了对政治特征的表述,无法适应当时俄罗斯国内民族问题的现实。

中国国内对于民族概念的运用则有两种说法:一种说法认为这是本土产生的概念,另一种说法则认为是一种舶来的概念。虽然两种说法莫衷一是,但是可以肯定的是,"民族"成为一个固定词汇并广泛使用是在近代,在以康有为、梁启超为代表的知识分子群体发起的爱国救亡运动中,梁启超从日语中借用了"民族"一词。② 然后就逐渐流传开来,直到后来中国共产党在各类文献中广泛使用"中华民族""少数民族"等名词。如今在中国学界,关于"民族"一词仍然没有一个众所认可的定义,但是它所具有的特点和使用场合却是较为明确的,其中一个重要的特点就是,民族概念具有显著的层次性,它可以指国家的少数民族群体,也可以指主权国家的全体居民。

可见,不同的历史文化背景、不同的身份属性对于民族概念的理解各不相同。有的强调民族概念的客观因素,比如说血缘、地域、语言、宗教和习俗等;而有的则强调民族的主观因素,他们认为成员在行为、情感、心理和认同上对于民族的形成发挥了十分重要的作用。除此之外,我们还应该看到民族概念是18世纪法国大革命之后才在学界广泛兴起并运用的一个概念,它伴随着新兴国家形态的发展而发展,各国在政治现实情况和学术发展情况下对其产生了不同的解读方式,也赋予了其不同的意义。

与民族概念相似,民族主义是学界的热点话题,长期以来其定义一直是学界争议的重点,至今仍未得出一致意见。针对什么是民族主义这

---

① 《斯大林选集》(上卷),北京人民出版社1979年版,第64页。
② 高永久、秦伟江:《"民族"概念的演变》,《南开学报》(哲学社会科学版)2009年第6期,第126页。

个问题，包括盖尔纳、霍布斯保姆、安东尼·史密斯、本尼迪克特·安德森等在内的学者从不同角度进行了梳理和探讨，对解释民族主义的来源和发展提供了宝贵的思想支持。其中，史密斯的观点最具有代表性，他认为民族主义不仅是一种共同情感或共同意识，而且是一场受民族意识形态和象征主义启发的自主运动。① 虽然对民族主义的定义难有定论，但是对民族主义的性质，学界基本达成一致观点，认为民族主义同时具有建设性和破坏性，民族主义本身并没有好坏和褒贬之分，只有当它与特定的形式相结合时，才能够判定它的性质。通过与不同的领域相结合，民族主义具有不同的类型，也分别包含不同的意义和特点。英国政治地理学家缪尔将民族主义分为了六种类型：反国家民族主义、国家产生后的民族主义、第三世界反殖民的民族主义、泛民族主义、冲突团体形成的民族主义和极权主义的民族主义。② 本书中形成马来族群权力观的民族主义是一种狭义的民族主义，它是二战后在涉及马来亚战后国家安排时以巫统为主导形成的民族主义，属于族群民族主义，强调马来族群在马来亚的主导地位和特殊权力，以获得马来亚的政治领导权和文化领导权为核心目标，反映到语言问题上体现为强制推行以马来语为核心的语言教育，实现对马来族群文化的认同。同时，它是一种文化上的民族主义，希望模仿西方的模式通过文化的方式武装自己，通过强调语言教育提高马来族群的文化势能，实现复兴马来族群文化并保持其独特性的目标。③

（二）族群

严格来说，中国学界当今使用的族群一词属于舶来品，来自英语"ethnic group"这一短语的翻译，其中"group"这一词的意思很明确，

---

① ［英］安东尼·史密斯著，林林译：《族群—象征主义和民族主义》，中央编译出版社2021年版，第72页。

② 王正毅：《边缘地带发展论：世界体系与东南亚的发展》（第二版），上海人民出版社2018年版，第190页。

③ ［印度］帕尔塔·查特吉著，范慕尤、杨曦译：《民族主义思想与殖民地世界：一种衍生的话语？》，译林出版社2007年版，第2页。

就是"群"或者"组"的意思，而"ethnic"的意思则是随着时间的推移有一个演变的过程，从最初的希腊文形容词"ethnos"到14世纪中期逐渐演变成为英语形容词"ethnic"。随着族群一词在西方学界的传播和使用，它也逐渐被引入中国学界，因此本书对于族群的阐释主要基于西方和中国学者对其特点和定义的解释。

根据潘蛟对族群一词在西方的流变考证，据说是在1935年，经朱力安·哈克斯雷和哈登提议，学界才开始较为普遍地试图在概念上把"race"和"ethnic group"区分开来，认定前者是用于研究人类体质变异所用的概念，后者是研究人类社会文化差别所用的概念。[1] 她进一步指出，族群是人们在交往互动和参照对比过程中自认为和被认为具有共同的起源或世系，从而具有某些文化特征的人群范畴。[2] 美国人类学家郝瑞指出："'ethnic group'是作为专用于小型社会研究的学科的人类学的开始阶段登场的。"挪威人类学家巴斯给出的"ethnic group"定义则是，"这个名称在人类学著作中一般被理解为用以指明一群人，生物上具有极强自我延续性，共享基本的文化价值，实现文化形式上公开的统一，组成交流和互动的领域，具有自我认同和被他人认可的成员资格，以形成一种与其它具有同一阶层的不同种类"。[3] 韦伯认为族群是指，一个群体或在体型与习俗上相似，或由于殖民与迁徙的记忆，而在主观上相信他们是某一祖先共同的后裔，这种相信对于群体的形成的宣传必然颇为重要，至于是否在事实上存在血缘关系则并不重要。[4] 直到今天，西方学界仍然没有对族群概念形成完全一致的意见，但是他们大致都认为，族群是一种自己认定或者被别人认定的具有共同世系和共同

---

[1] 潘蛟：《"族群"及其相关概念在西方的流变》，《广西民族学院学报》（哲学社会科学版）2003年第5期，第55页。
[2] 关凯：《族群政治》，中央民族大学出版社2007年版，第20页。
[3] ［挪威］弗里德里克·巴斯著，高崇译：《族群与边界》，《广西民族学院学报》（哲学社会科学版）1999年第1期，第16—27页。
[4] 关凯：《族群政治》，中央民族大学出版社2007年版，第5页。

文化特征的人群。① 也就是说族群是建构在世系和文化认同基础上的，尽管它可能具有共同的地域和经济联系，它并不以共同的地域和经济联系为存在前提，其中最为重要的是强调它是从文化视角出发定义的概念。

就西方语境下的族群而言，常常会与种族等名词进行混用，对于族群与种族之间的差别并没有进行太多的界定。由于理解的不同，中国学者对于族群这一词也有自己的理解。《人类学词典》指出，族群是一个由民族和种族自己集聚而结合在一起的群体，这种结合的界线在其成员中是无意识承认，而外界则认为他们是同一体。② 马戎认为族群是具有一定的文化传统与历史的群体。③ 郝时远在搜集了"ethinc group"的若干释义后，认为这一短语主要包含以下几点含义：属于人类群体分类中"族类化"概念，它所指称的群体有一个名称，这类群体基于体貌特征（种族）、民族（国家、祖籍地、族体）归属、文化习俗、语言、历史和祖先记忆、宗教信仰等方面的显著不同；其成员在心理、感情和价值观念上通过感知他者在上述要素方面的与己不同而自我认同；一个这样的群体在自我认同的基础上维护本群体的边界，同时排斥异己群体；通常被指称在一个社会中文化上占非主流地位、人口规模属于少数的群体，包括移民群体。④ 据孙振玉考证指出，"ethinc group"最初主要指一些具有某种特征的群体，并没有消极的含义，但最终的含义则逐渐趋向消极，那是因为它常被用来称呼一些杂七杂八的群体。⑤ 因此他对族

---

① 潘蛟：《"族群"及其相关概念在西方的流变》，《广西民族学院学报》（哲学社会科学版）2003年第5期，第60页。
② 何菊：《关于"民族"与"族群"概念的反思》，《湖北民族学院学报》（哲学社会科学版）2010年第3期，第50—53页。
③ 马戎：《理解民族关系的新思路——少数族群问题的"去政治化"》，《北京大学学报》（哲学社会科学版）2004年第6期，第122—133页。
④ 郝时远：《对西方学界有关族群（ethinc group）释义的辨析》，《广西民族学院学报》（哲学社会科学版）2002年第4期，第10—17页。
⑤ 孙振玉：《西方民族理论范畴辨义》，《中南民族大学学报》（人文社会科学版）2013年第33期，第21页。

群的考证主要是从感情色彩的发展角度来进行的。

（三）种族

种族一词对应英语中的"race"，首先从概念上来说，"种族"是基于生物学上的人类分类系统，并非社会想象的产物。[①] 种族大体指的是在体质形态上具有某些共同遗传特征的人群，然而在一些人类学家看来，他们倾向于将种族理解为"经常地在内部进行婚配和繁育的种群"。[②] 需要注意的是，种族具有几个重要的特征：第一，种族强调的是先天的生物性特征，在后天无法改变的，因为从科学的概念来讲，人也是属于动物的一种，也具有动物的属性，属于进化到特定阶段的产物；第二，种族特征是世代遗传的结果，并且还能够将这一特点遗传给自己的子孙，不论外部环境如何变化，决定这一特点的物质是基因；第三，种族特征是个人身体上表现出来的特征，例如头发、皮肤等各不相同的特征。

通过对民族、族群和种族三个名词的起源、发展与使用来看很难给予一个准确的定义，并且上述三个名词在运用过程中又延伸出了民族主义、族群主义和种族主义等新名词，也导致了上述概念界限的模糊性。本书将遵从如今学界的主流观点，即种族的定义虽然也包含文化上的考量，但更多的是基于人种的独特生理特征，基于生物学概念；民族这个概念是在18世纪后开始深入人心的，它更多地与国家连在一起，即所谓的"民族—国家"观念，与政治的联系非常密切；族群这一概念主要关注群体的文化特征和心理认同，是以文化为基础的名词。针对马来西亚不同群体间的问题，有人称之为民族问题，也有人称之为种族问题，本书则统一称之为族群问题，它源于各个群体经济和文化生活的不同导致的族群间的隔阂。同时，本书对于马来人和非马来人群体主要用族群来称呼，他们之间关于语言教育政策的争论恰好属于文化上的争论，也符合族群这一名词的使用场景。

[①] Stephen Thernstrom, Ann Orlov and Oscar Handlin, "Harward Encyclopedia of American Ethnic Groups", Cambridge, M. A.: Harvard University Press, 1980, p. 869.

[②] 李彬：《论种族与民族的区别》，《黑龙江史志》2013年第11期，第137—138页。

第一章　马来族群权力观的形成

二战后，马来族群坚持将马来文化作为国家主流文化来推进民族国家建构，其中一个重要的方面是强调马来语的国语地位并将其打造成教育语言，这是民族主义为使文化和政体一致，让文化拥有自己的政治屋顶①，从而建设"马来人的马来亚"。从权力博弈的视角研究语言教育政策的形成与演变，首先需要阐释马来族群权力观的形成，将它与非马来族群的权力观进行对比。从族群觉醒到民族主义思想形成，马来族群精英产生了特殊的民族国家建构理念，这体现出以族群主导权为核心的权力观，这种权力观强调马来族群是马来亚的主人，应该拥有马来亚的绝对主导权，包括政治领导权和文化领导权。在上述权力观思想的驱使下，马来族群精英在政治和文化权力上展开追逐，形塑了语言教育政策。

第一节　二战前马来族群权力意识的萌芽

在第三世界后殖民国家，土著族群权力观的形成与当地民族主义思想的发展密切相关，因此权力观的形成过程也基本与民族主义的发展过程同步。作为英国殖民地，马来亚的民族主义属于世界民族主义浪潮的

---

① 齐顺利：《马来西亚与菲律宾民族国家构建比较研究》，《民族研究》2021 年第 2 期，第 85—98 页。

最后一波①，在世界民族主义浪潮的推动下，马来族群逐渐觉醒并产生特殊的民族主义思想与民族国家建构理念。同第三世界国家民族主义的发展路径相似，马来亚的民族主义源于殖民统治政策，殖民者的统治促进了马来族群权力意识和族群认同的萌芽。起源于中东地区的伊斯兰教改革思想巩固了马来族群认同并促成了马来族群的觉醒。在与殖民者及其他族群的相处与互动中，马来族群的政治意识逐渐增强，具备了民族主义产生的物质基础。

一、马来人族群认同的产生

马来人的族群认同②通常要追溯到拜里米苏剌于 1402 年创立的马六甲王朝，马六甲王朝也是马来族群认同的历史记忆起点和马来族群统治地位的合法化基础。③ 从 1511 年起，马来半岛先后被葡萄牙、荷兰、英国和日本占领，直到 1957 年马来亚联合邦独立，马来半岛被殖民长达 446 年。从马六甲王朝开始，伊斯兰教在马来半岛蓬勃发展，成为各个土邦王朝马来居民的认同媒介。虽然各个土邦王朝的马来居民在生活方式、宗教信仰和语言等方面大体相似，但在 20 世纪前并没有形成统一的马来族群认同，也没有族群的概念，只存在对各土邦王朝的认同。从 16 世纪开始，葡萄牙和荷兰殖民者相继来到马来亚，他们主要关注经

---

① 在本尼迪克特·安德森看来，20 世纪中期在世界殖民地范围内兴起的民族主义运动是民族主义发展的最后一波，在这一波民族主义运动中，殖民地国家纷纷在民族主义思潮的推动下获得独立，从而在世界范围内产生了一批新兴独立国家。

② 东南亚领域学者宋明顺在《谈国家意识——国家认同的社会心理》一文中指出，所谓"认同"或"归属感"，是指个人（行为主体）和个人以外的对象（即客体，包括个人、团体、观念、理想和事务等）之间，产生心理、感情上的结合关系，亦即通过心理的内摄作用，将外界的对象包摄在自我之中，成为自我的一部分，并最终在潜意识中将自己视为对象的一部分，并作为该对象的一部分而行动。其中包括"国家认同""文化认同""政治认同""阶级认同"等。

③ 根据马来传说，拜里米苏剌是来自苏门答腊岛上巨港的一个王子，他逃难到马六甲之后在该地区建立了马六甲王朝，马六甲王朝最终成为马来族群信仰力量的源泉。如今马来族群通常会将马来族群的辉煌追溯到马六甲王朝时期，马六甲王朝是马来半岛上第一个强盛且有影响力的王朝。

济利益，对地区政治体制和人民的生活方式并没有产生大的影响，并且殖民者的注意力大都集中在城镇地区，对乡村地区的影响较小。但英国殖民者改变了这一现状，于1786年占领槟榔屿，1819年占领新加坡，1824年通过《英荷协议》取得马六甲的统治权，并将上述三个殖民地合并成为海峡殖民地。[1]《英荷协议》完全由英荷两国签订，并没有征询马来统治者的意见，却将廖内－柔佛王朝永远地一分为二，再也没有统一，苏门答腊岛东海岸和马来半岛的文化统一体也被武断地切断了。[2] 海峡殖民地建立后，通过签订《邦咯条约》，英国殖民者的影响力逐渐扩展到整个马来半岛。某种程度上来说，正是英国殖民者出于自身政治和经济利益的考虑将殖民地进行统一管理的政策促进了马来人族群认同的产生。

（一）马来族群简史

在讨论马来族群认同前，有必要简述马来族群的历史。广义上来说，马来族群包括东南亚所有属南岛语系马来群岛语族的族群，包括如今的马来族群、爪哇族群、巽他族群、他加禄族群等共200多个族群；狭义上的马来族群除了纯马来族群之外，还包括晚近期来自印尼的其他讲印尼语族语言的族群，包括爪哇族群、米南加保族群、布吉斯族群等，他们语言相似，宗教信仰相同，生活习俗也几无差别。[3] 关于马来族群的来源，历史学家们普遍认为，马来人属于蒙古人种，主要来自如今中国的云南地区，这些人从史前时期从云南开始向南方迁徙，最终来到了马来半岛，并定居当地。这个迁徙浪潮主要有两波：第一波迁徙大约发生在公元前3000年至公元前2500年前，他们被称为原始马来人。马来半岛文明发展较晚，仍然处于旧石器时代的发展水平，当他们到达东南亚地区之后也都大多居住在海边或者较大的河流旁，这些地方对他

---

[1] 崔桂强：《新马华人国家认同的转向（1945—1959）》，厦门大学出版社1969年版，第10页。

[2] 芭芭拉·沃森·安达雅、伦纳德·安达娅著，董秋迪译：《马来西亚史》，中国大百科全书出版社2010年版，第146页。

[3] 陈鹏：《东南亚各国民族与文化》，民族出版社1991年版，第18页。

们来说能够更加方便地获得水和食物。第二波迁徙发生在公元前1500年左右,他们被称为续至马来人。他们拥有更高的文化水平,已经逐渐迈入了新石器时代和金属器皿时代。到达东南亚地区后,他们占领原始马来人曾经居住的临海和河流地区,迫使前者迁往偏远的内陆地区。

此外,从"马来"这个词来看,"Melayu"的来历至今仍然是历史学家们争论的热点。根据历史记载,被称为"Malayu"的族群在2世纪时已经存在,他们曾建立占婆马来王朝。① 因为族群被命名为"马来",他们的语言也使用"马来"这一称呼。② "Melayu"一词或者说它的旧称"Malayu"最早产生于5—6世纪。据中国古籍记载,公元644—645年,Malayu的国王曾经遣使中国。公元671年,唐代僧人义净在前往印度的途中就曾到访过Malayu这个国家,但是当他几年后从印度返回时,该国已经被室利佛逝③王朝所统治。在11世纪左右,由于室利佛逝战败,Malayu这个国家重新恢复建国,但在1275年又被东爪哇的新科沙里王朝所灭。国家灭亡之后,Malayu的国王继续迁往内陆,一直走到了米南加保地区。如今在这个地方发现了很多马来语的碑铭。随后,当这一地区的人继续迁往其他地方时,他们就被称为Malayu地区的人,或者直接被称为Malayu或者Malayu人。

然而真正使用"Malayu"来指代一个族群或者一种语言是从15世纪马六甲王朝时期才开始。在古爪哇语中,"Malayu"含有旅行和游历的意思,因此也有人认为这个词主要指从云南等地迁徙到马来群岛的人。④ 马六甲王朝短暂的兴盛后随即历经西方殖民者数百年的统治,在这个过程中,关于"马来"或者"马来人"的讨论并没有成为主流,

---

① Harry Judge, "Word History from Earliest Times to 1800", Oxford: Oxford University Press, 1991, Vol. 3, p. 67.

② Mohd. Dahlan Mansor, "Pengantar Sejarah Nusantara Awal", Kuala Lumpur: Dewan Bahasa dan Pustaka, 1979, p. 49.

③ 室利佛逝王朝是7—11世纪位于马来群岛的一个强盛的王朝,它的首都在如今苏门答腊岛上的巨港地区。

④ Fachruddin Saudagar, "Perkembangan Kerajaan Malayu Kuno di Jambi", kertas kerja yang dibentangkan dalam Seminar Sejarah Malaya Kuno, Jambi, 7 - 8 Disember, 1992.

各州与殖民者之间的利益纠葛成为这一阶段重要的内容之一。1913年《马来人保留地法案》是英国殖民政府第一次正式定义"马来人",将"任何属于马来种族""习惯讲马来语或者其他任何马来语言"并且"信仰伊斯兰教"的人归为"马来人"。① 这在某种程度上,把来自苏门答腊岛和爪哇地区的移民都归入马来族群的行列,即便他们拥有独特的风俗文化。这些被认定为"马来人"的新来者包括米南加保人、亚齐人、巴塔克人、爪哇人等,在某些地区这些人的数量甚至超过原住居民。芭芭拉·安达雅认为,"马来"的界限是文化和情感的,而不是民族的,当一个布吉斯族人把自己看作马来人时,那他的的确确就是马来人。② 事实上,是英国殖民者根据自身统治需求定义了"马来人"的概念,这对后来马来族群概念的形成产生了重要影响。③

(二)《邦咯条约》与马来族群的权力诉求根源

马来人的群体概念与殖民者密切相关,他们的权力概念也源于殖民者统治。英国殖民者初到马来亚时,对马来族群情况缺乏了解,不愿意付出太多的政治和经济成本,在制定相关殖民法律条文时保留了马来世界的传统权力体系,正是保留在法律条文中的权力激发了马来族群的现实权力诉求。按照路径依赖理论④的观点,"先前发生的事件可能会影响后续一系列事件的结果"⑤,殖民初期英国殖民者的态度以及基于这种态度制定的政策,保留了马来族群的权力,造成马来族群对实际权力的

---

① 芭芭拉·沃森·安达雅、伦纳德·安达娅著,黄秋迪译:《马来西亚史》,中国大百科全书出版社2010年版,第216页。
② 芭芭拉·沃森·安达雅、伦纳德·安达娅著,黄秋迪译:《马来西亚史》,中国大百科全书出版社2010年版,第217页。
③ 如今马来族群或者马来人的概念仍然延续了英国殖民者的传统,它并不是一个人种学概念,而是一个文化概念。马来族群概念主要根据宪法第一百六十条第二款规定的,指"讲马来语、信仰伊斯兰教、遵循马来习俗"的一个特定群体。
④ 路径依赖理论是由诺贝尔经济学家道格拉斯·诺思首先提出,它的特定含义是指人类社会中的技术演进或制度变迁均有类似于物理学中的惯性,即一旦进入某个路径(无论是好是坏)就可能对这种路径产生依赖。
⑤ Abdillah Noh, "Malay Nationalism: A Historical Institutional Explanation", The Journal of Policy History, 2014, Vol. 26, Iss. 2, pp. 246–273.

想象，间接促进了马来族群的觉醒和民族主义思想的产生。

1874 年，英国海峡殖民地当局与霹雳州苏丹签订《邦咯条约》，这标志着英国不干涉马来亚内政政策的终结。《邦咯条约》英文版本第六款"除马来宗教和习俗外，其他一切问题都要征求英国代表意见，并遵照执行"[①]，给予了马来族群法律意义上的权力空间。该条款意义的模糊性，导致马来族群统治者和英国殖民者的理解产生错位，霹雳州的马来统治者苏丹阿卜杜拉认为，英国只拥有建议权，马来传统封建统治体系仍然存在并且要继续发挥影响和作用。[②] 因为在《邦咯条约》的马来语版本中，原件的一个副本提到驻扎官不仅只是进行"建议"，而且还提及进行"讨论"。因此马来人对该条约马来语版本第六款的理解是，当地统治者有义务听取驻扎官的建议，但不一定按照其建议采取行动。[③] 然而，在马来半岛各州担任相应职务的英国殖民者对其理解和期望则完全不同，他们认为该条款意味着新的政治和经济秩序将取代旧的封建统治秩序。霹雳州的首任驻扎官毕治正是按照殖民者的这一期望对霹雳州进行统治。[④] 他控制霹雳州的税收和财政制度，废除霹雳州长期以来的奴隶制度，造成霹雳州王公们的损失，大大削减了马来统治阶级的权力和地位。激进的政策导致毕治于 1875 年 11 月遭到霹雳州苏丹主导的谋杀。谋杀事件被看作是对英国殖民者的抗议，被认为是民族主义运动的第一次激发。虽然此类事件是在涉及马来统治阶级个人利益或者利益分配不公的情况下发生的，但在传统的马来社会，普通马来民众大都受到王公贵族的庇护，王公贵族的行为一定程度上会演变成某个群体的集体行为，意义上超脱于利益争夺的范畴。

---

① 芭芭拉·沃森·安达雅、伦纳德·安达娅著，黄秋迪译：《马来西亚史》，中国大百科全书出版社 2010 年版，第 184 页。

② Abdillah Noh, "Malay Nationalism: A Historical Institutional Explanation", The Journal of Policy History, 2014, Vol. 26, Iss. 2, pp. 246 – 273.

③ 芭芭拉·沃森·安达雅、伦纳德·安达娅著，黄秋迪译：《马来西亚史》，中国大百科全书出版社 2010 年版，第 189 页。

④ 毕治曾经提出在霹雳州要"好好地教训那些马来传统统治者一下"的做法，具体包括烧毁他们的家园和强迫解除武装等，这立刻引起了霹雳州王公们的不满。

谋杀事件后，英国殖民统治政策面临两个选择：第一，延续毕治的统治方式，改变马来传统的封建统治模式，将其完全归置于自身的殖民统治之下，剥夺马来统治者的权力；第二，保留马来封建统治体制与相应权力，继续以驻扎官的形式存在于马来半岛地区。霹雳州动乱后，其他州属例如雪兰莪、森美兰和彭亨[1]等也发生小规模暴乱，这增加了殖民者维护地区稳定的经济负担，使殖民者在选择殖民方式时产生担忧，并最终选择第二种方案，即保留封建统治体制，赋予马来统治者法律意义上的权力，让英国殖民者以建议者的角色存在并掌握实际权力。这个政策体现在英国殖民部发往海峡殖民地办公室的各种文件和通知中。[2] 殖民部办公室告诫海峡殖民地总督，要提醒驻扎官们扮演合适的建议者角色，与当地统治者紧密合作，不要擅自做主改变管理体制。例如，1878年海峡殖民地总督威廉姆·罗宾逊提醒雪兰莪州驻扎官撤销暂停州议会的决定，他指出驻扎官是各州的建议者，而非统治者，如果不能做一个好的建议者而是把自己当作统治者并最终招惹麻烦，将会遭到问责。[3] 可见，英国殖民初期的政策承认并保留了马来传统的统治体制和统治权力，满足了马来族群对马来亚的权力想象，形成了马来族群权力诉求的渊源和政策惯性。需要注意的是，虽然《邦咯条约》签订后英国开始介入马来半岛各州事务，但各州苏丹与殖民者的交锋基本聚焦各自州属，马来半岛仍然没有出现跨州的合作或者联合，是殖民者后期的政策促进了他们的合作，形成更为广泛的族群认同。

（三）马来联邦与马来族群认同

从19世纪80年代开始，面对东南亚地区其他殖民者的竞争，英国

---

[1] 《邦咯条约》标志着英国殖民者对马来半岛政治事务干涉的开始，除了霹雳州以外，殖民者势力几乎同时进入彭亨州、森美兰州和雪兰莪州，只是并没有像在霹雳州一样签署条约。

[2] Sadka, The Protected Malay States, Minute by Herbert Meade, 21 January 1876, on Jervois to Carnarvon, 17 December 1876, CO 273/81; Ord to Anson, 28 December 1875, Anson Correspondence.

[3] Hugh Low to Robinson, 28 May 1878, enclosed in Robinson to Hicks Beach, 171 of 13 June 1878, CO 273/94, cited in Sadka, The Protected Malay States, 103.

政府的忧虑情绪日益增长，担心在马来半岛的权威地位受到威胁，因此英国殖民者将如何扩大英国在马来亚地区的统治势力提上日程。其中，最具野心的是 1895 年担任霹雳州驻扎官的瑞天咸，为了在殖民体系中谋求更高的职务，他主动承担征得各州统治者同意以建立联邦的任务。19 世纪初，马来半岛东海岸远比西海岸更加繁荣，人口也更加稠密。[1] 但到 19 世纪末，西海岸的发展已经远远超过东海岸，殖民者希望通过西海岸的经济发展来解决彭亨州的债务问题，因此就推动建立了马来联邦。1896 年，马来联邦成立，包含霹雳、森美兰、雪兰莪和彭亨四州，首府设在锡矿采矿中心——吉隆坡，联邦秘书处设一名总驻扎官，管辖各州的驻扎官，同时马来联邦的总驻扎官向新加坡的总督负责，首任总驻扎官为瑞天咸。

马来联邦是英国殖民者巩固自身权力和削弱马来族群权力的新方式，这种管理体制将各州苏丹进一步边缘化，英国殖民者进一步统一法律、税收等相关政策，扩大自身权力。在新的管理体制下，马来传统统治者的实际权力遭到进一步削弱，为了体现他们在马来亚地区的领导地位，殖民者组建统治者会议。这一安排并没有赋予马来统治者实际权力，只是对他们特殊地位的一种认可。但是，统治者会议的建立，不仅进一步强化了马来族群的法律性权力，还为统治者们抒发被边缘化的不满提供了场所。正是这样的场所，让曾经相互敌对的各州统治者坐在一起，意识到彼此之间的相似性后形成了"马来"这个群体概念，产生"马来亚"作为一个政治实体的意识。[2]

马来联邦促使各州马来统治者产生了泛马来亚的意识，正如总驻扎官瑞天咸指出，"据我观察得知，至今马来联邦的四个州中不曾有过任何一个州的统治者在怀着和平和友好的意愿下访问过邻近州属的统治者"。马来统治者们也表达了同样的观点，在 1897 年马来联邦的第一次

---

[1] 芭芭拉·沃森·安达雅、伦纳德·安达娅著，黄秋迪译:《马来西亚史》，中国大百科全书出版社 2010 年版，第 219 页。

[2] William R. Roff, "The Origins of Malay Nationalisme", London: Yale University Press, 1967, p.91.

统治者会议上，马来统治者们认为这是具有历史意义的，让"他们在历史上第一次见面"，共同探讨各州的问题。① 马来联邦给予马来族群统治者一个更加正式的平台，用以讨论和处理马来族群的政治和经济等社会问题。在这一体制下，马来统治者们开始关注和讨论一些除他们自己州属之外的问题。

马来联邦使各州的马来统治者产生了"我们"的意识，他们发现了彼此的相似点，开始为共同利益发声，初步形成马来人的族群认同。1914年，英国殖民者将马来半岛北部四个州和柔佛州合并为马来属邦，这标志着英属马来亚正式建立，其中包含海峡殖民地、马来联邦和马来属邦。随着族群群体认同的初步形成，马来族群觉醒或者说马来民族主义产生的条件已经基本具备了。

二、马来族群群体意识的觉醒

英国的殖民政策促进了马来人族群认同的产生，也促使他们形成权力诉求的习惯。对马来统治者而言，与殖民者在权力领域漫长的博弈，虽然没有阻止马来半岛逐渐被殖民的步伐，但其争取权力的行为却使传统的统治体制和统治权力得以保留，这为后来的权力诉求提供了依据。英属马来亚建立后，马来族群有别于"他者"的群体意识逐渐产生，为族群觉醒奠定了基础。随着伊斯兰教复兴运动的影响，马来族群逐渐觉醒，权力意识也逐渐增强。

（一）伊斯兰教复兴运动与马来族群的觉醒

在受到伊斯兰教影响之前，东南亚地区深受印度文化的影响，被赛代斯等学者称为"东南亚的印度化国家"。② 但更多学者指出，东南亚拥有地区本土文化和原始宗教，只是有选择地对印度文化进行了吸收，然后将其整合进自身文化中。正如霍尔所认为的，不论东南亚人民采用

---

① Abdillah Noh, "Malay Nationalism: A Historical Institutional Explanation", The Journal of Policy History, 2014, Vol. 26, Iss. 2, pp. 246–273.

② ［法］G. 赛代斯著，蔡华、杨保筠译：《东南亚的印度化国家》，商务印书馆2008年版，第63—64页。

了哪些外来的文化因素，他们已经很出色地把这些因素变成他们自己的了。① 关于马来世界伊斯兰教的传播，一般认为伊斯兰教大约在 13 世纪传入海岛，传入马六甲则是在 15 世纪。关于马六甲王朝到底是第几任国王接受了伊斯兰教的问题，范若兰教授认为按照时间的推算和历史记载的印证，应该是第二任统治者开始改信伊斯兰教。② 马来西亚学者陈中和则认为是马六甲王朝第一任国王于 1414 年娶信仰伊斯兰教的巴塞王国公主为妻，改信伊斯兰教并改名伊斯坎达尔·沙后，马来半岛上各邦国也陆续接受了伊斯兰教。③ 虽然说法不一，但可以肯定的是，马来族群对伊斯兰教的记忆通常追溯到 15 世纪的马六甲王朝，王朝统治者选择信仰伊斯兰教，随着王朝势力范围的延伸，伊斯兰教逐渐成为马来半岛各邦共同信仰的宗教。马来半岛此后相继被葡萄牙、荷兰、英国和日本占领，但伊斯兰教在马来半岛的传播却没有受到太大影响。在各个土邦王朝中，伊斯兰教成为马来统治者统治和教化臣民的工具，统治者们将自身称为"安拉在地球上的影子""地球和宗教的拯救者"④ 等，这些观念也帮助各王朝的统治者实现了对马来族群的统治。如上文所述，殖民者对马来世界的政治和经济体系进行改造，但承认了马来统治者的权力地位，保留了传统的权力体系，并推动马来族群产生群体意识。在此基础上，起源于中东地区的伊斯兰教复兴运动进一步推动了马来族群的觉醒。二战前的马来亚，共有三批精英分子发挥了唤醒族群觉醒的作用，第一批就是海峡殖民地和马来联邦的伊斯兰宗教人士，他们受到中东伊斯兰教复兴运动的影响，希望对马来世界进行宗教改革以适应现代社会发展，而他们实现目标的重要方式是发展报业。⑤

---

① 范若兰等：《马来西亚史纲》，世界图书出版广东有限公司 2018 年版，第 40 页。
② 范若兰等：《马来西亚史纲》，世界图书出版广东有限公司 2018 年版，第 49 页。
③ [马] 陈中和：《多元族群社会的族群政治：马来民族主义和马来西亚的建国》，中国社会科学出版社 2021 年版，第 17 页。
④ 范若兰等：《伊斯兰教与东南亚现代化进程》，中国社会科学出版社 2009 年版，第 66 页。
⑤ A. J. Stockwell, "The Formation and First Years of the United Malays National Organization (U. M. N. O.) 1946–1948", Modem Asian Studies, 1977, pp. 481–513.

在英国殖民时期的马来亚地区，由于缺乏有组织的学习和教育，马来亚地区的伊斯兰教掺杂很多其他的信仰和实践，很多理论和信仰都遭到误解甚至无视。① 20世纪初，在中东伊斯兰教复兴运动中，谢尔克·穆罕默德·阿卜杜领导的瓦哈比运动影响了马来亚地区，他的学生谢德·谢尔克·阿哈迪是马来亚地区运动的领袖。谢德于1904年从埃及开罗返回马来亚，于1906年创办《领袖》报刊，这是第一份包含社会变革和政治元素的马来语报刊，发刊词为"提醒遗忘的人，唤醒沉睡的人，指引迷失的人，给智慧的人以发声媒介"②。根据谢德的儿子回忆，谢德创办《领袖》的目的是引进先进的思想，促进马来亚地区的社会和宗教改革。③《领袖》为马来亚地区伊斯兰教发展注入了强大的活力，它主张伊斯兰教进入科学的发展轨道，严格按照《古兰经》的教义，摒弃具有传统性或地方性的信仰模式，实现伊斯兰教的纯正化。除了宗教外，《领袖》还关注马来族群社会和经济地位的发展，它敦促马来统治者们创办相关协会来促进马来族群的教育、经济发展和族群的觉醒。④

谢德和他的追随者们将中东伊斯兰教复兴思想带回马来亚地区，促进了族群群体意识，但也遭到传统宗教人士的反对。传统宗教人士倡导将伊斯兰教的发展退回到殖民时期，他们被称为传统派；谢德和他的追随者们指出伊斯兰教应该遵循西方的发展脉络，追求民主的制度，他们被称为年轻派。传统派在与年轻派的争论中处于劣势，年轻派的宗教思想逐渐深入人心。在两派的论争中，主张伊斯兰改革的年轻派一方面批评传统的伊斯兰学者，另一方面坚持马来统治者的权威应低于伊斯兰法。他们的批判动

---

① Radin Soenarno, "Malay Nationalism, 1896 – 1941", Journal of Southeast Asian History, 1960, p. 5.
② William R. Roff, "The Origins of Malay Nationalisme", London: Yale University Press, 1967, p. 56.
③ GIBB, H. A. R, "Modern Trends in Islam", Chicago: Chicago University Press, 1947, p. 42.
④ William R. Roff, "The Origins of Malay Nationalisme", London: Yale University Press, 1967, p. 57.

摇了传统马来君主体制的根基,遭到了半岛内陆各邦的宗教领袖和传统统治阶级的围剿。这场论战不仅提升了马来族群的集体宗教意识,巩固了伊斯兰教作为马来族群认同要素的地位,也使原本以地域认同为基础的马来族群认同得以整合起来,逐渐形成泛马来亚的认同。①

伊斯兰教在中东地区的复兴运动引发了当地的民族主义运动,在马来亚地区虽然没有引起类似剧烈的社会运动,却改变了马来族群的政治态度,更重要的是让马来族群意识到应该更加关注身边发生的事情。马来族群开始重新审视自己的宗教信仰,通过哈吉的教诲,他们重新发现伊斯兰教的伟大之处,通过对比过去和现在的状况,马来族群发现他们的落后源于对伊斯兰教真谛的忽视②,"对宗教的忽视是我们如今落后的根源,难道我们的宗教没有教我们互相帮助吗？我们像其他的先进国家一样遵循和实践了吗？我们缺乏合作,而合作才是发展的关键和基础"③。通过自身的反思,马来族群在宗教上的积极性得到较大提高,各种宗教俱乐部、宗教学校以及宗教媒体大量涌现。除了《领袖》,其他报刊如《马来亚报》《兄弟》等都始创于这一时期,所有报刊都在谈论伊斯兰教。影响力更大的报刊主要在马来亚地区之外,包括《阿兹哈尔的呼喊》《伊斯兰精神》《东方的选择》等,这些报刊都是由埃及阿兹哈尔大学的马来亚或印尼留学生创办。由于不在马来亚地区,政府无法控制,它们能够更加自由地谈论民族主义和中东政治等敏感话题。④正如本尼迪克特·安德森所说,"那些口操种类繁多的各种语言,原本可能难以或者根本无法交谈的人们,通过印刷字体和纸张的中介,变得能够相互理解了,他们逐渐感觉到那些在他们的特殊语言领域里数以十

---

① [马]陈中和:《多元族群社会的族群政治:马来民族主义和马来西亚的建国》,中国社会科学出版社2021年版,第74页。

② Radin Soenarno, "Malay Nationalism, 1896-1941", Journal of Southeast Asian History, 1960, p. 7.

③ From EDITORIAL, NERACHA, January 8, 1913 (Quoted by Nik Ahmad in Malay Vernacular Press), p. 13.

④ William L. Holland, "Asian Nationlism and the West", Montana: Kessinger Publishing Company, 2010, p. 285.

万计,甚至百万计的人的存在。与此同时,他们也逐渐感觉到只有那些数以十万计,甚至百万计的人们属于这个特殊的语言领域"。① 报刊这个被安德森称为是印刷资本主义的产物,作为"单日的畅销书"②,它让特定区域内互不相识的人产生了共同性意识,以被官方认定的特定语言作为印刷语言,让人们意识到有许多与其相似的人正在关注着读物中所提到的同样的事件,想象着同样的场景。马来亚地区大量涌现的报刊在提高马来族群伊斯兰意识的同时,也激发他们意识到相似点,逐渐产生马来族群作为"我们"的观念。

综上所述,20世纪初,中东的伊斯兰教复兴运动以及马来亚地区广泛发行的出版物共同激发了马来族群的群体意识,促进了马来族群的觉醒,为马来民族主义的发展创造了基础。

(二)传统政治精英与马来族群的觉醒

1906—1926年,马来人的族群意识发展经历了第一个阶段——宗教对族群意识发展的启蒙阶段。随着宗教思想的发展,马来族群开始进行自我剖析,意识到要让马来族群摆脱落后的现状,关键在于教育。随着对教育重视程度的逐渐提高,马来族群"英语教育是对马来族群精神世界的否定"这一观点发生了改变,正如理查德·温斯莱德在1920年指出,"教育问题成为媒体每天关注的焦点","1920—1930年,英文学校里面的马来族群学生翻倍了"。③ 那些在阿兹哈尔大学留学的马来亚学生认为,教育问题并非造成马来族群落后的真正原因,真正的原因是缺乏自由。他们在《阿兹哈尔的呼喊》上发文称:"我们丢失了自由,我们被蒙蔽了双眼,自由的缺失是造成我们落后的真正原因。我们并不

---

① [美]本尼迪克特·安德森著,吴叡人译:《想象的共同体》,上海人民出版社2016年版,第43页。

② [美]本尼迪克特·安德森著,吴叡人译:《想象的共同体》,上海人民出版社2016年版,第31页。

③ Gullick, J. M., "The Malay Administrator", MERDEKA MAY 1957, Vol. 1, No. 1, p. 78.

否认教育对自由的意义,但不自由的教育无法为我们播种自由的种子。"[1] 他们还提到了自由的思想,但对于大多数马来族群成员而言还过于先进。不过,毋庸置疑的是,他们的呼声促进了马来族群的觉醒。

在英国的殖民体系下,伊斯兰改革思想的影响力逐渐降低,马来族群的群体意识发展进入新的阶段,从关注宗教领域逐渐发展到关注社会事务。在这一阶段发挥主要作用的是战前促进马来族群觉醒的第二批精英分子——接受英语教育的马来传统统治者家庭成员,他们享受着传统的特权和现代的教育,在"东方的伊顿公学"瓜拉江沙马来学院学习后进入英国殖民者的管理体系,并与他们保持着良好的关系,以强调马来族群的利益为重要目标。[2] 这一阶段的标志性事件是1926年新加坡马来人协会的成立。它是马来亚地区政党的先驱,由新加坡立法会成员穆罕默德·尤诺斯·阿都拉创办,创办原因是他发现在立法会中只有背后有强力的组织支援,才能够拥有一定的地位和话语权。[3] 此外,由于新加坡地区非马来族群比例更高,马来族群相对处于弱势,这一团体的另一个目的是保护新加坡马来人的权益。此外,穆罕默德·尤诺斯·阿都拉还通过自己在1907年创办的《马来前锋报》不断强调马来族群的认同,该报刊把英属马来亚称为"马来人土地",持续地推介"马来民族"的概念,介绍古代马来英雄故事以呼唤马来族群的集体记忆,使马来族群作为一个共同体的想象更为具体化。[4]

这一阶段,宗教不再是马来族群唯一关注的问题。马来族群逐渐意识到他们所面临的社会问题和经济落后困境,开始更为理性和务实地分析导致他们贫穷和落后的原因,更加关注现实社会中超脱于宗教的因

---

[1] T. Abdullah, "What is the Meaning of Freedom?", SERUAN AZHAR, December 1926.
[2] A. J. Stockwell, "The Formation and First Years of the United Malays National Organization (U. M. N. O.) 1946–1948", Modem Asian Studies, 1977, pp. 481–513.
[3] Radin Soenarno, "Malay Nationalism, 1896–1941", Journal of Southeast Asian History, 1960, p. 9.
[4] [马] 陈中和:《多元族群社会的族群政治:马来民族主义和马来西亚的建国》,中国社会科学出版社2021年版,第77页。

素。在这个过程中，通过接触西方的教育理念，马来族群更加理性和富有科学精神地思考贫穷和落后的问题，将族群的落后同教育联系起来。发生这种转变的主要原因是，在国家的行政和经济体系内部，受英语教育的马来群体逐渐战胜受阿拉伯语教育的马来群体成为主流。① 其中比较有代表性的人物是巫统创始人拿督翁，他作为受英语教育的马来族群精英，于1936年被任命为柔佛州议会非正式议员。作为非正式议员，英国殖民者承诺给予其自由发言和行为权。正是利用这一权力，拿督翁广泛讨论关于马来族群的社会和经济等事务，批判殖民政府的种种行为，为马来族群争取社会和经济权利。此外，外来族群的影响也是一个重要因素，这一时期，海峡地区的华人族群产生认同焦虑，因此更多地将目光转向当地，想要获得跟马来族群相同的权利。其中海峡殖民地立法会议员林清颜就说道："谁说这是个马来国家？当莱特来到这里的时候看到马来人和村庄了吗？我们的祖先来到这里当劳工，不曾将钱寄回中国，而是用来将这里建设成城市，政府才以此为基础建立了国家，我们已经是国家的一员，这是我们的国家。"② 直到二战爆发前，各大马来报刊不断报道关于华人的政治和经济权利诉求，在某种程度上也激发了马来族群的政治觉醒。

在受到英语教育的精英分子的领导下，马来族群的群体意识在1937年发展到另一个新的阶段，关注重心从社会和经济领域转到政治领域。这一阶段的主要特点是马来族群团体组织逐渐增多，包括一些泛马来亚的团体组织和以各州为基础建立的组织。在泛马来亚团体组织中较为著名的是1937年成立的笔友兄弟会，虽然它在严格意义上并没有涉及政治，只关注如何提高马来语使用率的问题，但由于其泛马来亚的

---

① 受阿拉伯语教育的学者通常较为强调宗教的作用，受英语教育的学者则强调西方制度和西方思想的作用。

② Radin Soenarno, "Malay Nationalism, 1896 – 1941", Journal of Southeast Asian History, 1960, p. 11.

特性，被后来的民族主义历史学家们看作是马来政党的先驱。① 新加坡马来人协会在马六甲、槟城和森美兰三州分别建立分部，马来半岛各州的马来人协会也都相继成立，分别代表各州马来族群的权利。各州的马来人协会于 1939 年 8 月在吉隆坡召开泛马来亚大会，主要谈论关于马来族群团结的事项。泛马来亚大会的召开极大地提高了马来族群的政治意识和团结意识，这成为马来族群政治态度转变的里程碑。直到二战前，泛马来亚大会总共召开过两次，第三次大会因为二战爆发而未能顺利召开。

（三）左翼政党与马来族群的觉醒

在马来西亚的官方历史记载中，很少能看到关于左翼政党的介绍，但实际上左翼政党在促进马来亚政治发展和马来族群觉醒方面也发挥了重要作用。除了伊斯兰宗教改革派和接受英语教育的传统精英派之外，马来左翼政党人士是二战前促进马来族群觉醒的第三支影响力量，他们提出了激进的民族主义思想，但是并没有获得广大马来族群的支持。② 马来西亚学者阿里·谢·胡辛对马来西亚的左翼政党进行了详细梳理，在他看来，马来西亚带有左翼性质的政党有马来亚共产党、马来青年联盟、马来亚马来民族党（包括两个下级组织——觉醒青年团、妇女觉醒团）以及后来的马来西亚社会主义阵线（包括马来西亚人民党和马来亚劳工党）等。除了党派之外，还有一些代表特定群体经济利益的组织，包括劳工联盟（多元族群背景）、农民阵线（马来族群背景）等。③ 20 世纪初期，马来族群左翼政党的发展极大地促进了马来族群的觉醒，呈现出几个共同的特点：首先，提出了反对殖民者和争取独立的口号，具有一定的进步性，但是面对英国殖民者很难获得胜利；其次，马来青

---

① William L. Holland, "Asian Nationlism and the West", Montana: Kessinger Publishing Company, 2010, p. 285.

② A. J. Stockwell, "The Formation and First Years of the United Malays National Organization (U. M. N. O.) 1946 – 1948", Modem Asian Studies, 1977, pp. 481 – 513.

③ Ali Syed Husin, "Working Notes on the Malaysia Left", Inter – Asia Cultural Studies, 2015, pp. 35 – 41.

年联盟和马来亚马来民族党十分强调马来族群的政治认同，并且它们的反殖和独立诉求囊括了印尼等地；再次，它们追求社会公正，反对封建统治方式，所以在面对受到殖民者支持的各州统治者和王公们时受到了打压；最后，它们倡导建立一个族群平等且融合的国家，这一理念在一定程度上受到非马来族群的支持，也更有利于国家内部族群间的融合。

上述左翼政党中，马来青年联盟是二战前促进马来族群觉醒的主要政党。它是马来亚地区第一个由马来族群成员建立的左翼政党[①]，成立于1938年，创始人是伊布拉欣·耶谷，少部分该党成员有在中东的教育经历，大部分来自马来乡村。它将伊斯兰教作为泛马来亚马来民族主义的工具，抗击殖民主义、帝国主义和封建主义，以同印尼一起建立统一体为目标。马来青年联盟的大多数领袖都是霹雳州苏丹伊德利斯师范学院的学生，他们受到印尼民族主义思潮的影响，在印尼民族主义的影响下，马来族群的民族主义也受到极大促进。这也导致马来青年联盟在成立之后采取亲印尼的立场，并且提出建立囊括印尼在内的大马来亚构想。

马来青年联盟成立后，提出全体马来族群团结的政治主张，这与联盟主席伊布拉欣·耶谷的经历密切相关。1938年，他发现各州的马来人协会都偏向保守，强调封建统治和贵族特权，并且排外性较强。这些协会只接受本州马来人的参与，来自爪哇、苏拉威西、苏门答腊岛的马来人被认为是外来者而不被接纳，因此伊布拉欣·耶谷决定和他的同学们一起成立马来青年联盟。马来青年联盟成立后，伊布拉欣·耶谷率先对各州马来贵族统治者倡导的"狭隘民族主义"[②] 提出批评，他认为正

[①] 马来青年联盟并非马来亚地区第一个带有左翼性质的政党，第一个是马来亚共产党，它成立于1930年，是马来亚地区成立的第一个政党，它在共产国际的指导下以实现马来亚地区的共产主义为奋斗目标。马来亚共产党的主要成员是当地华人族群，也有一些马来族群成员担任重要的职务。纵观其发展历程，它对马来亚地区的反殖民运动发挥了十分重要的作用，它的建立和运行也为后来的左翼政党提供了指导和参照。但由于其主要成员的非马来族群属性等原因，在本节探讨马来族群觉醒的内容中，不对其进行重点介绍。

[②] 马来贵族们习惯强调土生马来族群和新晋马来族群的文化和族群差别，从而强调自身小群体的族群认同。例如在马来族群中强化吉兰丹马来人、霹雳马来人的概念。

是马来族群的分裂导致马来族群的软弱和不团结。他在对联盟名称中的"青年"二字进行解释时指出,"我所说的'青年'并非仅指'青年人','青年'的意思是先进,因此我们所说的马来民族主义与马来封建群体领导的狭隘民族主义是不同的"。① 基于此,马来青年联盟强调全体马来族群成员的团结。1939 年,在《理事会》报上,伊布拉欣·耶谷呼吁所有的马来族群成员要摒弃对族群内部地域差异性的成见:"马来亚和荷属东印度地区的马来人总共有大约 6500 万人,是个庞大的群体,但缺乏国家意识,我们总是习惯于考虑各自小群体的利益而忽略整个群体的利益,这导致了我们的弱小。"② 马来青年联盟的成立受到印尼民族主义的影响,且强调所有族群成员的团结,因此马来青年联盟提出建立大马来亚的理念。这一理念受到马来传统贵族的强烈反对,他们坚持以州为基础的族群认同,拒绝联合起来组成一个更大的政治实体。③

总的来说,从 20 世纪初开始,马来族群群体意识的觉醒经历了几个阶段,在这个过程中宗教、传统政治精英、左翼政党等因素都发挥了重要作用。这一时期马来族群的觉醒有几个重要的特点:第一,马来族群的认同主要指向各州,并不广泛地存在一个泛马来亚的概念;第二,各州统治者仍然是他们效忠和认同的对象;第三,左翼激进分子领导的一部分人已经具备了反帝反封建的思想,但是对广大的马来族群来说这一意识并不强烈;第四,受英语教育的马来贵族群体由于自身的统治阶层属性,拥有更高的政治和社会地位,受到广大马来族群的尊崇,但他们跟英国殖民者关系更近,政治思想也趋于保守。随着马来族群逐渐觉醒,马来族群的权力观也逐渐发展萌芽。

---

① Cheah Booh Kheng, "The Japanese Occupation of Malaya, 1941 – 45: Ibrahim Yaacob and the Struggle for Indonesia Raya", Indonesia, 1979, pp. 84 – 120.

② Taib Osman, "Bahasa Renchana Pengarang Akbar – akbar Melayu hingga Tahun 1941", Kuala Lumpur: Dewan Bahasa dan Pustaka, 1964, p. 74.

③ Ibrahim Yaacob, "Melihat Tanah Air", Kuala Lumpur: Percetakan Timur, 1941, pp. 12 – 13.

第二节 二战期间及战后马来族群权力意识的发展

二战期间，在日本殖民者的影响下，马来族群的群体意识快速发展，族群之间的隔阂逐渐加深，马来族群逐渐产生"他者"概念。二战后，英国殖民者重返马来亚并提出新的殖民计划，在此背景下马来族群民族主义正式形成，族群权力观念也发展成熟。

一、二战与马来族群权力意识的产生

从20世纪初到二战前，马来族群的群体意识得到极大增强，这种觉醒促进了自我意识的提高，强化了"我们"的族群性认同。从政治认同角度来说，除了一部分左翼马来成员和他们的认同者之外，大多数马来族群的认同对象是英国殖民者以及各州的马来统治者。比如，当1939年英国本土陷入二战泥潭时，马来亚组织了一个爱国基金募捐活动以支援英国作战。由于募集的钱款较少，《马来前锋报》还专门发表社论称，"爱国基金并非用于资助英国在战争中的高昂支出，只是用于向那些英勇奋战的士兵购买礼物，让他们知道在大英帝国另一边的我们并没有忘记他们"。① 可见，大部分马来族群成员在二战期间还将马来亚看作是英国的领土，并将自己看作是英国的子民，在政治上认同和效忠英国。

太平洋战争爆发后，英国军队不战而败，日本迅速占领东南亚地区。这一阶段，马来族群除了经历精神上的震撼外，国家认同意识也逐渐觉醒，认识到英国殖民者并没有将马来亚人民当作英国子民。除了国家认同意识觉醒外，马来族群还产生了排他性的族群认同，这也导致后来马来族群与非马来族群，特别是华人族群之间的矛盾，这种基于"他

---

① 内容参见1939年11月10日的马来西亚《马来先锋报》头版。

者"认同的建立直接影响了马来亚政治的发展。区别于英国殖民者"分而治之"的殖民策略,日本在占领马来亚期间的主要策略是挑起族群矛盾以维持高压统治,激发了马来族群的自我认同和独立意识。

为对抗日本的侵略,马来亚的华人族群组织了以马来亚人民抗日军为主的抗日武装。面对马来亚人民抗日军的攻击,日本侵略者将马来族群成员招入警察和军队,挑起马来族群对华人族群的敌视,导致二战末期两个族群之间的冲突,也加深了马来族群的本位意识。英国殖民者不败神话的破灭,使马来族群产生了独立自主的"我们"意识;马来社会中实力日益增强的华人族群又让马来族群感受到"他者"的威胁,基于"他者"的族群意识不断加强。最终,经过二战的冲击,马来族群逐渐觉醒,权力意识也逐渐产生。

二、马来亚联邦计划与马来族群权力观的形成

经过近半个世纪的发展,马来族群逐渐觉醒,一部分先进人士开始思考未来国家的走向,但由于各个群体民族国家建构想象的不同,马来亚政治发展来到十字路口。马来族群已经觉醒,但作为殖民者和二战战胜国,英国并没有放弃马来亚这块殖民地的想法。由于二战的拖累,英国本土的经济发展陷入泥潭,急需殖民地经济的反哺,在英国看来,"马来亚是帝国第一个赚钱的机器,这个殖民地的每一个男人、女人及小孩都对大英帝国非常重要"。[1] 因此,二战后英国迅速重返马来亚,推出新的殖民计划——马来亚联邦计划,正是这个计划直接促成了马来民族主义的产生,使马来族群形成独特的权力观。

(一) 关于马来亚联邦的争论

二战结束后,关于马来亚的战后安排成为各方争论的焦点。在二战即将结束时,伊布拉欣·耶谷曾经联系马来亚共产党总书记莱特,商议在英国殖民者尚未返回之时宣布马来亚独立。莱特并未同意伊布拉欣·

---

[1] Charles Gamba, "The Origins of Trade Unionism in Malaya", Petaling Jaya Eastern Universities Press, 1962, p. 280.

耶谷的提议,而是决定等待英国重返马来亚。实际上,关于马来亚的安排,在二战尚未结束时英国殖民者就进行了讨论,讨论的结果就是推出马来亚联邦计划。

1. 马来亚联邦提出的背景和过程

马来亚联邦计划是英国在二战后提出的新殖民计划,不同于战前"分而治之"的间接殖民方式,战后英国计划对马来亚采取直接统治。实际上,对于马来亚联邦计划的讨论早在1943年6月就已经开始,英国殖民部官员爱德华·根特领导马来亚计划小组讨论战后英属马来亚的统治规划,该小组计划在战后将马来亚的三个辖区整合成为马来亚联邦,以实现统一治理。①

关于战后的马来亚联邦计划,英国殖民者存在主观和客观两方面的考虑。其中,主观方面的原因在英国殖民部秘书处于1946年1月向英国国会提交的《马来亚联邦和新加坡:未来体制的政策声明》中已经明确指出:"一个几乎比英国国土面积还大的国家仍然处于相互分割的状态已经不再合适……现代管理、经济和社会发展的日益复杂性需要一个更加高效、精准的政府体系,以提供更为广泛的公共服务,充分利用时间和劳动力,在战后的世界,返回原来的状态显然已经与这片土地及其人民的利益相背离。"② 从客观方面来看,在日本军队攻打马来亚时,英国殖民者不战而败打破了保护者神话,若再想沿用旧的体制和方式延续殖民统治显然已经不具备说服力,以《邦咯条约》为代表的一系列保护性条约已经不再适用。此外,日本军队入侵马来亚期间华人族群英勇抗争,英国和马来亚共产党建立了合作关系,并且承认其合法地位。战后马来亚地区的政治和社会现状都已经发生较大变化,英国不得不推出新的制度安排,以应对战后的政治和社会形势,因此提出马来亚联邦计划。

除了英国方面的因素外,马来亚的政治形势也发生了变化,1943

---

① [马]陈中和:《多元族群社会的族群政治:马来民族主义和马来西亚的建国》,中国社会科学出版社2021年版,第94页。

② Cmd 6724. Malayan Union and Singapore: Statement of Policy on Future Constitution. His Majesty's Stationery Office. January, 1946.

年 11 月 1 日，流亡至印度的马来亚华人领袖陈祯禄在孟买召集了一群马来亚华商，创办了海外华人协会，他代表协会向英国殖民部提交《马来亚未来备忘录》，强调华人对马来亚的贡献，该备忘录提出华人是当前马来亚抗日军的主力，许多在当地出生的华人已经将自己视为马来亚人，未来的马来亚不应将他们视为外来移民，如果英国愿意将他们视为马来亚人，他们也将视马来亚为家乡。同时，马来亚抗日军也向英方施压，要求英方透露战后对华人和马来亚共产党的安排，作为回应，马来亚计划小组主席爱德华·根特于 1944 年 8 月决定，在未来的英属马来亚，政府将允许所有的政党重新注册，并赋予所有视马来亚为家乡的人公民权。①

基于英国殖民者自身的需求和马来亚的实际情况，马来亚联邦计划在英国国会通过，此时面临的首要问题是权力让渡问题。从《邦咯条约》开始，英国与各州统治者签订的都是保护协议，驻扎官在各州扮演的也是建议者角色。虽然依靠武力手段在各州的各项事务上发挥了主导性作用，但从法律层面来说权力仍然属于各州统治者，因此马来亚联邦计划的实施需要首先将统治者的权力收归到英国殖民者手中。从各州统治者手中收归权力以实现对马来亚进行统一管理的任务落在英国女王特使哈罗德·麦克米歇尔爵士身上，在他向英国殖民部办公室提交的《关于去马来亚执行任务的报告》中指出，在二战尚未结束时，英国方面已经讨论了战后马来亚的安排。1945 年 9 月，英国政府正式决定派遣麦克米歇尔爵士前往马来亚各州执行上述任务。10 月 10 日，英国国会召开会议讨论马来亚联邦计划并公布《马来亚联邦草案》。10 月 11 日，麦克米歇尔爵士就到达马来亚开始工作。他拜访各州统治者，与他们协商签署让渡各州管辖权的协议。从 1945 年 10 月 10 日到 1946 年 1 月 1 日，麦克米歇尔爵士同马来半岛上 9 个州的苏丹签署了权力让渡协议②，

---

① ［马］陈中和：《多元族群社会的族群政治：马来民族主义和马来西亚的建国》，中国社会科学出版社 2021 年版，第 95—96 页。
② 实际上，在麦克米歇尔爵士拜访各州苏丹的过程中，除了获得各州统治者的权力让渡签字之外，他还代表英国政府撤换了一部分在二战期间主动同日本合作的统治者；由于统治者们害怕英国追究他们在二战期间同日本合作的历史，也就签署了与马来亚联邦相关的权力让渡协议。

最后返回英国。[①]

2. 马来亚联邦计划的内容与争议

在成功签署各州统治者的权力让渡协议之后，英国殖民部计划于1946年4月1日正式举行马来亚联邦成立典礼。马来亚联邦计划中包含几个较为重要的部分[②]。

一是整体构架方面。将二战前的马来联邦、马来属邦合并，加上海峡殖民地中的槟城和马六甲，共同组成马来亚联邦。联邦由总督负责，下设一个行政议会和一个立法议会。此外，在每个州还设有一个州议会，州议会拥有管理权以及联邦议会下放的部分立法权。联邦议会和州议会都由正式和非正式议员组成，旨在建立一个广泛的并具有代表性的团体。议员主要通过委任，而非民主的选举方式产生。

二是新加坡的特殊地位。根据英国殖民者的马来亚联邦计划，海峡殖民地中槟城和马六甲并入马来亚联邦，新加坡则拥有特殊地位。该计划还提出，新加坡作为转口贸易中心，与马来亚本土有较大的经济和社会差异，考虑到马来亚联邦更加紧密的政治融合，需要将新加坡排除在马来亚联邦之外。因此，新加坡作为单独的殖民地将会拥有一个单独的总督以及行政议会和立法议会。

三是马来统治者权力方面。作为各州马来人民的传统和精神领袖，马来统治者拥有特殊地位。各州马来统治者主持领导马来咨询委员会，委员会成员由统治者委任，但是必须获得总督批准，委员会的主要职责是处理与伊斯兰教有关的事务。

四是公民权方面。英国殖民者提出宽泛的公民权条款，即不分种族和信仰，只要符合出生地以及居住地原则即符合公民权条件。具体为：第一，在计划实施后，出生在马来亚联邦和新加坡即自动获得公民权；第二，在该计划实施前的15年内居住在该地区10年以上的人可以获得

[①] Colonial No. 194. Sir Harold Macmichael Repprt on a Mission to Malaya. October, 1945 – January, 1946.

[②] Cmd 6724. Malayan Union and Singapore: Statement of Policy on Future Constitution. His Majesty's Stationery Office. January, 1946.

公民权。

此外，马来亚联邦计划还规定了其他例如司法、总督方面的内容。

马来亚联邦计划在马来亚地区引起强烈反响，也引发各方反对：以马来亚马来民族党为代表的左翼政党对马来亚联邦计划提出强烈抗议；二战中英国殖民者的亲密战友——马来亚共产党也通过组织一系列罢工运动来表示抗议；带有右翼保守性质的各州马来人协会也对这一计划提出抗议，马来人协会中亲英的马来传统精英们通过举办马来人大会号召马来族群共同抵制这一计划。正是这次大会，为马来民族主义的形成以及马来族群权力观的发展奠定了基础。

（二）马来民族主义与巫统的权力观

英国殖民者提出马来亚联邦计划后，以传统精英为代表的马来族群对这一计划表示强烈不满，通过组织马来人大会建立巫统，产生了具有族群排他性的马来民族主义观念。就在《马来亚联邦白皮书》发布两天之后，1946年1月24日，《理事会》报呼吁拿督翁召开泛马来亚马来人大会共同商议抗议马来亚联邦计划的行动。拿督翁出身于贵族家庭，他的祖父、父亲和两个哥哥都曾担任过柔佛州的州务大臣，他同其他王子一起在新山和英国接受过教育，也曾就读于瓜拉江沙学院。[①] 1946年3月1日，在拿督翁的组织下，马来亚地区的41个马来人团体（包括马来亚马来民族党）聚集在吉隆坡的苏丹苏莱曼俱乐部，共同召开为期4天的泛马来亚马来人大会。[②] 大会商讨了两个议题，一是组织一个马来族群的运动，二是抗议马来亚联邦计划，以便让英国殖民者保障马来族群的特权，直到马来族群在教育、经济和国家管理方面足够成熟。

在遭到以马来传统精英为代表的马来族群强烈反对后，英国殖民者仍然执意推行这一计划。1946年4月1日，马来亚联邦计划正式实施，

[①] A. J. Stockwell, "The Formation and First Years of the United Malays National Organization (U. M. N. O.) 1946-1948", Modern Asian Studies, 1977, Iss. 4, pp. 481-513.

[②] A. J. Stockwell, "The Formation and First Years of the United Malays National Organization (U. M. N. O.) 1946-1948", Modern Asian Studies, 1977, Iss. 4, pp. 481-513.

爱德华·根特担任马来亚联邦的首任总督。马来半岛9个州的统治者也于前一天晚上齐聚吉隆坡，准备出席第二天的成立仪式。泛马来亚马来人大会的领导们意识到，各州统治者出席联邦成立仪式对他们反对马来亚联邦计划造成了威胁，因此他们向各州统治者们提出抗议，在拿督翁的示意下，统治者们才决定不出席典礼。[①] 此外，英国殖民者执意推行马来亚联邦计划还在于对非马来族群的期待，英国殖民者原以为通过授予非马来族群公民权，能够争取他们对马来亚联邦的支持从而与马来族群相抗争，但以左翼政党为代表的非马来族群对马来亚联邦计划的反对使英国殖民者陷入两难的境地，最终导致马来亚联邦计划的失败。5月11—12日，拿督翁组织召开第二次泛马来亚马来人大会，就在第二次大会上，巫统正式成立，拿督翁担任首任主席，巫统也被赋予了保护马来族群权益的使命。

需要注意的是，针对马来亚联邦计划，巫统抗议的焦点并非殖民者由间接统治转变为直接殖民的方式，而是关于马来族群特权和普遍公民权的问题，它认为如果马来族群没有特权，且授予其他族群特别是华人族群和印度族群公民权之后，马来族群的竞争力将会大大降低，非马来族群将会影响马来族群未来的生存。因此，巫统的马来民族主义在产生初期并不具备反对殖民统治的特点，针对的"他者"主要是非马来族群。在巫统的领导下，马来族群精英们喊出"马来人万岁"的口号，意图以此为基础获得广大马来族群的支持。巫统的成立是马来民族主义发展的里程碑，它标志着马来民族主义正式形成，在此后的多年间，巫统也一直作为马来民族主义的代言人。巫统所提出的民族主义是一种族群排他性的民族主义，包含以我为主的权力观念，领导这一民族主义思潮的群体是马来族群中的精英阶层，也就是在马来统治者阶层中那些接受英语教育后在英国殖民行政体系里担任相关职位的人。[②] 这一思潮针

---

① A. J. Stockwell, "The Formation and First Years of the United Malays National Organization (U. M. N. O.) 1946–1948", Modem Asian Studies, 1977, Iss. 4, pp. 481–513.

② [马]柯林·亚伯拉罕：《改变马来西亚政治发展的关键时刻》，吉隆坡策略资讯研究中心2011年版，第65页。

对的目标是非马来族群而不是英国殖民者，它最鲜明的特征就是提出"马来人优先""马来人特权"的口号，意图将马来族群特权持续到他们每个人的生命尽头，整个族群的特权则保持到马来族群与非马来族群相比拥有足够的竞争力之时。

马来族群民族主义的排他性特征也体现在他们对马来亚联邦以及相关称呼的反对当中。关于"马来亚联邦"和"马来亚人"这些称呼，以巫统为代表的马来族群精英们提出强烈反对，他们指出"马来亚人指的是与马来亚有关的人，但不包括马来人，马来人强烈反对被称为马来亚人"。[①] 巫统是马来族群排他性民族主义的缔造者和传承者，拿督翁被称为"马来民族主义之父"。巫统的建立标志着马来民族主义正式形成，它有两个重要特征。第一，巫统利用马来传统统治者在马来族群中的地位，将他们塑造成马来族群认同的核心以获取马来族群的支持。实际上，在马来亚联邦刚刚宣布之时，由于马来半岛9个州的统治者都曾同英国签署权力让渡协议，因此在抗议马来亚联邦计划时，各种马来团体也连同抗议马来统治者，认为是他们出卖了马来族群。例如柔佛州马来毕业生协会就认为马来统治者的行为违反了宪法，并通知后者他们已经不再是他的臣民。为了获得统治者的支持，拿督翁针对君权的相关问题含蓄地指出，"人民现在已经是国王，而国王现在是人民了"。[②] 巫统成立后，拿督翁决定要利用马来地区里传统的政治权力格局，而非创造新的格局，因此选择与统治者们合作以获得马来族群的支持。第二，除了喊出皇权和马来人特权的口号来吸引马来族群支持外，在独立问题上拿督翁领导的巫统采取较为保守的态度，这也符合英国殖民者的利益从而获得了后者的支持。不同于以马来亚马来民族党为代表的左翼政党的独立目标，拿督翁领导的巫统认为现阶段的马来亚不宜独立，独立后马来族群将会在与非马来族群的竞争中失败，这一理念正好也获得了英国殖民者的支持。

[①] Cheah Boon Kheng, "Malaysia—The Making of a Nation", Singapore: ISEAS – Yusof Ishak Institute, 2002, p. 7.

[②] T. N. Harper, "The End of Empire and the Making of Malaya", Cambridge: Cambridge University Press, 1999, p. 85.

在战后的马来亚，面对左翼政党的压力，巫统希望能够构造殖民者—马来统治者—巫统的政治格局。在这个格局中，殖民者占据主导地位，马来统治者代表马来传统和文化的重要地位，巫统则代表着马来族群在马来亚政治中的核心地位。巫统代表的马来民族主义，实际上是基于群体认同的权力诉求，主要针对非马来族群，随着马来亚政治的发展，在巫统民族主义的影响下，马来族群初步形成以族群主导权为核心的权力观。马来族群精英认为马来族群才是马来亚的主人，应该拥有马来亚地区的主导性权力。

马来亚联邦宪法在 1946 年 4 月颁布后受到马来亚各界的反对，英国殖民者不得不放弃马来亚联邦计划，于当年 6 月开始讨论制定新的宪法草案来替代。在讨论新的宪法草案时，殖民者组成了由六位马来亚联邦政府代表，四位马来统治者代表，以及两位巫统代表构成的十二人宪制工作委员会。1948 年 2 月，马来亚联合邦宪法草案颁布实施，通过这一草案英国殖民者基本确定了英国—马来统治者—巫统的政治格局。上述政治格局的建立也意味着，巫统的民族主义思想正式成为马来亚的主导思想，它代表了以巫统为代表的马来族群精英追求族群主导权的权力观，马来亚政治的发展也将受到这种权力观的影响。

三、马来族群权力观的立法保证与特点

（一）马来族群权力观的立法保证

马来亚联合邦建立后，马来亚政治进入新的发展时代，以巫统为主的马来亚政党开始思考国家独立的问题，此时基于巫统的马来民族主义思想，马来族群精英以族群主导权为核心的权力观正式形成，它认为马来族群应该拥有马来亚的政治领导权和文化领导权。巫统第二任主席，也是马来亚首任总理东姑·拉赫曼在 1951 年就任主席后将巫统口号从"马来人万岁"改成"独立"，也标志着马来亚正式开启独立进程。国家独立，宪法是关键，由于马来亚多元族群的事实以及各族群对未来民族国家建构想象的不同，不同群体拥有不同的宪制构想。这些构想包含巫统及其马来建国主义、其他族群所期待的多元共生想象等，都指向了

不同的，甚至是矛盾的国家本质。① 因此，宪法的制定十分关键，马来亚的独立和制宪过程不同于世界上其他国家如法国、英国和美国等，它们的宪制是一种自然的演化过程，蕴含着人民对自身公民权利的抗争与觉醒。马来亚的宪制是被殖民者赋予的，它处于去殖民化的进程之中，英国殖民者面对本地区高涨的民族主义思想和反殖民主义思想被迫主动移交权力，这意味着在宪制和权力移交的过程中，英国殖民者拥有主动权。英国殖民者选择打击反殖民主义政党，将权力移交给较为温和的族群民族主义政党，因此巫统成为英国殖民者选择的宪制谈判对象。

马来亚宪制中的关键是如何处理马来族群"马来人的马来亚"的权力诉求问题。由于英国殖民者本身也承认它们的权力来自马来统治者，理应在撤出该地区之后将其归还给马来族群，因此马来族群也就成为马来亚国家宪制的主导族群。拥有主权的族群在获得制宪权力之后，宪法必然会往"亲马来人"的方向倾斜，这是马来亚国家独立制宪的社会和历史基础，当然也是其他族群担忧之处。通常来说，宪法较为强调公民的权利，并且假设了民主和人人平等的基本前提，人民也将至高无上的宪法作为国家认同的标志。然而，马来亚的族群关系现状使马来亚政治陷入一种困境，一方面想要保障马来族群特殊地位与统治者地位，另一方面又要建立不同族群的共同国族地位，这本身就是一种矛盾。

1956年，英国与联盟党商议之后，决定成立一个宪制调查团负责草拟马来亚宪法，来自英国的李特爵士被委任为调查团主席，加上来自印度、巴基斯坦、澳大利亚的相关委员，共同调查制定宪法草案。最终，《李特宪制报告书》于1957年2月20日正式发布，鉴于宪法制定的基本原则，报告书最大的特点在于它既维护马来族群的特权，也强调法律上的平等原则，并且给予马来族群特权时间限制。按照当时的报告书，马来族群特权建议保留15年，在15年后重新讨论。② 此外，报告

---

① [马] 许德发：《宪制与族群纠葛：马来亚制宪过程及其族群因素》，《"重返马来亚：政治与历史思想"国际学术研讨会论文集》，吉隆坡策略咨询研究中心2017年版，第177页。
② [马] 许德发：《宪制与族群纠葛：马来亚制宪过程及其族群因素》，《"重返马来亚：政治与历史思想"国际学术研讨会论文集》，吉隆坡策略咨询研究中心2017年版，第179页。

书还讨论了马来族群国语、官方宗教、"固打制"、公民权等相关事务并作出相关规定。

针对这一报告书,非马来族群特别是华人群体对出生地原则和官方语言建议表示不满,至于马来族群特权,因为有时间限制,并没有引起太大怨言,但这一报告书却遭到马来族群的强烈反对。拿督翁在1957年2月24日的《南洋商报》上指出"马来人彻头彻尾被出卖",《每日新闻》与《马来亚前锋报》等报刊也都批评马来族特权保留15年的条款。报告书在马来亚引起强烈反响,经过5个月的政治谈判与妥协,报告书有40%内容被删改,其中包括马来特权被无限期保留,删去华文、印语被允许作为议会语言,伊斯兰教国家化列入宪法等,以致后来李特爵士个人也公开表达对新宪法草案持不承认的态度,并认为这是英联邦国家中最不具水准的宪法。①

马来亚宪法于1957年7月2日在伦敦和吉隆坡同时发布,新宪制草案中对《李特宪制报告书》的内容进行了较大改动,主要体现在马来族群特权、官方语言、宗教、公民权等方面。在马来族群特权方面,取消了李特宪制调查团建议的特权保持15年之限定,将其无限期保留,并且规定最高元首可以指示并保证马来族群合理的固打比例。在宗教方面,修改报告书中没有对国教的建议,宪法中将伊斯兰教列为马来亚官方宗教。在公民权方面,大致接受了报告书的建议,却加入一条限制,那就是申请归化者需要部长的审批。在官方语言方面,将马来语确定为国语,否决了10年内将华文和泰米尔语作为议会语言的提议。经过上述几项修改,基本上把马来亚的国家本质确定为"马来人的马来亚",马来族群成为马来亚地区的主导族群,马来语、伊斯兰教和皇权成为马来性的三个支柱。通过立法,马来族群以族群主导权为核心的权力观受到法律保护,马来族群开始追求真正意义上"马来人的马来亚"。

---

① [马] 许德发:《宪制与族群纠葛:马来亚制宪过程及其族群因素》,《"重返马来亚:政治与历史思想"国际学术研讨会论文集》,吉隆坡策略咨询研究中心2017年版,第187页。

(二) 马来族群权力观的特点

根据盖尔纳的观点，民族主义通常出现在经济与政治上皆处于劣势，文化上能够自我识别的族群上，约翰·普列门内兹在定义民族主义时强调，必须是文化上居于劣势的族群跟其他族群一样追求进步，却无力实现此种普遍理想，于是接受了刺激而奋发图强，最终所产生的一种反应。① 从历史的发展来看，马来民族主义的产生正是遵循了这一理论逻辑，相对落后的马来族群在面对占社会经济优势的非马来族群时，开始追求自身认同。在寻求认同时，文化显性特点最强的语言成为重要标志，成为实现马来族群认同的重要工具。正如霍布斯鲍姆所说，"一群住在一起讲着同样话语的人们，自然会认为彼此是属于同一民族，至于那些不会说我们语言的人，自是所谓的外人"。②

马来族群是一个基于文化建构的族群，"讲马来语，信仰伊斯兰教，遵守马来习俗"是马来族群的认定标准。实际上这些都是先于民族主义出现的文化体系，在日后既孕育出了民族主义，也变成民族主义形成的背景。③ 马来族群精英通过强调特定的文化属性来强化认同，其中语言被当作重要因素。因此，讲马来语是定义马来族群的重要标准，也是马来民族主义形成的催化剂。需要注意的是，民族主义的产生通常会基于文化体系中的语言因素，把它作为群体认同的重要标志，并强化族群的认同，这是民族主义发展的一般规律。但马来民族主义发展成熟后，针对马来语的认同功能却超出了族群界限。通过语言教育政策，政府规定非马来族群必须学习马来语，这是马来民族主义在强化自身认同的基础上，强加到非马来族群身上的一种权力诉求。正如马来西亚学者陈中和所说，巫统的马来化主张并不是同化的政策，更谈不上伊斯兰化，反而

---

① [马] 陈中和：《多元族群社会的族群政治：马来民族主义和马来西亚的建国》，中国社会科学出版社2021年版，第64页。

② [英] 埃里克·霍布斯鲍姆著，李金梅译：《民族与民族主义》，上海人民出版社2017年版，第50页。

③ [美] 本尼迪克特·安德森著，吴叡人译：《想象的共同体》，上海人民出版社2016年版，第11页。

是一种以伊斯兰作为门槛，反同化的马来族群霸权政策，因为如果非马来族群公民全都涵化为马来族群人民，马来族群霸权将不复存在。① 其中，他所提到的涵化方式就是指让非马来族群讲马来语、信仰伊斯兰教和遵守马来习俗。从马来民族主义的文化要素上来看，即使非马来族群具备构成马来族群的文化要素，仍然难以获得马来族群所拥有的权力。因此，马来民族主义在语言教育政策上的举措并不是同化，而是在各个领域对非马来族群生存空间的压缩，体现的是以族群主导权为核心的权力观。

在马来西亚民族国家建构的过程中，马来民族主义是一种特殊的民族主义，它是马来族群在面对非马来族群威胁时产生的思想，并且在发展的过程中逐渐形成马来族群以族群主导权为核心的权力观，强调马来族群在国家中的主导地位。基于马来语而形成的马来族群认同促使马来民族主义生成后，上述权力观却驱使着将语言的影响范围继续扩大到非马来族群，强迫非马来族群接受马来语作为国家认同的标志，实际上是为了获得马来族群的文化权力，最终实现马来族群的主导权。因此，马来族群以族群主导权为核心的权力观实际上是马来民族主义发展成型后形成的特殊的权力诉求，希望获得以族群政治领导权和文化领导权为主的国家主导权，其中语言教育政策的形成和演变正好体现了马来族群精英追求文化领导权的路径。

本章小结

巫统的马来民族主义理念体现出马来族群精英以族群主导权为核心的权力观，民族主义的发展过程就是权力观形成的过程，这种权力观强调马来族群至上以及"马来人的马来亚"理念。它造成了马来西亚的

---

① ［马］陈中和：《马来西亚的伊斯兰政党政治——巫统与伊斯兰教党之比较》，雪兰莪新纪元学院马来西亚族群研究中心2006年版，第112页。

族群政治生态，是马来族群精英争取以语言教育政策为基础的文化权力的内在驱动力。马来亚独立建国的历史是马来族群民族主义形成和权力观发展成型的历史。从1874年的《邦咯条约》开始，英国殖民者开始将其势力范围扩展到整个马来亚。与此同时，英国殖民者保留了传统的马来政治权力体系，导致殖民初期殖民者和当地统治者的权力争夺，这为后来马来族群提出权力诉求埋下伏笔。随着经济利益的扩展，殖民者进一步加速对马来亚的殖民步伐，海峡殖民地、马来联邦和马来属邦的相继成立标志着英属马来亚的正式建立。英属马来亚的建立使殖民者的权力进一步加强，马来族群的权力被剥夺也促进了马来族群认同的产生，尽管这一认同还局限于族群对所在州属的认同。20世纪初，中东伊斯兰教复兴运动的兴起，在埃及留学的马来亚学生将宗教改革思想带回马来亚地区，印刷资本主义的兴盛促进了群体意识的产生；伴随着国际局势的发展，马来族群产生了一批亲英的精英人士，他们关注马来族群的社会生活，促进了马来族群群体意识的发展；左翼政党的大马来亚构想也在一定程度上促进了马来族群的群体意识。随着二战战火蔓延到东南亚地区，日本入侵马来亚促使马来族群的权力意识发展到新的阶段。二战后，马来亚政治进入新的发展时期，马来亚联邦计划中的族群平权方案促使马来族群产生了具有强烈族群排他性的民族主义，并逐渐发展成为以族群主导权为核心的权力观。1948年殖民者宣布"紧急状态"后，巫统被英国殖民者正式确立为马来亚的政党代表，上述权力观成为主导马来亚政治发展的重要思想，也导致了族群政治生态雏形的产生。基于马来亚族群政治生态的背景，属于文化权力范畴的语言教育政策成为马来族群精英关注的重点。

第二章 权力妥协与语言教育政策的初定（二战后至 1957 年）

二战后，从马来民族主义思想初步产生到以族群主导权为核心的权力观形成，语言教育问题是促进族群文化权力意识形成的催化剂，在语言教育问题上的诉求，促使马来族群文化权力意识逐渐觉醒。语言是民族主义文化要素的重要组成部分，语言教育问题是战后马来族群的关注重心，并体现到语言教育政策的制定中。本章将在简述二战前马来亚语言教育发展简史的基础上，重点描写二战后至独立时期马来亚在语言教育问题上的争议，分析争议背后的权力博弈因素，从而更加深入地理解语言教育政策在这一阶段的主要特点及其形成和演变的原因。

第一节 二战前及二战期间马来亚的语言教育发展

自从语言成为人类的主要交流工具，为了实现人们的沟通，语言教育就成为一项十分重要的工作。马来亚地区最早的语言教育体系可以追溯到 15 世纪，随着伊斯兰教逐渐传播到马来半岛，以伊斯兰教传播为核心的教育体系逐步建立，其中包含语言教育的相关内容。当时，接受正规教育的群体集中在贵族阶层，接受伊斯兰教育的平民较少，马来族群长期的传统农耕生活方式决定了他们对知识和语言的传播依赖度不高，马来族群受教育程度普遍较低，语言教育主要集中在基础的阿拉伯语和马来语。

第二章　权力妥协与语言教育政策的初定（二战后至1957年）

一、二战前的语言教育政策[①]

众所周知，马六甲王朝从1511年起就被葡萄牙和荷兰相继殖民，但殖民者并没有对马来半岛地区的语言教育产生太大的影响。他们的主要目标是经济利益，影响力也局限在城市地区，马来各邦仍然保持传统的统治模式。伊斯兰教育是这一阶段重要的教育主题和内容，伊斯兰教也成为这一阶段团结马来族群对抗殖民者的工具，在此时的伊斯兰教育体系中，并没有形成完善的语言教育体系。然而，英国殖民者在1824年来到马来亚之后开始介入马来亚事务，影响了马来亚的社会形态和语言教育政策。

（一）英国殖民者的语言教育政策

由于英国殖民者对不同族群的定位不同，语言教育政策大体沿袭了"分而治之"的策略。《邦咯条约》签订后，英国殖民者开始在马来亚积极筹备英文学校和马来文学校。其中英文学校分为两种：第一种为教会学校，第二种为大英义学。顾名思义，教会学校主要由教会兴办，不由政府控制，大英义学则由政府控制。英文学校主要向学生提供7年的小学教育，教授科目包括罗马历史、英语文法、阅读和数学等。与英文学校所不同的是，此时的马来文学校只提供4年的小学教育，教授马来语所撰写的数学与地理。英文学校主要位于城镇地区，就读人员多为华人和印度族群。马来族群大多就读于马来文学校，政府曾经为了促进马来文学校学生顺利转读到英文学校，开设了特别马来班，但马来族群进入英文学校学习的人仍然很少，主要原因在于马来族群大多居住在乡村地区。[②] 除了英文学校和马来文学校之外，马来亚地区还存在华文和泰米尔语等非马来族群母语学校，这些学校主要由各族群自行兴办，大多供各母语族群子弟在此就读。

[①] 本章对二战前的社会形态与语言教育政策的描写主要追溯到二战前的英国殖民时期。

[②] ［马］叶玉贤：《语言政策与教育——马来西亚与新加坡之比较》，台北前卫出版社2002年版，第13—15页。

英国在马来亚推行的语言教育政策在不同的历史时期拥有不同的特点。在 19 世纪 30 年代以前，语言教育政策在各个地方各不相同，有的地方采取英语教育，有的地方采取本地语言教育。到了 19 世纪 70 年代左右，坚持本地语言教育的观点占据上风，这是因为 1869—1872 年派驻到印度的英国殖民部官员认为向殖民地提供英语教育将会付出巨大的代价，"他们受教育越多，就越会运用所学知识来实现他们的暴政"。①在这种思想的影响下，英国殖民者对殖民地人民采用"分而治之"的语言教育政策，对于一部分精英阶层，他们能够接受英国提供的英语教育，对于广大的平民阶层，他们只能接受以本地语言为教育语言的教育。总的来说，英国殖民者提供语言教育主要是为了满足殖民者的利益需求，让受教育的本地人提供劳动力和协助发展经济。马来学者伊布拉欣认为，英国殖民者教育目的主要有三个：第一，向马来人传播本国价值观；第二，培养一小部分满足自身需求的马来人；第三，满足最低程度的劳动力需求。②

（二）针对马来族群"分而治之"的语言教育政策

在语言教育政策上，除了针对不同族群采用"分而治之"的策略之外，针对同一族群中的不同阶层，殖民者也采取了十分明显的"分而治之"策略。殖民者发现在马来社会中，广大平民无条件地忠诚于精英阶层，因此他们与精英阶层合作间接统治广大的平民阶层，为精英阶层提供英语教育以培养殖民政府内部的中下层工作人员。注重对马来族群精英阶层进行英语教育的具有代表性的标志是 1905 年英国总督威尔金斯在霹雳州建立瓜拉江沙马来学院。这所学校虽然也有马来语和马来语文学，但英国历史、英语以及英语文学在课程体系中占有更重要的地

---

① Tan Yao Sua, "The British Educational Policy for the Indigenous Community in Malaya 1870 - 1957: Dualistic Structure, Colonial Interests and Malay Radical Nationalism", International Journal of Educational Development, 2013, Iss. 33, pp. 337 - 347.

② Ganesan Shanmugavelu, Khairi Afiffin, Nadarajan Thambau, Zulkufli Mahayudin, "Development of British Colonial Education in Malaya, 1816 - 1957", International Journal of Education, 2020, Iss. 8, pp. 10 - 15.

第二章 权力妥协与语言教育政策的初定（二战后至 1957 年）

位，旨在培养马来贵族精英的英国认同。[1] 马来学院采用英语教学，组织与英国剑桥大学相同的公共测试，极大地培养了马来贵族的英国立场和态度。此外，教会学校虽然能够接收普通马来族群民众，但由于宗教信仰差异，普通马来族群通常也不到此类学校就读。

对于广大的普通马来族群，在殖民者干涉前，马来半岛上的教育形式主要是在宗教学校、清真寺、祈祷堂等场地进行的伊斯兰教育。英属马来亚建立后，殖民者开始重视殖民地教育，并注重培养他们的马来语读写能力。[2] 殖民者对马来语教育的推动直接促进了 19 世纪末期马来半岛的马来文学校的飞速发展。殖民者开始在宗教学校的基础上建立马来文学校，他们认为马来族群教育要想取得成果必须要将马来族群教育同宗教教育区分开，马来亚地区第一所马来文学校于 1856 年在新加坡建立。[3] 在殖民者的推动下，马来半岛的马来文学校数量快速增加。在海峡殖民地，在 1872 年只有 16 所马来文学校，注册学生人数仅为 596 人；到 1882 年，马来文学校的数量达到 85 所，注册学生人数为 2230 人；到 1892 年，马来文学校的数量达到 189 所，注册学生人数达到 7218 人。[4] 虽然殖民者向广大马来族群提供母语教育，但教育水平仅限于 4 年的小学教育阶段，从而实现将他们禁锢在马来土地上的目的。对英国殖民者来说，他们害怕马来族群广大平民在接受过多教育后，会威胁到殖民者的统治地位。

殖民者对马来族群马来语教育的重视也助推了苏丹依德里斯师范学院的建立。该学院建立于 1922 年，主要目的是培养马来族群内部的母

---

[1] Yahya, Z., "Resisting Colonialist Discourse", Penerbit Universiti Kebangsanan Malaysia. 2003, p. 27.

[2] F. Wong, T. H. Ee, "Education in Malaysia", Heinemann Kuala Lumpur, 1971, p. 46.

[3] Ganesan Shanmugavelu, Khairi Afiffin, Nadarajan Thambau, Zulkufli Mahayudin, "Development of British Colonial Education in Malaya, 1816 – 1957", International Journal of Education, 2020, p. 11.

[4] Chelliah, D. D., "A History of the Educational Policy of the Strait Settlements with Recommendations for a New System Based on Vernaculars", Kuala Lumpur the Government Press, 1947, p. 56.

语教师，以便他们返回乡村担任马来语教师，培养马来人成为更好的渔民或者农民，超过他们的父辈，使他们满足于自身的乡村生活。① 正如罗夫所说："瓜拉江沙的马来学院主要教育统治阶级的子弟，以便让他们进入英语世界的统治阶层；苏丹依德里斯师范学院主要教育平民的子弟，以便让他们进入乡村地区的马来文学校工作。"② 马来精英阶层大多都支持英国殖民者对普通马来族群的教育方式，因为这一教育方式能使普通马来族群人民安于现状，有利于他们的统治。殖民者"分而治之"的教育策略也产生了两种截然不同的结果：一是产生了一批反对英国殖民者的激进民族主义者，他们同时也反对接受英语教育的马来族群贵族精英；二是产生了一批接受英语教育的保守派民族主义者，他们在英国殖民体系中担任一定职务，拥护英国殖民者的统治，赞成维护传统的社会政治秩序。

（三）针对非马来族群"分而治之"的语言教育政策

19世纪后期，英国殖民者在马来亚的经济利益不断拓展，急需大量劳动力，但当地的马来族群对于参与快速扩张且以出口为导向的经济形式意愿不高，于是殖民者引进大量的华人以及印度人劳工。在英殖民政府的政治和经济霸权下，大批外来族群移民马来半岛，马来半岛成为多元族群的移民社会。③ 多元族群社会中语言的使用存在较大差异，除了英文学校和马来文学校之外，非马来族群也建立了族群母语学校。

对于非马来族群特别是华人族群而言，部分土生华人与殖民者关系较密切，有的在殖民政府任职，有的与殖民者存在商业合作关系，他们的后代大多就读于英文学校，对他们而言也较为认同马来亚本地甚至自称为"英籍民"。对华人族群中下层民众或者外来劳工来说，他们大多

---

① H. R. Cheesmen, "Education in Malaya 1900 – 1941", London Ernest Benn Limited, 1969, p. 261.

② Roff W. R., "The Origins of Malay Nationalism", Kuala Lumpur Penerbit Universiti Malaya, 1974, p. 78.

③ ［马］叶玉贤：《语言政策与教育——马来西亚与新加坡之比较》，台北前卫出版社2002年版，第11页。

就读于本族群创办的教学机构。18世纪末期,海峡殖民地已经出现私塾教育,只是因为没有教学课本,缺乏详细的资料考证。如今有据可考且具有一定规模的华文学校是于1819年设立在槟城的五福书院,之后有迹可循的华文学校还有崇文阁(1849年)、萃英书院(1854年)、道南书院(1872年)、唐文义学(1873年)、华英义学(1885年)等。① 1911年辛亥革命之后,提倡改革旧学,建立新学制,马来半岛华人纷纷效仿,开办新式学堂,包括女子学校。1919年五四运动后,华文普遍成为教育语言,随着白话文的普及,文言文逐渐被取代。早期的华文学校,大多存在于方言社群会馆中,随着白话文的普及,学校也开始向社会上的其他华人群体开放。

这一时期,在英国殖民者眼里,华文教育既无利可图也不符合政府的意愿,多是私人兴办性质,殖民者政府既不推崇亦不干预,任其自生自灭。对华人而言,由于自古重视教育,在政府不加干涉的情况下华人则通过自身力量推动华文教育的发展,促进华文教育在马来亚遍地开花。据相关学者粗略统计,截至1920年底,马来联邦共有华文学校181所,海峡殖民地拥有华文学校313所。② 在当时的马来亚,华文学校大多受到中国政府资助,教科书和师资等大多来自中国国内。华文学校发展如此蓬勃,英国殖民政府担心华文学校宣导反对英国殖民者,于1920年颁布《1920年学校注册法令》,开始不再让华文学校继续自由发展,阻止华人政治意识的提高。该法令颁布后,一些不符合规定的华文学校遭到取缔,另外一些剩下的华文学校于1924年开始接受英国殖民者提供的津贴,并受到殖民者限制。

对印度族群来说,由于宗教信仰和种姓制度,内部分裂十分严重,平民大多在橡胶园从事割胶工作。为了普及全民教育,英国殖民者规定橡胶园园主必须向他们提供基于泰米尔语的母语教育,英国殖民政府则

---

① [马]郑良树:《马来西亚华文教育发展简史》(第二分册),吉隆坡马来西亚华校教师会总会1996年版,第9—37页。
② [马]林水檺等编:《马来西亚华人史新编》,吉隆坡马来西亚华校教师会总会1998年版,第215—254页。

根据学生的入学情况和学习成绩给予适当补助。因此,印度族群的语言教育主要在一些分散的橡胶园中进行,教学水平参差不齐。马来亚地区的第一所泰米尔语学校建立于1816年,由于殖民者和种植园主都不愿意提供政策和经费上的帮助,泰米尔语学校的发展不尽如人意。①

二战前,马来亚语言教育政策随着殖民者的变化呈现出从无规划性向有规划性的转变,在这一阶段由于各个群体目的不同,各个阶段的语言教育政策大都服从于当时的政治和社会发展形势,并未体现明显的文化权力观念。殖民者采取"分而治之"、放任自流的语言教育政策,各族群依据族群分界形成自己的教育体系,延续自身的文化传统。对于各族群内部,殖民者也任其发展和分裂,并通过笼络各族群的一部分上层阶级来实现对整个族群的统治和管理。在这样的统治模式下,各族群内部充满矛盾和分化,族群群体的认同也各不相同。

二、二战时期的语言教育政策

二战期间,特别是太平洋战争爆发后,日本入侵东南亚地区。1941年12月7日,日本袭击美国珍珠港基地,12月8日日军开始入侵马来亚,由于英军的轻敌和怠慢,日本迅速占领马来亚,直到1945年8月15日日本宣布无条件投降,日本共占领马来亚达三年零八个月。② 在这段时间内,日本虽然忙着推行其"大东亚共荣圈"的构想和应付各不同战线的战事,但并不影响其对马来亚推行文化奴化教育,其核心便是语言教育。

日本占领前的马来亚,马来族群的民族主义思潮方兴未艾,马来族群逐渐觉醒,开始追求族群的政治和经济地位。对非马来族群,特别是华人族群而言,由于日本对中国的侵略,大量华人心系祖国,以陈嘉庚为代表的新马华侨为中国的抗日战争捐钱捐物,在新马地区的市镇上也

---

① Arasaratnam Singppah, "Indians in Malaysia and Singapura", London: Oxford University Press, 1970, p. 181.
② 梁志明主编:《殖民主义史(东南亚卷)》,北京大学出版社1999年版,第473页。

第二章 权力妥协与语言教育政策的初定（二战后至1957年）

经常爆发抵制日货的游行示威活动。各族群之间，虽然经常会在政治和经济事务上有所争议，但总的来说还能和谐相处。日本打乱了英国殖民者建立的族群间相安无事的"分而治之"状态。对华人族群来说，日本侵略者采取残酷的镇压政策，每到一地他们就取缔当地所有的政党、工会等组织，1942年2—3月，日军在马来亚和新加坡等地区进行"大检证"和"大肃清"运动，对大量华侨进行残酷的屠杀。

对马来族群，日本的态度则较为温和，通过与传统统治者合作的方式赢得了部分马来族群民众的好感。实际上，日本在占领马来亚之前已经详细思考和规划了东南亚地区的军事化管理政策。1941年3月，由日本军队参谋部第一行动处工作人员起草的《南方占领区域军事化管理草案》就已经提到未来对马来亚的管理政策，包括要承认马来族群统治者的地位，保证马来族群宗教和信仰自由，并通过统治者和宗教的因素来赢得普通马来族群人民对日本帝国的认同，从而实现马来亚置于日本帝国之下的目的。① 日本在占领马来亚之后，为了赢得马来族群统治者和人民的配合，在一份由山下奉文签署，于1941年12月23日开始起草并于次年2月8日颁布的《第二十五军军事管理原则》的文件中表示："从现在开始，对于那些不抵抗的统治者，日本将承认其政治和宗教地位。"② 日本通过这一方式来赢得与统治者的合作，从而赢得马来族群人民的支持。此外，日本还向马来族群领袖承诺，将在适当的时机给予马来亚"独立"，这种带着"民族解放"光环的运动得到了马来族群领袖的支持，其中以马来青年联盟主席伊布拉欣·耶谷为代表的一些马来左翼领袖与日本展开合作，试图通过日本的帮助摆脱英国殖民者获得独立。

---

① Yoji Akashi, "Japanese Military Administration in Malaya – Its Formation and Evolution in Reference to Sultans, the Islamic Religion, and the Moslem – Malays, 1941 – 1945", ASIAN STUDIES, 1966, pp. 81 – 110.

② Yoji Akashi, "Japanese Military Administration in Malaya – Its Formation and Evolution in Reference to Sultans, the Islamic Religion, and the Moslem – Malays, 1941 – 1945", ASIAN STUDIES, 1966, pp. 81 – 110.

随着1942年马来军事管理①机构的运行，日本的侵略野心越来越大，他们就统治者的地位问题展开讨论，并计划采取一些手段让统治者们主动将自治权出让给日本，并认同成为日本帝国的一部分。以渡边②为首的日本侵略者内部对各州统治者的待遇问题产生了不同意见，也不断就苏丹的地位进行内部讨论，最终达成一致，即将苏丹的地位降到最低，并且对马来族群人民进行再教育，将日本精神灌输进他们的大脑，让他们自觉成为"日本帝国庇护下的子民"。但战局的发展和马来亚的实际情况并没有让日本的目标得逞，苏丹和马来族群的地位也得以保持。在占领马来亚之后，日本将马来亚北方四州割让给泰国。北方四州是马来亚稻米主产地，在割让给泰国之后马来亚很快物资匮乏、物价飞涨，由此引起马来族群对日本的不满。

日本进入马来亚之初，所有的政党、工会等组织全部被取缔，在推行军事化管理后，教育机构等也受到影响，除马来族群的宗教教育外，其他的教育场所大都停止运行。从1943年12月开始，日本控制的马来军事管理政府在整个马来亚推行以日语为主的教育，通过日语教育向马来学生传输一种"日本精神"并培养马来学生的"日本态度"。日本规定，所有学校的教育语言只能是日语，在这样的政策下，马来亚的华文学校和马来文学校大都被日本关闭。据统计，日治时期马来亚开办的4种多源流民族语言学校共87所，各族学生的总人数约为13万人。这87所学校的名称都改成与日语相关，并以日语为教育语言，减少其他语言的教学课时，并禁止学校教授数学、地理、历史等科目。③ 日本占领时期虽然较短，并未出台明确的语言教育政策，但是它采取各种威逼利诱的方式推行日语教学，在"大东亚共荣圈"的框架下培养马来族群对日本的"国家认同"，这在马来西亚语言教育史上书写了一段特殊的历史。

---

① 马来军事管理是日本在新加坡和马来亚成立的军事管理机构。
② 渡边负责针对各个族群制定不同的政策。
③ ［马］王瑞国：《马来西亚华文中学的改制与复兴——以霹雳州为例（1962—1985）》，Percetakan Advanco Sdn. Bhd, 2014, p. 24。

第二章　权力妥协与语言教育政策的初定（二战后至1957年）

由于日本侵略马来亚的目标是实施对该地区的统治，某种程度上来说，日本需要争取马来族群思想观念的认同，语言教育政策具有获取文化权力的目的，也促进了马来族群民族主义的发展及权力观的形成。

第二节　战后初期语言教育政策的争持

语言是民族主义的文化要素，是作为群体识别的重要标识，同时语言的使用能够为言说者群体带来区分性利润，这是形成文化领导权的重要基础，言说者群体强调对语言的教育和使用，就是强调言说者的文化领导权地位。二战后，英国殖民者重返马来亚并提出马来亚联邦计划，将"分而治之"的间接统治改成直接统治。在教育领域，殖民者意识到二战前"分而治之"的教育方式已不再适用于新的政治和社会环境，因此制定新的语言教育政策也逐渐提上日程。由于马来民族主义思想的影响，以族群主导权为核心的权力观逐渐成熟，马来族群精英强调本地语言的重要地位，通过语言教育追求以语言为代表的文化权力，实现马来族群在本地区的文化领导权，族群之间在语言教育政策上的分歧逐渐显现。

一、围绕语言教育展开的论争

在马来亚联邦计划尚未公布前，殖民地政府的提学司祁士门曾于1946年初提出一份教育建议书，《祁士门教育建议书》明确指出马来亚在二战后的两大教育目标：第一，短期目标是尽快使所有的学校复学，并照顾因为战争而失学的儿童；第二，长期目标是重建各族群的教育制度，使他们充分为其族群提供服务。[①] 为了达到上述目标，建议殖民政

---

① [马] 郑良树：《马来西亚华文教育发展简史》（第三分册），吉隆坡马来西亚华校教师会总会2001年版，第82页。

府为各个源流的学校提供免费的小学教育，英语则作为其他源流学校的必读科目。后期的小学主要分为两种类型：一种是英文学校加上母语科目，另一种是母语学校加上英语科目。同年12月，马来亚联邦教育咨询委员会接受了这一建议书，然而，以巫统为代表的马来族群则强烈反对这一建议书，理由是马来族群无法接受上述四种语言的同等地位，该计划遂被搁置并最终被放弃。实际上，巫统对《祁士门教育建议书》的抵制在于它的建议与巫统所设想的马来亚的未来教育有差别。为了维护马来族群的利益，巫统在1946年成立之后即拟定了未来7年的教育计划，计划通过培养马来族群的人才，减少对其他族群的依赖，以这个目标为基础巫统于1946年7月成立了教育部门，并制定马来族群在母语教育、英语教育和高等教育等方面的未来发展目标。[1]

《祁士门教育建议书》连同随后发布的马来亚联邦计划一起遭到了以巫统为代表的马来族群的强烈抗议。实际上，殖民者谋划3年之久的马来亚联邦计划遭到如此大的反对是他们始料未及的。从《邦咯条约》开始，殖民者披着"建议者"和"保护者"的外衣进行殖民统治，直到二战后新的国际形势下无法延续之前的统治方式，因此才有了马来亚联邦计划。原本以为在获得各州统治者的权力让渡之后当地人民也能自然接受[2]，但由于左翼政党和巫统等的反对，马来亚联邦计划被搁置，殖民者开始与巫统的马来族群代表和统治者代表一起讨论新的马来亚联合邦草案。同时，新的语言教育政策也在讨论之中。

1949年9月，英国殖民政府成立中央教育咨询委员会，重新检讨及制定语言教育政策。殖民地政府官员荷尔格取代祁士门成为新的提学司，兼任委员会主席。委员会包含4名马来人、4名华人、2名印度人、1名欧亚人以及8名外籍人士。[3] 该委员会于1950年5月提出第一份报

---

[1] A. J. Stockwell, "The Formation and First Years of the United Malays National Organization (U. M. N. O.) 1946–1948", Modern Asian Studies, 1977, Iss. 4, pp. 481–513.

[2] A. J. Stockwell, "The Formation and First Years of the United Malays National Organization (U. M. N. O.) 1946–1948", Modern Asian Studies, 1977, Iss. 4, pp. 481–513.

[3] First Report of the Central Advisory Committe on Education (Council Paper No. 29 of 1950).

第二章 权力妥协与语言教育政策的初定（二战后至1957年）

告书，史称《荷尔格教育报告书》。该报告书建议在马来亚实行双语政策，让学生在掌握母语的情况下再掌握一门共同语言——英语。此外，该报告书指出在马来亚地区将提供免费的英语初级教育，以马来语为教育语言的马来语小学也被允许存在，但从中学开始就要全部采用英语教学。对于其他的语言学校，该报告书指出为了顺应时代的发展，应该尽早将语言学校全部转换成英文学校。

总的来说，该报告书的目的是将英语作为马来亚所有族群沟通的主要语言，着重推动英语教育的发展，同时为了获得华人族群和印度族群的支持，该报告书中还提出应该考虑到两族母语学校并给予适当资助。为了获得马来族群的支持，该报告书将马来语列为英文学校的必修科目，以凸显英语和马来语教育的重要性，但它的最终目的是推广英语教育。这显然与马来族群的意图相背离，在立法会议上，巫统主席拿督翁表示强烈反对并大肆抨击，指出："这对马来人及马来语是一种无法抵偿的伤害"，"这个国家只有一种语文学校，那就是马来语；英语，也只是一种外国语文而已……我们接受英语，那只是因为我们需要它罢了"，"政府的经费只能用于这两种语文的教育，越此绝不考虑"。[①] 巫统强烈的抗议致使立法会最终通过决议，暂时搁置这一报告书，等《巴恩斯报告书》完成后再进行裁决。

殖民者意图塑造的语言教育体现出英语教育占主导，各族群母语教育居次要但相互平等的格局。从《祁士门教育建议书》到《荷尔格教育报告书》，殖民者大体秉持着促进马来亚地区各族群人民接受教育的宗旨，将英语作为各个族群都能接受的语言，意图凸显英语教育在马来亚的普遍性地位，同时兼顾各族群母语教育的发展。但巫统却对这一观点提出强烈抗议，在殖民者控制国家政治权力的前提下，巫统代表的马来传统精英在文化权力观念上逐渐觉醒，强调马来亚地区的马来性和马来族群的团结，将马来族群的语言、宗教和习俗等作为族群抗争的重

---

① [马] 郑良树：《马来西亚华文教育发展简史》（第三分册），吉隆坡马来西亚华校教师会总会2001年版，第83页。

点，语言教育政策成为以传统精英阶层为代表的巫统在此时强调族群性的抓手。通过将语言教育问题纳入马来民族主义的权力诉求框架，巫统不断强调马来语教育和马来族群教育，强调马来族群在马来亚地区的主导地位，从而影响了战后马来亚地区语言教育政策的发展。通过对英语和其他族群母语教育的抗议，并强调自身作为马来族群代言人的属性，巫统逐渐获得了马来族群的支持。

战后初期对语言教育政策的争论实质在于，在马来民族主义发展形成过程中，马来族群的文化权力理念也逐渐发展成型，语言作为民族主义的文化要素之一，具有强化族群凝聚力的重要作用。针对殖民者的语言教育计划，巫统将以语言为核心的文化要素作为马来性的重要标准，通过对马来语教育的争取来强调自身作为马来族群代表的地位，在语言教育政策上反对将英语及其他族群母语作为马来亚的教育语言。

二、左翼政党与巫统的权力博弈

以巫统为主的马来传统精英提出将马来语作为马来亚马来性的重要元素，在语言教育上将民族主义文化要素中的语言作为地区教育语言进行推广，实际上是巫统在民族主义驱使下，文化权力理念逐渐形成的体现，目的是吸引马来族群的支持。通过提出马来族群的文化领导权，强调自身马来族群和马来文化保护者的角色，争取广大马来族群的支持以及政党的生存空间，这是巫统面临政治竞争综合选择的结果。

从英属马来亚开始到二战后，马来亚的族群构成发生了重大变化。19世纪，英国殖民者出于经济利益大量引进华人和印度人劳工，使马来亚地区逐渐从一个马来土著占多数的社会成为一个多元族群社会。1891年，在马来保护邦[①]的第一次人口普查中，马来族群人数共计232172人，华人族群人数共计163821人，印度族群人数共计20177人；到1921年时人口结构发生了很大变化，马来族群人口共计511000人，

---

① 1896年，马来保护邦被英国殖民者改建为马来联邦。

第二章 权力妥协与语言教育政策的初定（二战后至 1957 年）

华人族群人口共计 495000 人，印度族群人口共计 305000 人。① 在 20 世纪上半叶，英国殖民统治下的马来亚已经不再是一个纯正的"马来"国家，比如 1901 年，霹雳州的华人数量已经比马来人数量多 18348 人，而雪兰莪州则多出 74771 人。②

1911—1941 年，马来亚的人口数量和构成比例发生了较大变化，马来族群人数稳步增加，华人族群和印度族群的人数则是快速增长。到 1941 年马来亚战争爆发时，马来亚的华人族群人口已经超过马来族群人口，占马来亚总人口的 43.1%，马来族群从一个马来亚的主体族群变为三大族群之一。战后初期的族群比例与 1941 年大体相似，马来族群的人口数量甚至已经少于非马来族群的人口数量，在此情况下代表单一族群——马来族群的巫统需要面对强大的左翼政党团体的挑战。左翼政党团体强调多元族群代表属性受到多元族群的青睐，并且作为马来族群左翼政党，马来亚马来民族党更加受到马来族群的青睐，在与巫统的竞争中处于强势地位，因此文化权力理念成为巫统与左翼政党竞争的工具。

（一）战后左翼政党的权力主张

二战后，在英国殖民者重返马来亚前，马来亚共产党领导的人民抗日军接管了一些日军撤走后的权力真空地区，并对当地曾经与日军有过合作的势力展开清算，这造成了华人族群与马来族群之间大量的骚乱，直到英国军事管理政府成立后，骚乱才渐渐平息。③ 尽管在族群之间产生了恐慌，但英国军事管理政府并没有阻止各个政党的政治活动，反而希望通过提供自由的政治环境以便各个政党能够通过自身的协调实现力

---

① T. N. Harper, "The End of Empire and the Making of Malaya", London: Cambridge University Press, 1999, p. 22.

② Jagjit Singh Sidhu, "Administration in the Federated Malay States, 1896 – 1920", Kuala Lumpur, 1981, pp. 67 – 80.

③ Rizal Yaakop, "The British Legacy and the Development of Politics in Malaya", Global Journal of Human – Social Science, 2014, Vol. 14, Iss. 1, pp. 55 – 66.

量的平衡。① 在这样的政治环境下，作为右翼政党的巫统，由于其狭隘的民族主义理念，影响力相对较小。实际上，二战后巫统并非马来亚的主导性政党，巫统主张的马来民族主义也并非马来亚占据主导地位的民族主义思想。二战后左翼政党得到了较大发展，马来亚最有竞争力的是左翼政党团体代表的马来亚民族主义思想，它们带着反对殖民主义和族群团结的理念，获得了多元族群的支持，其政治影响力和支持者远远超过巫统。面对左翼政党独立的政治理念，巫统也迫切需要提出自身的政治理念以获得人民的支持。因此，巫统将强调以语言教育为核心的文化权力作为政党政治理念，通过突出自身马来族群代表的角色来争取马来族群的支持。

二战后，马来亚地区的左翼政党，除了马来亚共产党之外，最主要的代表是马来亚马来民族党，它于1945年10月17日在霹雳州怡保成立，创始人是苏门答腊共产党人莫达鲁丁·拉索。它是二战后马来亚地区成立的第一个马来族群政党，也是马来亚地区第一个喊出独立口号的马来族群政党。布哈努丁、阿赫马德·布斯塔曼、卡迪加·阿里等几位马来青年联盟的前领导人在二战后没有逃往印尼，在成功躲避英国殖民者的惩罚后加入马来亚马来民族党。② 马来亚马来民族党内主要有四个不同派别：阿赫马德·布斯塔曼代表的社会主义派系、莫达鲁丁·拉索代表的共产主义派系、伊莎·穆哈马德代表的民族主义派系和布哈努丁代表的马来伊斯兰主义派系，成立初期它的领导层主要是来自莫达鲁丁·拉索的共产主义群体，这也注定该党的左翼路线特征在延续马来青年联盟民族主义理念的基础上，将拥有更加宏大的目标。③ 成立初期，马来亚马来民族党基本继承了马来青年联盟的奋斗路线，团结马来族

---

① A. J. Stockwell, "The Formation and First Years of the United Malays National Organization (U. M. N. O.) 1946-1948", Modem Asian Studies, 1977, Iss. 4, pp. 481-513.

② A. J. Stockwell, "The Formation and First Years of the United Malays National Organization 1946-1948", Modern Asian Studies, 1977, Iss. 4, pp. 481-513.

③ Fadilah Bt. Zaini, "Hubungan Etnik di Malaysia: Perspektif Teori dan Praktik", Johor Bahru: Penerbit Universiti Teknologi Malaysia, 2009, p. 124.

第二章 权力妥协与语言教育政策的初定（二战后至 1957 年）

群，激起马来族群的国家意识。[1] 马来亚马来民族党成立之后，在当地进行了大量的出版物宣传，得到了一部分马来贵族较为审慎的支持。

成立初期，马来亚马来民族党提出反对殖民统治的政治理念，但却存在马来族群优先的思想。在与殖民者的抗争中，它与马来亚共产党等其他一些左翼组织开始建立阶级同盟关系，逐渐转变族群立场，提出更加广义的团结观念，例如劳工的团结和各个族群的团结等，逐渐产生族群平等的权力观。该党在第一次代表大会上（1945 年 12 月 3 日）透过它的党报《人民之声》宣布，"它不接受狭义的民族主义，因为如此一个具有偏见及不让步的方式去保护国家权利肯定已经不合时宜，我们努力的目标是建立一个健全的国家实体"。[2] 马来亚联邦计划公布后，马来族群在巫统的带领下进行强烈的抗议，马来亚马来民族党也因为与巫统持相同的反对立场，在巫统成立之初便加入巫统。[3] 由于巫统的领导阶层主要是接受过英语教育的封建领袖精英，在面对英国殖民者时具有软弱性，对于独立的议题秉持弹性的态度。在马来亚联邦计划的背景下，1946 年 7 月，布哈努丁带领马来亚马来民族党退出巫统，正式喊出"独立"口号。左翼政党的权力观念拥有追求独立和平等的目标，受到各族群进步人士的支持，根据评估，1947 年马来民族党及其盟友的成员总共有 6 万至 10 万人，代表马来民族主义保守派的巫统成员只有 25853 人。[4] 马来亚马来民族党为了更加有效地进行斗争，先后成立觉醒青年团和妇女觉醒团等下属组织。其中，觉醒青年团公开反对英国殖民者和统治阶级的组织，想通过暴力方式来废除英国殖民者的统治。它的领袖阿赫马德·布斯塔曼在 1947 年 3 月宣称该党已经有 2.5 万名

---

[1] Mohd Faidz Mohd Zain, "Pengaruh Nasionalisme Melayu Mewarnai Budaya Politik Melayu dalam Umno", Jurnal Melayu, 2011, Iss. 7, pp. 193 – 216.

[2] Saliha Haji Hassan, "Dr Burhanuddin Al – Helmi: A Political Biography", University of Malaya, 1972, p. 21.

[3] 马来民族统一机构，又称作巫统，于 1946 年英国殖民者宣布马来亚联邦计划之后成立。

[4] N. J. Funston, "The Origin of Parti Islam se Malaysia", Journal of Southeast Asian Studies, 1976, Iss. 7, p. 60.

成员，但由于激进的政治信仰，它成为战后第一个遭到查禁和逮捕的组织。①

马来亚联邦计划公布后，左翼政党提出强烈抗议，马来亚共产党认为马来亚联邦计划让殖民者拥有了更大的支配性权力，并且不包含任何民主。② 在马来亚联邦计划中，英国殖民者提出立法会不进行议员的选举，只委任一些官派议员，并且要将新加坡从马来亚分离出去接受英国直接统治。针对该计划，马来亚共产党通过组织群众罢工和示威游行的方式表示抗议，这让它被英国殖民者看作是政治上的劲敌，多名华裔领袖遭到逮捕并被驱逐出境。对马来亚马来民族党来说，由于它继承了战前马来青年联盟的部分思想，当战后英国殖民者想要恢复战前的政治秩序时，立即引起了部分马来亚马来民族党民族主义者的强烈抗议，并将殖民统治者和传统领袖视为威胁马来社会的"双恶"。③

在马来亚联邦计划遭到强烈抗议之后，左翼政党团体联合起来，其中最主要的左翼团体包括人民力量中心和全马联合行动理事会组成的联合阵线。④ 全马联合行动理事会成立于1946年12月22日，它是一个由政党、工会、妇女组织与青年组织所组成的联盟，其中主要的组织包括马来亚民主联盟、马来亚印度国大党、马来亚新民主青年团、马来亚12个妇女组织、马来亚人民抗日军退伍同志会以及拥有30万会员的泛马来亚职工总会。根据全马联合行动理事会的报告，旗下所有组织的会员总人数大约为40万人，由陈祯禄担任主席。⑤ 人民力量中心是在1947年2月22日成立，由布哈努丁领导，并由马来亚马来民族党、觉醒青年团、马来亚农民阵线、妇女觉醒团以及其他80个规模较小的团

---

① Donna J. Amoroso,"Dangerous Politics and the Malay National Movement, 1945 – 1947", South East Asia Research, 1998, Iss. 6, pp. 253 – 280.

② T. N. Harper,"The End of Empire and the Making of Malaya", London：Cambridge University Press, 1999, p. 77.

③ ［马］柯林·亚伯拉罕：《改变马来西亚政治发展的关键时刻》，吉隆坡策略咨询研究中心2011年版，第76页。

④ 联合阵线不包含马来亚共产党，但其理念受到马来亚共产党的支持。

⑤ PUTERA – AMCJA,"The People's Constitutional Proposals for Malaya", 1947, p. 5.

体组成,根据人民力量中心的报告,其会员总数约为15万人。① 针对战后马来亚地区的安排,联合阵线提出了一份《人民宪法草案》,该草案明确提出希望建立一个包括新加坡在内的统一马来亚,一个完全由选举产生的全马中央立法机构,给予所有效忠马来亚并将其视为自己家园的人民平等的政治权利。② 此外,联合阵线还提出反对英国殖民主义与反对马来民族主义的立场,基于这一立场他们组织了相应的抗议运动。资料显示,他们在包括新加坡在内的全马来亚动员了大规模的集会,为了对抗英国殖民者与争取独立。1947年10月20日,他们成功发动了一场全国规模的大罢工,史称"全马大罢工",并且仅在1947年一年之内,马来亚爆发了219次由左翼政党领导和参与的大罢工。③

左翼政党对巫统的生存基础提出强力挑战,由于它提出反对殖民者、争取马来亚的独立以及人民的公平权利,政治理念更具有革命性和包容性,并且在针对各个族群时提出族群平等的理念,在文化权力上也体现出权力分属不同族群的观点,相对进步的权力主张在与巫统的竞争中获得了马来亚民众更为广泛的支持。

(二)巫统的权力竞争策略

左翼政党提出两个主要的政治议程:反对殖民主义和提倡马来亚民族主义。它们不仅反对殖民者的统治,还关心农民和劳工的经济问题,提出中庸的"社会主义"构想。④ 此外,左翼政党的民族主义是一种包容式的民族主义,并非巫统排外的族群民族主义,它形成了马来亚公民平等以及族群平等的权力观,这对二战后多元族群下的马来亚十分具有

---

① [马]阿都拉曼·恩蓬:《重访马来亚:构想民族(国家),思想的历史与历史的思想》,《"重返马来亚:政治与历史思想"国际学术研讨会论文集》,吉隆坡策略咨询研究中心2017年版,第16页。

② [马]阿都拉曼·恩蓬:《重访马来亚:构想民族(国家),思想的历史与历史的思想》,《"重返马来亚:政治与历史思想"国际学术研讨会论文集》,吉隆坡策略咨询研究中心2017年版,第21页。

③ [马]郭仁德:《敦陈祯禄传》,马来西亚华人文化协会1996年版,第54页。

④ [马]柯林·亚伯拉罕:《改变马来西亚政治发展的关键时刻》,吉隆坡策略咨询研究中心2011年版,第83页。

吸引力。从左翼政党团体的民族主义可以看出，它们相比巫统已经率先形成了自由平等的权力观，它们强调国家的主权和人民的权利平等。然而，从后来的一系列事件来看，英国殖民者却未曾给这一政党联盟任何成功的机会。①

在马来亚联邦计划遭到抗议并搁置之后，英国殖民者组成的新宪法草案商讨小组将左翼政党团体成员都排除在外，包括二战期间英国的亲密战友——马来亚共产党的代表也没有出现在小组中。英国选择与统治者代表和巫统代表秘密商谈新的宪法草案内容，实际上暗示着殖民者选择了巫统排外的族群民族主义并支持马来族群主导权的论述方式。1948年2月，英国殖民者公布马来亚联合邦宪法草案，支持马来族群特权和族群中心主义诉求。由于左翼政党团体不断组织工人运动进行抗议，英国殖民者于1948年6月宣布马来亚进入"紧急状态"，并宣布部分左翼政党团体为非法政治团体，对其领导人和成员进行逮捕。他们一部分跟随马来亚共产党进入森林展开游击战争，其他人则在马来亚政坛销声匿迹。

与左翼政党相比，巫统政治理念上的缺陷导致它在与左翼政党的竞争中遭遇严峻挑战。当英国人展现出想要谈判新宪法及恢复关系的征兆时，巫统作为一个马来族群政党停止了它的社会活动，并转向英国人及马来统治阶级之间的闭门会议。这一策略带来了重大的影响，特别是当那些马来领袖为了与英国人谈判而放软态度时，他们在社群里的地位便受到威胁。②根据英国情报机构报告，"马来亚马来民族党成功获得了更大的支持，因为马来保守政党进入了一个'被质疑的处境'"。③

此时，巫统不仅需要维持与统治者之间的关系以作为一个统治阶级的政党，还需要提出新议题来维持该党的支持动力，以及证明其作为马

---

① N. J. Funston, "The Origins of Parti Islam Se Malaysia", Journal of Southeast Asian Studies, 1976, Iss. 7, p. 60.

② [马] 柯林·亚伯拉罕：《改变马来西亚政治发展的关键时刻》，吉隆坡策略咨询研究中心2011年版，第78页。

③ Donna J. Amoroso, "Dangerous Politics and the Malay National Movement, 1945 – 1947", South East Asia Research, 1998, No. 6, p. 265.

来族群代表政党的合法性地位，以便让英国人能够持续将其视为马来亚最终负责独立的政党。因此，巫统在与殖民者商讨新的宪法草案时将"马来族群大团结"作为宪法的基础，巫统以"马来族群大团结"的口号压制了政治意识上的讨论，将马来族群的文化和宗教等作为马来性的重要因素，在与左翼政党的竞争中，巫统的马来民族主义首先催生了族群的文化权力意识。通过强调以语言教育为主的文化权力，巫统成功转移了马来族群对由左翼政党团体引起的独立问题的关注。

马来语作为马来族群文化的重要表现形式，是巫统强调的马来性的重要元素之一，在战后马来亚的语言教育报告书中英国殖民者提出将英语作为主要教育语言，并允许各族群母语教育继续存在时，遭到了巫统的强烈反对和全盘否定。巫统坚决强调突出马来族群教育和马来语教育的重要性，实际上这是巫统在民族主义影响下文化权力意识逐渐清晰的体现。在独立问题上，巫统并未提出独立的主张，通过向英国殖民者妥协获得了后者对其马来族群代表政党地位的认可，这招来了左翼政党团体的攻击以及马来族群人民的抛弃。此时，巫统在语言教育问题上强调马来语教育的马来性概念，实际上就是巫统在面对左翼政党竞争时的竞争策略，提出马来族群的文化权力诉求以强化自身马来族群代表的地位，以这种方式在殖民者的统治下获取话语权，通过强调族群特权和马来性争取马来族群支持以获得政党合法性。在战后马来亚复杂的政治环境中，这一策略也使得巫统成功地通过强调文化权力事务获得了英国殖民者的认可，通过唤醒文化权力意识吸引了广大马来族群的支持，最终也坚定了巫统马来族群权益保护者的设定，使语言教育政策问题成为后来马来西亚文化权力领域的重要问题。

第三节　权力认可与语言教育政策的出台

在马来民族主义思想的影响下，巫统马来族群精英的文化权力意识逐渐产生，通过强调马来语的重要地位突出马来亚的马来性，将语言教育看作是保持马来亚马来性的重要方式，在语言这一涉及文化权力的领域强势抗争，最终赢得了马来族群的支持也获得了英国殖民者的妥协。中央教育咨询委员会决定搁置《荷尔格教育报告书》，并成立以巴恩斯为主的马来语教育委员会对马来语教育进行调研后再商议未来的语言教育政策。

一、马来亚联合邦的语言教育政策

在《荷尔格教育报告书》被立法议会否决之后，中央教育咨询委员会决定委任以英国殖民地教育咨询委员会委员巴恩斯为首的教育调查委员会对马来亚的马来语教学进行调查，并为马来亚联合邦提出新的教育计划书《巴恩斯报告书》，以促进该地区教育发展。

（一）《巴恩斯报告书》的制定及其内容

在接到英国殖民部的任务后，巴恩斯组织了14人的调查委员会，由他担任委员会主席，委员会包含4名欧籍殖民地官员以及9名马来族群成员，开始调查马来亚的教育状况并编写新的教育报告书。[①]

1. 《巴恩斯报告书》团队成员的特点

根据巴恩斯的经历，作为英国殖民者代表，他对二战后多元族群的马来亚社会并不了解，他曾经代表英国参加过一战，战后供职于英国殖民部，二战前他在利物浦大学担任高级讲师并兼任英国殖民地教育咨询委员会委员，对马来亚的情况并不熟悉。由他代表英国殖民者与马来族群的传统统治群体和上层精英成员合作提呈的教育报告书受到了马来族群文化权力观念的影响。

由于欧籍委员会成员特别是主席巴恩斯对马来亚的语言教育情况缺乏了解，委员会的调查内容以及报告书的形成受到委员会内部9名马来族群成员的影响，阿米努·巴基是影响教育报告书的重要人物。他于

---

① [马] 郑良树：《马来西亚华文教育发展简史》（第三分册），吉隆坡马来西亚华校教师会总会2001年版，第85页。

1926年出生于霹雳州，小学就读于安德森学校的马来班，1946—1949年就读于莱福士学院和马来亚大学，曾前往英国伦敦大学就读研究生，研究方向是教育方法。在返回马来亚之后，他就职于苏丹依德里斯师范学院，如前所述，该学院是马来亚地区民族主义培养和发展的基地，他在该学院短暂任教后，深受极强的民族主义思想影响，一心想捍卫马来族群的利益。[1] 此外，在莱福士学院就读期间，他与其他的学生领袖一起于1948年成立了半岛马来学生联盟，希望通过团结马来亚学生的方式为马来族群和马来语教育奋斗。阿米努·巴基是20世纪五六十年代影响马来亚教育发展的重要人物，他强调单元化的教育理念，倾向于建立马来亚单元化的教育体系，实现马来亚国家的建构。他极其强调马来族群教育，并倡导马来亚的教育语言统一为马来语，以便在主流的教育领域使马来族群获得相对优势。[2] 如前所述，对马来亚联邦抗议成功以及殖民者的认可和支持使巫统更加坚定强调马来性的道路，并将其作为政党政治理念。在这种权力观念的驱使下，巫统通过团结统治者、殖民地政府、政府的马来职员以及普通的马来族群公民，调查制定了意欲将其文化权力观念付诸实践的语言教育政策——《巴恩斯报告书》。

2. 《巴恩斯报告书》的争议

经过委员会的调查，《巴恩斯报告书》于1951年6月10日正式公布。报告书共12章，主要回顾了马来亚马来语教学的发展历史和现状，调查了从小学、中学到大学教育的现状，女子学校发展，教师训练等问题[3]，总的来说，该报告书较为全面地介绍和分析了马来亚的马来族群和马来语教学发展历史和现状。在报告书的最后，它阐述了马来语教育的重组过程以及对未来教育实施的建议，这部分内容引起

---

[1] Tan Yao Sua, "Perkembangan Pendidikan di Malaysia: Peranan Lim Lian Geok dan Aminuddin Baki", Jurnal Terjemah Alam & Tamadun Melayu, 2009, No. 1, pp. 39 – 166.

[2] Tan Yao Sua, "Perkembangan Pendidikan di Malaysia: Peranan Lim Lian Geok dan Aminuddin Baki", Jurnal Terjemah Alam & Tamadun Melayu, 2009, No. 1, pp. 39 – 166.

[3] "Report of the Committee on Malay Education Fedaration of Malaya", Kuala Lumpur: Acting Government Printer, 1951.

了极大争议。

　　《巴恩斯报告书》指出，为了建立一个共同的马来亚人的国家体制，对于教育安排，应该在小学教育阶段建立一个国民学校体系，实现跨越族群的重新调整。国民学校的特点是：第一，对6—12岁的孩子提供6年免费的小学教育；第二，在这类学校中英语和马来语将作为两种教育语言以便学生在小学毕业后能够进入以英语为教育语言的学校。按照《巴恩斯报告书》的内容，非马来族群母语学校，如华文学校和泰米尔语学校将被取消，但推行国民学校的步骤应该放缓，非马来族群母语学校仍然被允许存在一段时间，不过政府的经费则主要用来保障国民学校的发展，这显示出政府要逐渐消灭非马来族群母语学校的决心。同时，该报告书指出，国民学校将被配置最好的师资、设备及校舍，使之成为马来亚最好的小学。且国民学校完全免费，自学生一年级起便教授其英语，使其能够轻松升至中学。① 在中学阶段，所有的学校都转变成为英文学校，以顺应时代的发展，符合殖民者的经济利益需求。

　　按照原计划，巴恩斯教育委员会的职责是调查马来亚马来语和马来族群教育发展现状，但该报告书所涵盖的内容却远超出其职责范围，它对整个马来亚的语言教育未来实施方式进行规划和建议，并提出取消非马来族群母语教育的原则。实际上，《巴恩斯报告书》对马来亚语言教育政策的安排完全是英国殖民者与马来族群精英商议的结果，它兼顾英国殖民者和马来族群的利益。首先，对殖民者来说，经济利益是其第一要务，强调英语这一世界通用语的重要性，并坚持以英语为主的语言教学体系与殖民者为马来亚在世界资本主义体系中的定位相符合。其次，对马来族群而言，在二战后马来族群权力观形成和高涨阶段，以马来语为主的小学教育也是马来族群文化权力观的重要标志。将所有马来亚的小学教育都转变成以马来语和英语为主的教育，消灭其他族群母语学校，久而久之，非马来族群的文化认同就会偏向以马来语为主的马来文

---

①　[马] 郑良树：《马来西亚华文教育发展简史》（第三分册），吉隆坡马来西亚华校教师会总会2001年版，第86页。

第二章 权力妥协与语言教育政策的初定（二战后至1957年）

化，这符合殖民者和马来族群所提出的教育马来亚化的特点。

（二）非马来族群的反应

《巴恩斯报告书》是马来族群文化权力观的体现，意图通过消灭非马来族群的母语教育，实现马来语在马来亚的主导地位，获得马来族群的文化权力。该报告书将语言学习与国家认同联系在一起，并在第四章中指出："凡是愿意认同马来亚为永久家乡的非马来族群都应将孩子送往国民学校就学，学习马来语和英语；凡是不愿意接受国民教育者，就表示他不愿意为马来亚效忠。"①《巴恩斯报告书》一经发布立刻在非马来族群内部引起强烈反响，特别是华人族群，他们普遍认为这会造成华文教育灭亡，纷纷表示抗议并呼吁有关当局慎重考虑。

1. 华社针对《巴恩斯报告书》的反应

二战前后，在马来亚的非马来族群中，华人族群的教育体系发展得最为完备，基本建立了从小学到中学的教育体系，其师资及教科书等都是从中国引进，教学科目与方式也与中国相近。《巴恩斯报告书》宣称要取消非马来族群母语教育，华文教育受到的影响最为明显是毋庸置疑的，华人族群抗议声最大。

1951年6月12日《中国报》社论《宾尼斯氏②教育报告书》指出，"宾尼斯氏的最大错误，是他没有认识到马来亚的族群组成成分，也没有注意到马来亚各族群生存和奋斗的历史，更没有看到消灭一部分族群语文将引起的严重后果"；6月13日《南洋商报》的社论指出，"巴恩斯的这一教育计划只扶植巫英文化，而将马来亚的中印文化打入十八层地狱。我们实在不解，巴恩斯根据何种理由，剥夺占全马来亚人口半数以上的三百多万中印族群的子孙所享有的本族文化的权利"③。

除了在报刊上发表抗议言论之外，非马来族群社团也频繁集会，共

---

① "Report of the Committee on Malay Education Fedaration of Malaya", Kuala Lumpur: Acting Government Printer, 1951.
② 巴恩斯（Barnes）的另一直译方式。
③ [马] 郑良树：《马来西亚华文教育发展简史》（第三分册），吉隆坡马来西亚华校教师会总会2001年版，第87页。

同批判这一教育报告书。其中率先表示抗议的是霹雳中华大会堂以及中华总商会，它们于7月8日召开全霹雳州华人注册社团（以下简称华团）及学校代表大会，讨论报告书，并将与会者的观点归纳为四点。

第一、巴恩斯教育报告书并未征求各方意见，就断然主张开办"国民学校"，以教授英语和马来语为主，如果这样华人族群和印度族群则缺乏学习本国文字之机会。各方言学校的设立，乃是帮助政府训练公民，政府应该予以平等发展权利。马来亚地区华人甚多，所尽纳税义务最大，政府应该尊重"纳税人"的意见，保存其本国文化，非但不能予以消灭，反之应该加以扶植。

第二、赞同《巴恩斯报告书》的均是马来族群，显然此项报告书只对马来族群有利。英国政府曾经答应为马来亚建立一个民主国家，应使构成该民主国之各族群的文化自由发展。华人族群对马来亚之发展所付出之努力，不可抹煞，华人族群之固有文化，应有存在的自由。

第三、马来亚文化水准低落，乃无可否认之事实，马来亚文化应该为各族群文化融合之产物，如果取缔各方言教育，则无疑毁灭马来亚本身之文化。中国文化有数千年之历史，中国文化在马来亚发展，亦是提高马来亚文化水准之主力，所以反对《巴恩斯报告书》，不仅以华人本身为出发点，而是以马来亚各族群教育为出发点。

第四、《巴恩斯报告书》有计划地忽视各族群学校存在地位，目前补助学校之津贴，华文学校远不及英巫校，已见华文教育遭受歧视，新加坡教育当局宣布逐渐取消华文学校津贴金及学生减免补助金，而使华文学校自身自灭，此种措施，无疑乃废除华文教育之一种计划。①

---

① ［马］郑良树：《马来西亚华文教育发展简史》（第三分册），吉隆坡马来西亚华校教师会总会2001年版，第91—92页。

在华人族群社会中，类似于这样的抗议还有很多，几乎充斥所有华文报刊的所有版面，他们强烈批判《巴恩斯报告书》所提出的语言教育建议，认为这不仅不利于族群间的团结，也不符合马来亚多元族群的社会现状，更不利于马来亚国家的建构。

2.《芬吴报告书》与全马华文学校教师总会的成立

事实上，在英国殖民者委任教育委员会调查马来语教育问题时，新上任的最高专员葛尼爵士已经成立另一个调查团，考察华文教育相关课题。① 需要注意的是，英国殖民者最初组建这一调查团的主要目的是调查未来马来亚以马来语和英语为必修科目及教育语言、华文教育为选修科目的相关问题，以实现其所谓的教育马来亚化②。调查团主要由芬威廉和吴德耀③两位博士组成，他们所到之处受到当地马来亚华人社团（以下简称华社）及教师工会的热情接待，纷纷向他们陈述马来亚华文教育的现状和发展。芬威廉、吴德耀两位博士指出马来亚化应该坚持其多元文化的性质，创造一种全民都能接受的马来亚文化。

殖民政府以实施英语和马来语教育逐渐边缘化华文教育的目的开展华文教育发展现状调查，但在调查了华人社区和华文教育发展后，两位博士决定站在马来亚文化发展的宏观视角为华文教育发声。在与殖民者多次谈判和协商后，关于华文教育发展的《芬吴报告书》于1951年7月7日发布。《芬吴报告书》在对马来亚华文教育进行调查的基础上，提出未来华文教育发展的若干建议和意见，并指出华文教育对马来亚文化发展的重要性，政府应该加强对华文学校的资助，但也必须警惕华文学校的过分中国化。建议在教科书和师资培养上进行本地化发展。各大

---

① 见葛尼爵士1950年7月29日致殖民地政府秘书处信（CO717/193/52621）。

② 在殖民者看来，教育马来亚化即是采用英语为主、马来语为次的语言教育政策和方式统一马来亚的教育体系，实现马来亚的民族国家建构。

③ 芬威廉，自幼在北京长大，历任金陵大学、上海大学、成都大学等高校教授，汉语标准且流利，当时担任教会大学驻美联合董事会秘书，对中国民情及中华文化有很深的认识和了解。吴德耀，海南文昌人，11岁到马来亚，在槟城英华及钟灵中学接受教育，为钟灵中学第一届毕业生，后至南京金陵大学念书，为芬威廉博士得意门生，因品学兼优而赴哈佛大学深造，获得法学博士学位。

华文报刊重视《芬吴报告书》且对此纷纷发表社论，同时各大华社也表态支持《芬吴报告书》，反对《巴恩斯报告书》。

针对《巴恩斯报告书》的发布以及马来族群文化权力意识的增强，马来亚各地的教师公会代表于1951年8月24—25日在吉隆坡福建会馆大礼堂举办全马教育大会。全马教育大会达成两项重要决议：第一是反对《巴恩斯报告书》中废除非马来族群母语学校的提案，第二是决定成立全马华文学校教师会总会（以下简称教总）。在《巴恩斯报告书》的冲击下，教总成为华人族群防止马来族群文化权力蔓延的重要组织，首任主席为林连玉，被马来亚华人族群称为"族魂"。

（三）《中央教育咨询委员会研究巴恩斯及芬吴报告书之报告书》与《1952年教育法令》

在马来族群文化权力观念不断强化的过程中，非马来族群特别是华人族群也积极采取相关措施应对马来族群文化权力不断蔓延的趋势。《巴恩斯报告书》和《芬吴报告书》中截然不同的语言教育政策建议使族群间产生了分歧，显然《芬吴报告书》不符合殖民者的利益，马来亚最高专员葛尼爵士也不同意《芬吴报告书》的一些观点。为了防止两份报告书在1951年9月19日召开的联邦立法会议上发生正面交锋，葛尼事先将两份报告书交予中央教育咨询委员会，并指令其完成《中央教育咨询委员会研究巴恩斯及芬吴报告书之报告书》。[①]

在中央教育咨询委员会提呈的报告书中，尽显对《巴恩斯报告书》的推崇。《巴恩斯报告书》是站在马来族群的立场来讨论马来亚教育，中央教育咨询委员会的报告书则支持巴恩斯的立场，实际上这是殖民者对马来族群文化权力诉求的认可。对《芬吴报告书》，中央教育咨询委员会还是持非马来族群母语小学教育未来将不复存在的论调，指出国民学校才是马来亚未来的教育模式和前景。在提呈的报告书的建议下，英语教育将是国民学校的主基调，华文小学从一年级开始就必须学习英

---

① [马]郑良树：《马来西亚华文教育发展简史》（第三分册），吉隆坡马来西亚华校教师会总会2001年版，第158页。

语；马来语教育为辅，华文小学自三年级开始就必须学习马来语；至于华文学校，在国民学校不足，或者在"家长相信国民学校能提供合适的教育"之前，政府允许其继续存在，并且予以资助；但这种资助是有目的的，要使它们"将来改变为国民学校"时，感觉到是"纯属自然、自动的"。[1]

在三份报告书的基础上，政府草拟了一份关于未来马来亚的教育政策的法令，该法令就是马来亚联合邦历史上第一部教育法令——《1952年教育法令》，该法令规定了关于国民学校与非马来族群母语学校的发展规划，基本延续了《巴恩斯报告书》的相关建议，希望未来取消非马来族群的母语学校，促进英语和马来语的教育，承认马来族群的文化权力诉求。由于政府在经费方面的问题，《1952年教育法令》并没有实施，但该法令却为马来族群文化权力的追求起到示范性作用从而形成政策惯性，《巴恩斯报告书》也成为马来族群追求文化权力的起点。

从《巴恩斯报告书》到《1952年教育法令》，族群之间展开了对语言教育激烈的争论，最终马来亚联合邦承认了马来语教育在马来亚地区的重要地位，满足了马来族群精英的文化权力诉求。同时，相关语言教育政策也体现出两个重要的特点：第一，对马来族群的文化权力诉求表示认可，但这种认可是有限的，英语教育仍然是马来亚教育的主基调；第二，马来族群精英有取消非马来语教育的想法，但所采取的方式总体来说属于软着陆的形式，希望通过诱导的方式实现教育马来亚化，最终实现马来族群的文化领导权诉求。

二、马来族群内部权力理念的分歧

中央教育咨询委员会的报告书和《1952年教育法令》是对《巴恩斯报告书》的一种赞同和支持，是对英国殖民者利益和马来族群文化权力诉求的认可，但同时又体现出对其他族群母语教育一定程度上的包

---

[1] [马] 郑良树：《马来西亚华文教育发展简史》（第三分册），吉隆坡马来西亚华校教师会总会2001年版，第162页。

容。语言教育政策呈现出上述特点，主要是由于在殖民者的马来亚化理念影响下，马来族群精英内部对文化权力和政治权力的观点产生了分歧，在殖民者的主导下，马来族群精英既需要英国殖民者支持又需要与非马来族群合作。

（一）"紧急状态"与殖民者的马来亚化想象

二战后，殖民者重返马来亚，随即提出马来亚化概念，从《巴恩斯报告书》到《1952年教育法令》可以看出，殖民者、马来族群和非马来族群对马来亚化的看法各不相同。在殖民者看来，以英语教育为主、马来语教育为辅的教育是实现马来亚化的重要方式，殖民者统治下的马来亚，英国文化影响最为广泛，英语文化的特点也应该最为鲜明，只有这样才符合马来亚的现实特点和马来亚作为英国殖民地的特点，此外马来族群文化和非马来族群文化还存在重要与次重要的等级差别。在马来族群看来，马来亚化的主要特点是马来性，马来亚作为马来族群的祖国必须拥有马来族群的特色，其中马来语就是这一地区最重要的特色，是马来族群的重要标志，英语教育主要是为了满足地区经济发展的需求，也可以有所保留，非马来族群母语则完全没有存在的必要。在非马来族群特别是华人族群看来，马来亚化意味着文化多元主义的发展，马来亚多元文化并存已经一个多世纪，是不容否定的事实，多语教学、多语平等发展应该是马来亚的重要特色。

在当时的马来亚，殖民者占据主导地位，虽然各方对马来亚化想象不同，但殖民者的马来亚化理念仍然占据最主导的地位。在殖民者的马来亚化想象中，左翼政党被首先排除在外。1948年，英国殖民政府宣布"紧急状态"，以马来亚共产党为代表的左翼政党势力遭到重大打击，马来亚马来民族党也于1950年被正式列为非法政党，它的领袖有的跟随马来亚共产党进入森林开展游击战争，有的逃往印尼，有的选择加入巫统。虽然马来亚共产党威胁并未完全解除，但政治体系中左翼势力得以清除，巫统与殖民者政府和统治者的关系更加紧密，对马来族群的影响力也更大，成为主导马来亚政治发展的主要政党。此时，族群间的紧张关系并没有缓和，马来族群与非马来族群在关于马来亚化问题上分别持有不同的观点,非马来族群的多元文化主义与马来族群的民族主义产生了激烈的碰撞与冲突。

对英国殖民政府而言,从殖民经验和战后发展来看,马来亚基于族群的权力将属于占主导地位的马来族群。但对于殖民政府来说,这一阶段的挑战在于创造一个能够防范族群冲突并保持稳定的政治体系和社会秩序的社会。[1] 1948年底,葛尼意识到针对共产主义的斗争是一场政治斗争,必须将人们的"头脑和思想"争取过来,必须建立一个政党团体来拉近殖民者与华人族群的距离。[2] 由于马来亚共产党被认定为非法政党,广大的华人族群失去代表政党,在殖民者的支持下,华商陈祯禄于1949年2月27日创立马华公会。最高专员葛尼指出,它将与马来政党合作并降低共产主义的影响。[3] 马华公会建立后,三大族群都有各自的代表政党,巫统、马华公会和印度人国大党获得了殖民政府的承认。

为了缓和族群间的关系和应对马来亚共产党的武装威胁,殖民者政府于1949年4月建立社群联络委员会。该委员会主要由巫统、马华公会和其他政党团体的领导人组成,其中巫统主席拿督翁担任委员会主席。虽然委员会只是一个非正式组织,但它是殖民政府在马来亚的政策制定参谋机构,殖民政府在提出相关政策建议时通常会将其交给委员会审议,委员会对相关政策提出建议或者意见,政府在进一步研究之后将其制定成政策。学者戈登指出,正是社群联络委员会的族群协商机制为联盟党的出现塑造了基础。[4] 社群联络委员会为多元族群的马来亚带来了族群协商的尝试,也反映出殖民者构建基于族群协商的马来亚的设

---

[1] Rizal Yaakop, "The British Legacy and the Development of Politics in Malaya", Global Journal of Human-Social Science, 2014, No. 14, p. 63.

[2] Byungkuk Soh, "Dato Onn Bin Jaafar and Tunku Abdul Rahman's Visions: Ideology and Nation-Building in Malaya, 1948-1957", International Area Studies Review, 2010, No. 13, pp. 113-130.

[3] CO537/4242, "Inward Telegram No. 1636 from H Gurney to Mr Creech Jones", 19 December, 1948, No. 1.

[4] Means G. P., "Malaysian Politics", London: University of London Press, 1970, p. 124.

想。在殖民者的影响下，拿督翁对马来亚的建构想象也发生改变，逐渐偏向殖民者。紧急状态下的马来亚，拿督翁在殖民者的支持下担任巫统主席和柔佛州州务大臣。在与独立有关的问题上，他延续其一贯的理念——马来亚独立时机尚未成熟。正如他在1947年12月向柔佛半岛马来族群运动代表讲话时表示，"如果独立，我们将受到共产主义的侵蚀"。① 他认为只有殖民者才是马来族群在未知世界中的保护者，面对非马来族群、印尼背景的左翼激进分子和马来亚共产党的威胁，马来亚还没有能力独立。就独立这一议题，《理事会》报多次发文表示："这是一个马来族群的长期目标，因为我们还没有获得在经济、法律、军事和科学领域足够的人才。"正是因为拿督翁的上述态度，赢得了殖民者的支持，使其在与其他政党的竞争中占据上风。

在社群联络委员会成功运行的前提下，为了体现殖民者的马来亚化理念，1951年殖民政府在立法会议中推出各个职能部门的阁员制度（类似部长制度）。马来亚联合邦共有75名立法会议成员，包含34名马来人、17名英国人、16名华人、5名印度人、2名锡兰人和1名欧洲人，其中14名是官方成员，9名成员来自各州议会主席，2名议员是马六甲和槟城的代表，剩下的50名是非正式议员。② 英国殖民者决定任命一部分非正式议员担任家庭事务、农林业、健康、教育、土地和矿产、交通等部门的代表成员，他们也属于联邦行政议会成员。

（二）巫统的分裂与马来族群权力理念的分歧与竞争

从《巴恩斯报告书》开始，马来族群在文化权力上觉醒，提出保持马来亚的马来性，坚持马来族群的主导地位。1949年英国殖民统治下的印度和巴基斯坦相继独立，使马来亚的独立思想——政治权力意识逐渐产生。只是由于不同群体对马来亚国家的不同想象，族群之间以及

---

① A. J. Stockwell, "The Formation and First Years of the United Malays National Organization (U. M. N. O.) 1946–1948", Modem Asian Studies, 1977, No. 4, pp. 481–513.

② Rizal Yaakop, "The British Legacy and the Development of Politics in Malaya", Global Journal of Human - Social Science, 2014, No. 14, p. 64.

第二章 权力妥协与语言教育政策的初定(二战后至1957年)

与殖民者在民族国家建构意见上的分歧迟滞了独立的进程。① 此时,巫统主席拿督翁不仅受到英国殖民者的支持,也受到马来族群人民的支持。基于左右逢源的现实,拿督翁的马来亚建构理念偏向英国殖民者,但在政治权力和文化权力的关系问题上与巫统领导层之间产生了矛盾,由此退出巫统。新的领导人上台后带来了不同于拿督翁的政治理念,形成了马来族群内部的竞争。

1. 拿督翁的权力理念

在与殖民者商议马来亚联合邦草案时,拿督翁已经萌生了马来亚自治的想法,在1947年9月2日巫统代表大会上,拿督翁含蓄地表达了这一观点,"尽管反对马来亚联邦的任务已经接近完成,但马来族群必须意识到这只是奋斗的开始。马来族群还有很多其他的事要做……巫统的建立并不仅仅是为了反对马来亚联邦,也是对马来族群的自我革命。必须找到改变马来族群习性和生活方式的方法,使他们意识到他们的职责和任务"。② 在与殖民者的合作中,拿督翁清楚地认识到独立必须首先获得非马来族群的支持,拿督翁所说的"马来族群的自我革命"意味着马来族群必须摒弃一些传统的观念,通过实现族群间的融合来实现政治权力目标。但他提出的族群融合理念是一种同化式的融合,包含马来族群率先获得文化权力再共同争取政治权力的观念③,具体到语言教育问题上,他坚持马来语在马来亚的核心地位,比如在1949年10月辞任柔佛州州务大臣的典礼上,拿督翁在面对支持者们时就呼吁马来族群要与非马来族群共同建立马来亚,以实现巫统"一个国家一种语言"

---

① 鉴于巴基斯坦和印度在独立后发生的族群暴力冲突,英国殖民者提出马来亚的独立必须首先保证族群之间的和谐相处。

② Byungkuk Soh, "Dato Onn Bin Jaafar and Tunku Abdul Rahman's Visions: Ideology and Nation-Building in Malaya, 1948–1957", International Area Studies Review, 2010, No. 13, pp. 113–130.

③ 拿督翁认为,需要将非马来族群囊括进巫统,成立马来亚民族统一机构,但在语言文化等领域要以马来族群的语言文化为主,这一目标显然无法获得非马来族群特别是华人族群的认同。

的目标。①

马来亚联合邦成立后，殖民者宣布"紧急状态"并展开与马来亚共产党的武装斗争，这不仅激化了族群间的矛盾，也耽误了独立相关的议题。此时社群联络委员会也在英国驻东南亚总督察麦克唐纳德的主导下建立。该委员会被拿督翁看作将马来族群和非马来族群团结起来共同营造"一个马来亚人"意识并最终追求独立的团体。

以社群联络委员会为基础，拿督翁在马来亚人的奋斗目标上触及一系列敏感话题，例如将巫统向非马来族群开放以及修改公民权法案等。然而，拿督翁的设想遭到马来族群的质疑。在巫统第十一次代表大会上，拿督翁提出将巫统向非马来族群开放这一议题，立马受到巫统领导层的反对，包括来自雪兰莪州的巴蒂阿奇、玻璃市州的奥斯曼、吉打州的东姑·拉赫曼等。但拿督翁指出："为了获得独立，马来族群必须抛弃政党的族群特色。马来族群与国家的其他族群建立良好的关系是十分重要的。是时候拓宽我们的视野了，别让别人说我们马来人是思维狭隘和多疑的……我问问你们，和平和混乱，友谊和敌视，你们愿意选择什么？"②

为了彻底改变马来族群的族群主义理念，1950年4月17日，拿督翁准备通过社群联络委员会来商讨马来亚联合邦宪法中关于公民权的问题，他提出向非马来族群开放公民权，由非马来族群帮助马来族群改善经济现状，实现族群间合作的设想。这一构想遭到巫统党内的反对，他们提出非马来族群对马来亚的忠诚程度值得怀疑，且非马来族群公民人数增多后，马来族群在立法会议中的多数地位将受到威胁，最为重要的是他们害怕丢掉族群特权。为了说服巫统成员接受这一建议，拿督翁于

---

① Byungkuk Soh, "Dato Onn Bin Jaafar and Tunku Abdul Rahman's Visions: Ideology and Nation-Building in Malaya, 1948–1957", International Area Studies Review, 2010, No. 13, pp. 113–130.

② Byungkuk Soh, "Dato Onn Bin Jaafar and Tunku Abdul Rahman's Visions: Ideology and Nation-Building in Malaya, 1948–1957", Internatinal Area Studies Review, 2010, No. 13, pp. 113–130.

1950年5月29日召开紧急代表大会专题讨论这一议题，由于各方分歧较大，会议决定给予各支部考虑时间，到6月10日再次召开会议进行讨论。会议如期召开，拿督翁再次强调在缺乏非马来族群帮助的情况下获得自治的难度，但提议仍然遭到与会代表的反对。面对这一僵局，拿督翁表示将辞任巫统主席，这在巫统各支部引起骚动，各支部纷纷召开会议并发表请愿书请求拿督翁继续担任巫统主席，并在当年7月28日举行游行请愿。由于拿督翁在马来族群中的群众基础，他的反对者萨登等人也请求他撤销辞职的决定，并支持他的提议。

在1950年8月的巫统年度代表大会上，拿督翁以66票赞成3票反对的绝对优势再次当选巫统主席，社群联络委员会的公民权倡议也在此次代表大会上轻松通过。[①] 在拿督翁看来，此时马来族群尽管非常不满，但仍然决定放弃族群排他性特权，使马来亚不再是一个分裂的社会，马来社会看似已经接受了他的马来亚化设想。在公民权问题上，拿督翁获得了预想的胜利，紧接着在1950年底他提出将巫统改名为马来亚民族统一机构，通过将"马来"改为"马来亚"吸引非马来族群的加入，将政党从族群性政党变成非族群政党。拿督翁在1951年6月27日的巫统紧急代表大会上提出这一提议，遭到巫统各支部的强烈反对。

面对殖民者在马来亚独立问题上的消极态度[②]，以及巫统对发展成为非族群政党的抵制，拿督翁决定退出巫统，并带领社群联络委员会中的一些马来族群领袖于1951年9月16日组建独立党，继续向他想象的马来亚努力。殖民者提出要实现多元族群的融合才能获得独立，但拿督翁所提出的族群融合路径引发巫统内部和马来族群内部的分歧。拿督翁的族群融合路径符合殖民者的利益，实际上也反映出拿督翁此时的政治权力观偏向殖民者的立场，有利于殖民者的统治。

---

① Byungkuk Soh, "Dato Onn Bin Jaafar and Tunku Abdul Rahman's Visions: Ideology and Nation-Building in Malaya, 1948 – 1957", Internatinal Area Studies Review, 2010, No. 13, pp. 113 – 130.

② 英国首相在1949年4月13日表示并没有撤离马来亚的打算；1950年英国代表沃克尔·富勒齐表示，英国撤离马来亚至少是十年后的事。

2. 东姑·拉赫曼的权力竞争策略

拿督翁退出巫统后，新任主席东姑·拉赫曼于1951年8月25日上任。此时，巫统党内士气低落，很多党员纷纷退党加入独立党。面对这一现状，东姑·拉赫曼决定摒弃拿督翁对巫统多元族群主义的构想，重走马来民族主义的道路，在其就职演讲中，他说："这是一个马来国家，马来族群就应该拥有特权……如果我们时时刻刻都向其他贪婪的族群让步，马来族群怎么办呢？……有人说应该给予马来亚人独立，谁是马来亚人？马来人将会自己决定。"①

除了在巫统发展上东姑·拉赫曼重回民族主义的路线之外，他基于马来亚化的政治权力诉求相对拿督翁更加直接。在东姑·拉赫曼担任巫统主席之后，他立即将巫统的口号从"马来人万岁"改为"独立"，希望通过追求独立吸引马来族群支持。东姑·拉赫曼正式喊出独立的口号也标志着马来民族主义思想影响下巫统的政治权力观正式形成，强调掌握国家的主权和权力。面对拿督翁的威望和马来亚独立党的威胁，为了吸引马来族群支持，东姑·拉赫曼进一步指出，巫统绝不会改变马来民族主义特色，将会坚定地保护马来族群的传统利益和特权。

除了在马来族群问题上的态度外，拿督翁与东姑·拉赫曼马来亚化理念的差异也影响了各自的政治行为方式。拿督翁认为，只有先建立一个基于各族群的马来亚民族之后，马来亚才能够实现独立和自治；东姑·拉赫曼则认为，马来亚可以首先获得独立，然后再追求马来亚民族的建构。基于此，拿督翁通过较为激进的方式要求巫统改变其民族主义特色向非马来族群开放，促进族群间的融合，共同构建以马来族群为主的马来亚民族，然后再获取独立。东姑·拉赫曼则提出用与非马来族群进行族群合作的方式先获得独立，前提是非马来族群对马来族群特权持不干涉态度。拿督翁对政治权力的实施路径是从族群融合到独立，而东姑·拉赫曼则是希望先通过族群合作实现独立，再追求族群融合。显

---

① Cheah Boon Kheng, "Malaysia: The Making of a Nation", ISEAS – Yusof Ishak Institute, 2002, p. 27.

第二章　权力妥协与语言教育政策的初定（二战后至1957年）

然，拿督翁的政治权力实现路径更符合殖民者的利益，因为在战后的马来亚要想实现族群间的融合需要很长的时间；而东姑·拉赫曼提出先独立再实现族群间的融合，将大大加速马来亚的独立进程。

基于不同的政治权力实现路径，东姑·拉赫曼提出族群合作理念，这加速了马来亚政治发展进程。1951年12月到1952年在3个市和19个大镇举行地方以及立法会议的选举中，[1] 英国支持下的独立党与巫统和马华公会组成的联盟率先在吉隆坡市选举中展开竞争，最终巫统和马华公会组成的联盟获得12个竞选席位中的9席，独立党只获得2席，无党派人士获得1席。[2] 实际上，在选举中，东姑·拉赫曼领导的巫统仅仅是与李孝式领导的马华公会雪兰莪支部展开以选票为目的的竞选活动，且在竞选过程中没有涉及族群政治的相关事项。马华公会主席陈祯禄作为社群联络委员会成员，更倾向支持拿督翁领导的独立党[3]。但因为选举中巫统和马华公会的族群合作理念战胜了拿督翁的族群融合理念，据此拿督翁对巫统展开强烈的抨击，指责其与华人族群结成联盟进行竞选。[4] 拿督翁的态度暴露出他族群同化式的融合理念，让以陈祯禄为代表的马华公会彻底转变态度，开始寻求与巫统更为广泛的合作。随后，巫统与马华公会以相同的竞选策略，在其他的地方议会选举中开展合作，最终它们赢得74.4%的市政议席和70%的地方议席。[5]

一系列选举的失败表明，殖民者的马来亚化想象并不符合马来亚的社会政治现状，拿督翁作为马来民族主义的奠基人，当他偏向殖民者的

---

[1] 李江：《族群政党合作与马来西亚的政治发展》，中国社会科学出版社2020年版，第48页。

[2] 李江：《族群政党合作与马来西亚的政治发展》，中国社会科学出版社2020年版，第49页。

[3] 陈祯禄曾与拿督翁达成协议，如果拿督翁退出巫统建立独立党，陈祯禄将会带领马华公会加入独立党。

[4] Byungkuk Soh, "Dato Onn Bin Jaafar and Tunku Abdul Rahman's Visions: Ideology and Nation-Building in Malaya, 1948–1957", International Area Studies Review, 2010, No. 13, pp. 113–130.

[5] ［马］林永樑、骆静山：《马来西亚华人史》，马来西亚留台校友会联合总会1984年版，第110页。

马来亚化理念之后，他所领导的马来亚独立党便无法吸引马来族群的支持。殖民者所秉持的马来亚观点与马来族群和非马来族群的观念都有所差别。基于不同的马来亚国家构想，他们在文化权力观念上各方观点也有很大差异：殖民者认为文化权力属于英国，但可以给予时间让各个族群慢慢适应这种变化；马来族群则认为文化权力属于马来族群；而非马来族群则认为马来亚的文化权力应该平等地属于各个族群。

葛兰西在描述文化领导权和政治领导权的关系时指出，在市民社会发达的地区，可以首先获取文化领导权然后再获取政治领导权，而在市民社会欠发达地区，则要首先获得政治领导权，然后再获取文化领导权。① 在战后的马来亚，存在深厚的族群隔阂和畸形的社会政治经济形态，马来族群在政治、社会、经济和文化领域都处于弱势。拿督翁要想通过建立跨族群的政党来实现族群间以马来族群为主的融合②，就意味着需要首先获得马来族群的文化权力然后再从殖民者手中获得政治权力，这是殖民者所期盼的方式，但显然是行不通的。获得文化领导权的条件是必须有成熟的市民社会且有相对先进的文化发展状态，这与马来族群现实状况不符。相比之下，东姑·拉赫曼相对务实的族群合作理念更符合战后马来亚的政治社会现实，通过族群合作的方式先获得政治权力，再追求族群间的融合。最终东姑·拉赫曼的族群合作理念获得了马来族群和非马来族群的支持，也成功获得了政治权力。

二战后，对于马来亚未来建设各方有不同的想象，殖民者期盼延续殖民统治下族群相处和谐的马来亚，拿督翁期盼通过促进族群融合实现马来亚独立，而东姑·拉赫曼则希望通过族群合作获得独立后再追求族群的融合。从权力的视角来看，殖民者希望控制政治权力，文化权力上认可马来亚马来性的同时给予族群母语生存空间；拿督翁希望在获得马

---

① [意]安东尼奥·葛兰西著，曹雷雨、姜丽、张跣译：《狱中札记》，河南大学出版社、重庆出版社 2016 年版，第 10 页。

② 拿督翁多次在华人语言教育的问题上对华社进行抨击，他也曾坚定地表示要将马来语作为马来亚的教育语言。虽然他的马来亚化理念强调族群间的融合，但其融合方式是以马来族群语言文化为主，非马来族群放弃自身语言文化来实现。

来族群文化权力的基础上再争取政治权力，从而实现独立；东姑·拉赫曼则强调通过族群合作首先获得政治权力，而后再考虑文化权力的问题。拿督翁的观点显然更符合殖民者的利益，但东姑·拉赫曼的观点更受到人民的支持。在各方的博弈下，殖民者主导推出的《巴恩斯报告书》与《1952年教育法令》仍然保证英语教育的主流地位，但同时首次以立法的形式认可了马来亚的马来性特点和马来语教育的地位，间接承认了马来族群的文化权力诉求，这是马来族群的重大胜利。但是针对战后马来亚多元族群共存的现状，殖民者坚持族群和谐的原则，也在母语教育上产生了一定的让步。此外，基于华人族群人口、马华公会在殖民政府体系中的地位以及华人领袖与马来族群领袖间的合作关系，非马来族群母语地位虽然得到了一定认可，但也存在生存威胁。

第四节 独立前语言教育政策的调整

在马来亚特殊的政治生态下，拿督翁发现多元族群政党难以吸引广大选民支持，因此他解散独立党，开始筹备新的政党。此时，巫统和马华公会组成的联盟在马来亚政坛的影响力不断增大。在马来族群政治权力意识逐渐产生的过程中，为了满足殖民者提出的独立条件——实现族群间的和谐相处，各族群精英决定采取东姑·拉赫曼相互合作获取政治权力的策略，马来族群精英则在文化权力上采取妥协的态度，其中《拉扎克报告书》和《1957年教育法令》就是族群间相互妥协和权力合作的体现。

一、多语教育共存的政策

《1952年教育法令》由于非马来族群的反对、殖民政府经费短缺以及缺乏相应师资等原因并没有立即落实。在马来亚追求独立的大背景下，为了促进未来马来亚公民的团结，殖民政府成立教育政策落实特别委员会，调查教育政策落实的相关事项。该委员会于1954年发布教育白皮书（《1954年教育白皮书》），其中提出落实各族群混合的国民学校最有利于族群团结，所有学校应统一教育制度和教学内容，英语和马来语是国民学校的教育语言，这就意味着非马来族群母语学校将会逐渐被国民学校代替。该白皮书还提出要在各母语学校开设英语班，这一提议不仅受到非马来族群的反对，马来族群也认为此举会使马来语受到英语的威胁，因此在马来亚各族群的反对之下，《1954年教育白皮书》宣告失败。实际上，无论是《1952年教育法令》还是《1954年教育白皮书》，英国殖民者都将英语教育放在最重要的位置，只是为了安抚马来族群实现马来亚马来性的愿望，才将马来语的教育放在次要的位置，本质还是实现马来亚英语化教育。

关于华文教育的问题，《1952年教育法令》颁布后，在教总主席林连玉与殖民者代表谈判过程中，殖民者表示由于华文并非官方语言，因此华文教育不应该纳入政府教育体系，基于此，华社开始提出将华文列为官方语言，并组织抗争行动。《1954年教育白皮书》受到包括马来族群在内各族群的反对，借此机会华人族群再次发起对华文教育的抗争。提高华文地位、将华文列为官方语言的诉求，显然与马来族群文化领导权立场相悖，但面对即将进行的大选，联盟党上下十分重视，也希望通过沟通的方式与华社达成妥协，实现获取政治权力的目标。最终，经过族群间的协商和妥协，政府承认了马来亚多语教育共存的现状。

（一）《拉扎克报告书》的争议及特点

马来族群从文化权力意识产生到获得殖民者的认可，实现了将马来语教育地位首次写进教育法令当中，马来族群在争取文化权力上取得了一定的成果。但就非马来族群而言，族群母语教育一直没有得到官方的认可，时刻面临生存威胁。在此情况下，面对独立前复杂的政治形势，马来族群精英在文化权力上采取妥协的态度，主要体现在教育部长拉扎克的《拉扎克报告书》对族群母语教育的规定上。

《拉扎克报告书》共18章，其中包括国语问题、初级教育、中等教育等内容。其中在国语问题上，该报告书在第三章第17条和第18条强调马来语为马来亚的国语，所有接受政府补助的学校必须教授国语。

第二章 权力妥协与语言教育政策的初定（二战后至1957年）

基于此原则，马来亚将成立一个语言研究机构，以提高马来语的教育质量和马来语教师的教学水平。此外，该报告书还指出对于学习国语达到特定水平的个人将可能进入政府部门，国语水平也是继续深造和获得奖学金的重要标准。①

关于小学教育，经过教育委员会对马来亚地区小学教育的调研考察之后，报告书在第五章第54条提出将各语种源流的学校分为标准小学和标准型小学，其中标准小学是指采用国语马来语作为教育语言的学校，标准型小学则指的是华文、泰米尔语和英文小学。根据这一规定，马来族群在文化权力上做出让步，非马来族群的母语教育第一次在马来亚历史上得到当局承认。

关于中学教育，该报告书指出要建立一种国民型中学，这类学校将采用相同的教学大纲并进行相同的考试，关于教育语言的问题将暂时搁置，政府首先要着力解决制定共同教学大纲的问题。在这类学校中教育语言可能不止一种，在具体科目中也可以灵活地允许部分学校采用特定的语言，但马来语和英语必须作为必修科目。② 根据该报告书内容，当局对非马来族群中学教育也给予了一定程度的包容。

《拉扎克报告书》最大的争议在于第二章第12条："我们相信本国教育政策的最终目标是将各族群儿童置于相同的国民教育体系之下，在这一体系华文将是主要的教育语言，但是我们也意识到完成这一目标需要循序渐进。"③ 最终目标条款在非马来族群看来是影响母语教育的最大威胁，虽然报告书承认要达到这一目标需要循序渐进的方式，但该条款的存在犹如一把悬着的利剑，随时有可能导致非马来族群母语教育消失。最终目标实际上也体现出马来族群获取文化权力的理念，这是从

---

① Ministry of Education Federation of Malaya, "Report on the Education Committee 1956", Kuala Lumpur: The Government Press, 1956, p. 4.

② Ministry of Education Federation of Malaya, "Report on the Education Committee 1956", Kuala Lumpur: The Government Press, 1956, p. 12.

③ Ministry of Education Federation of Malaya, "Report on the Education Committee 1956", Kuala Lumpur: The Government Press, 1956, p. 3.

《巴恩斯报告书》发布以来马来族群一直在追求的目标。

在非马来族群的争取下，《1957年教育法令》基本继承了《拉扎克报告书》的相关内容，将最终目标这一条款删除，并指出"联合邦的教育政策在于建立一个全民接受的国家教育体系，以满足各族人民的需求并促进各自文化、社会、经济和政治生活的发展，以马来语作为国语同时保证国家其他族群语言和文化的发展"。此外，为了安抚非马来族群，马来亚宪法第152条第（a）款规定："马来语是马来亚的国语，但不得限制任何人禁止使用、教授和学习其他语言。"这一条款对于担心非马来族群母语教育的人士来说，算是某种程度上的安慰。

《拉扎克报告书》《1957年教育法令》和马来亚宪法等一系列政策规定了马来亚各类学校的语言教育事务，在确保以马来语作为主要教育语言的国民学校主体地位的同时，也将英语和族群母语教育纳入国民型学校的教育范畴，这与殖民者以英语为主、马来语为辅的语言教育政策具有重要差别。此外，政策首次从立法层面承认了非马来族群母语教育在国家教育体系中的地位，塑造了马来亚多语教育共存的格局，这成为非马来族群此后多年为母语抗争的基础。需要注意的是，《拉扎克报告书》中曾提出马来亚教育的最终目标，但在《1957年教育法令》中删除了这一条款，此后关于该条款的争议也是族群间针对语言教育政策博弈的重点。

（二）马来族群的反应

《拉扎克报告书》对非马来族群较为友好，虽说没有完全实现非马来族群特别是华人族群的目标，但与《巴恩斯报告书》和《1952年教育法令》相比，非马来族群的母语教育已经获得政府承认，因此华人族群对《拉扎克报告书》的反应较为正面和乐观。

对马来族群来说，他们对《拉扎克报告书》的反应则偏向另一面。从该报告书发布后第二天起，马来族群内部就对其提出批评，其中包括巫统支部和党员。比如新山巫统支部即认为英语、巫文并重，削弱了巫文作为本邦国语的地位，为了表达不满，该支部电告总部，抗议"教育报告书之施行，将危害马来人的利益"，"报告书含有接纳多种语文制度

第二章 权力妥协与语言教育政策的初定（二战后至 1957 年）

之意义，将危害以巫语作为本邦国语之地位"，并准备召开"反教育报告书"群众大会，以敦促吉隆坡总部给予相应解释。马来亚马来学生联合会秘书哈芝亚默也于该报告书发布后第三天发表讲话，指出其在加强马来语作为国语方面，不但过分保守，而且使巫文成为中学教育语言的希望"实甚渺茫"，所以他对该报告书感到失望。到了第五天，距离立法议会通过报告书不足一个星期时，雪兰莪巫统支部及森美兰州马来教育协进会继新山巫统支部之后，也加入反对的行列，分别致电巫统总部及教育部长，呼吁不要在即将召开的立法议会上提出该报告书，因为该报告书对马来族群乃是"一种危险"。此外，《马来亚前锋报》社论也表示对马来团体抗议的支持。①

1956 年 5 月 16 日立法议会如期召开，在教育部长拉扎克为《拉扎克报告书》致辞后，随即展开辩论。多数马来族群议员对其内容表示反对，他们认为在国家教育体系内，教育语言只能是国语马来语，多语言教育将会危害国家教育，也会影响非马来族群对马来亚的效忠程度。有人担心，多语言教学体系将导致非马来语成为马来亚的官方语言，威胁马来语的地位。因此，他们提出必须设立一个时间限制，使马来语真正成为马来亚教育体系中唯一的教育语言。

针对马来议员的反对，教育部长拉扎克指出，现阶段马来语师资较为缺乏且马来语本身还有待发展，将政府补贴的非马来族群母语学校转变为以马来语为教育语言的国民学校将是一个长期的目标。虽然他们将马来语言和文化看作马来亚的主流文化，但是也不能漠视其他族群的语言和文化发展。此外，家庭事务部长拿督伊斯迈尔也表示对报告书的支持态度，他指出马来亚的独立除了马来族群也包括非马来族群，如果马来族群要求非马来族群放弃他们的语言和文化，或者希望压制他们的语言发展，那将会犯同帝国主义相同的罪行。② 在教育部长拉扎克的主导

---

① ［马］郑良树：《马来西亚华文教育发展简史》（第三分册），吉隆坡马来西亚华校教师会总会 2001 年版，第 316 页。
② "The Politics of Chinese Education in Malaya 1945 – 1961", Oxford University Press, 1977, pp. 177 – 180.

下,立法会通过《拉扎克报告书》,马来族群也暂时在文化权力的问题上做出妥协。

1957年7月,就在马来亚独立前夕,根据《拉扎克报告书》制定的《1957年教育法令》公布,该法令在承认非马来族群母语教育法定地位的基础上,还删除了最终目标条款,营造出马来亚多元族群合作、多语言教育共存的现状。但《拉扎克报告书》和《1957年教育法令》在本质上是与马来族群文化权力诉求相悖的,这就意味着独立后语言教育问题还将成为桎梏族群关系发展的重要因素。

二、族群间权力合作对政策的影响

《拉扎克报告书》和《1957年教育法令》体现出文化权力的妥协,不但承认非马来族群母语教育的合法地位,还将非马来族群母语教育纳入国民教育体系。看似不符合以族群主导权为核心的权力观的逻辑,实际上是马来族群精英以政治权力为导向的权力合作。马来族群精英在文化权力和政治权力关系上理念的不同导致族群分裂,东姑·拉赫曼领导的巫统决定通过在文化权力上妥协同非马来族群合作,一方面与拿督翁代表的政党展开竞争,另一方面也从殖民者手中获取政治权力以赢得政党的发展。

(一)政治权力竞争中马来族群的内部斗争

拿督翁提出的族群融合理念比东姑·拉赫曼的族群合作理念更符合殖民者的利益,但考虑到马来亚政治发展和族群关系现状,族群合作似乎更符合当时的政治生态,因此在吉隆坡市政局选举获胜之后,陈祯禄领导的马华公会决定与巫统展开全面合作。1953年,随着巫统和马华公会的联盟越来越强大,争取马来亚独立的宪政改革运动进入新的历史时期。这一时期联盟与独立党的竞争也越来越激烈,导致了马来族群的内部斗争。

1953年初,在满足殖民者族群和谐的要求后,巫统和马华公会的联盟提出马来亚具体的宪政改革要求,要求殖民者在1954年底之前进行联合邦立法会的选举,推动马来亚独立。1953年4月,在巫统年度

第二章 权力妥协与语言教育政策的初定（二战后至1957年）

代表大会上，东姑·拉赫曼指出如果英国政府不接受这一要求，所有的巫统和马华公会代表将从政府岗位上辞职。① 为了提高政党竞争力，独立党也正式表明其独立诉求，但是考虑到在一系列市镇选举中的失败表明其影响力不及联盟，独立党于4月27日第一次召开由各州州务大臣赞助支持的全国性大会②，希望通过强调与州政府的关系吸引马来族群支持。在8月召开的第二次大会上，独立党提出马来亚联合邦立法议会选举在1956年底进行的诉求。独立党的要求很大程度上是因为它意识到自身相对联盟的竞争力不强，希望通过争取时间来巩固其地位。③

英国殖民者陷入困境，面对来自巫华联盟的大选和独立诉求，族群和谐显然已经不再是合适的借口。况且族群团结对于对抗共产主义威胁也十分必要，殖民者必须想出更为周全的策略来缓和联盟的要求，基于此殖民者决定利用联盟与独立党之间激烈的竞争来缓和独立诉求。1953年5月，英国殖民者主导成立立法委员会研究未来的联合邦立法会选举和宪政改革。立法委员会共46名委员，分别来自联盟和独立党，双方在立法会选举名额、首次选举时间上展开激烈争论。最终因无法达成一致意见，独立党代表和联盟代表各提交一份报告，分别是多数报告和少数报告，表明各自对立法议会选举的意见。殖民者的这一伎俩受到联盟的抨击，东姑·拉赫曼和陈祯禄分别表达了对选举委员会的抗议，最终联盟决定采取游行示威的方式来逼迫英国殖民者就范。

与此同时，联盟派出代表团前往伦敦同殖民者代表商谈，由于殖民者与独立党拿督翁的关系，他们否决了联盟的报告书。联盟决定在马来亚发起抵制运动，受到了包括华人族群和马来族群在内的多元族群支

---

① Byungkuk Soh, "Dato Onn Bin Jaafar and Tunku Abdul Rahman's Visions: Ideology and Nation-Building in Malaya, 1948–1957", Internatinal Area Studies Review, 2010, No. 13, pp. 113–130.

② 在独立党领袖看来，有州务大臣来支持此类会议或许能够赢得马来族群的支持。

③ Byungkuk Soh, "Dato Onn Bin Jaafar and Tunku Abdul Rahman's Visions: Ideology and Nation-Building in Malaya, 1948–1957", Internatinal Area Studies Review, 2010, No. 13, pp. 113–130.

持，政府成员拒绝工作，学生罢课游行。殖民者意识到他们无法忽视联盟的多元族群支持基础，如果继续否决联盟的提议，很可能会使这些人成为反英力量，加上马来亚共产党的威胁，局势很可能会发展到无法控制的地步。因此，最高专员决定向联盟妥协，在多方商议下决定将马来亚联合邦首次选举时间确定在 1955 年。

马来亚联合邦的选举时间确定后，所有政党都开始为立法议会中的 52 个竞选席位做准备。此时马来亚的政治局势逐渐明朗，马来族群内部三股势力分化的状况逐渐发展成形。其中，第一股势力是东姑·拉赫曼领导的代表马来民族主义的巫统，它与马华公会合作秉持多元族群合作的立场，获得了马来族群和华人族群的支持；1954 年 12 月，代表印度族群的印度人国大党加入形成联盟党后，其多元族群代表性更强，囊括马来亚的三大族群。第二股势力是拿督翁解散独立党后于 1954 年 2 月成立的国家党。独立党虽然获得了英国殖民者的支持，但它的族群融合理念与马来亚多元族群的社会现状并不相符，拿督翁在经历失败之后摒弃了独立党多元族群的理念，又重新回到马来民族主义的立场并成立国家党，与巫统形成强烈的竞争关系。第三股势力是代表伊斯兰主义的伊斯兰教党。该党成立于 1951 年 8 月，原来是巫统的分支，在拿督翁成立巫统时，他主张统合所有各派系的乌拉玛，并积极举办全国性的乌拉玛大会。但在随后的发展中由于巫统对相关议题采取含糊不明的态度且不能获得部分乌拉玛的认同，许多反对巫统理念的乌拉玛和高级知识分子就共同组建了伊斯兰教党。[①] 伊斯兰教党作为一个纯马来族群政党曾经在巫统和国家党之间摇摆，但由于理念的差别最终难以结成有效的联盟。

三股势力的发展造成了马来族群的分裂，也导致选票的分散，拿督翁拥有殖民者和主流力量的支持；巫统作为马来民族主义的奠基性政党拥有最为广泛的马来族群基础；伊斯兰教党作为宗教性政党，受到一部

---

① ［马］陈中和：《马来西亚的伊斯兰政党政治——巫统和伊斯兰教党之比较》，雪兰莪新纪元学院马来西亚族群研究中心 2006 年版，第 120 页。

第二章 权力妥协与语言教育政策的初定（二战后至1957年）

分忠实宗教信徒的支持。面对即将举行的选举，拿督翁重新举起"马来人的马来亚"大旗，试图通过民族主义的口号再次树立马来族群领袖的地位。伊斯兰教党则强调自身的宗教属性，试图吸引马来族群穆斯林的支持。面对殖民者的干涉和族群内部的激烈竞争，巫统获取政治权力的目标受到了多方的威胁，也为巫统采取合作的策略奠定了基础。

（二）族群间的政治权力合作

在马来亚走向独立的背景下，马来族群内部展开激烈竞争，但与国家党和伊斯兰教党相比，联盟党具有多元族群属性，具备族群合作的现实基础。从合作走向独立的过程中，巫统通过文化权力妥协的策略进行族群合作来获得政治权力，其中文化权力的妥协主要表现为族群间在语言教育问题上的协商，体现在新制定的语言教育政策上。

联盟党关于语言教育问题的协商主要指的是"马六甲密议"事件。在《1954年教育白皮书》公布后，华社的反对声音越来越大，教总于当年10月25日向全马教师协会及家长发表一份倡议书，指出："第一，华文教育应与各族群教育平等；第二，举办初级免费教育，各个以母语教授的非英文学校，列英语为必修科目；第三，占全马人口半数的华人的应用语文——华文，应列为官方语言之一。总之，任何政党或无党派人士，凡能同情我们的主张，尊重我们的意见，协助达到我们的目的者，本会均愿对之伸出友谊之手，于普选开始时，号召全马华文学校教师、学生家长，投其候选人以庄严神圣之一票。"[1] 教总的倡议书给各个政党团体造成了压力，特别是对联盟党和马华公会。根据1955年大选时相关数据显示，登记为选民的联合邦公民共1288500人，占人口总数约1/5。其中马来选民有1077562人，占人口总数的83.6%；华人选民142946人，占人口总数的11.1%；印度人选民超过5万人，占人口总数的3.9%；其他籍选民超过9千人，占人口总数的0.7%。[2] 激进的

---

[1] ［马］郑良树：《马来西亚华文教育发展简史》（第三分册），吉隆坡马来西亚华校教师会总会2001年版，第275页。

[2] ［马］杨建成：《马来西亚华人的困境》，台北文史哲出版社1962年版，第189—191页。

· 101 ·

拿督翁所领导的国家党①对马来族群的动员能力以及伊斯兰教党对马来族群选票的分散作用，使得联盟党不得不重视华人族群这个马来亚的第二大族群以充分体现自身的多元族群特色。这促成了联盟党主席东姑·拉赫曼与教总主席林连玉在马六甲的这次会谈。

经过与殖民者谈判，马来亚联合邦首次大选定于1955年7月27日举行。由于教总对华文教育的态度将会影响到马来亚的首次大选，联盟党主席东姑·拉赫曼决定提前与教总沟通以尽量争取华人的支持。1955年1月12日，巫统、马华公会和教总领袖代表在陈祯禄府邸举行谈判。谈判历时一个半小时左右，主要讨论三个方面的议题：第一，课本及教育法令问题；第二，华文列为官方语言的问题；第三，200万元津贴的事务。巫统以东姑·拉赫曼为主的代表肯定了华人在马来亚化方面取得的成果，但针对华社要求将华文列为官方语言的问题，东姑·拉赫曼指出他受到拿督翁的指责，认为巫统出卖了马来亚，且这一要求贸然提出会让马来族群难以接受。华人族群则由教总主席林连玉表明华社维护华文教育的立场。最终，经过谈判三方基本达成协议：第一，如果获得执政权，联盟党将承诺修改不利于华文教育的法令条文，包括《1952年教育法令》及《1954年教育白皮书》，甚至于改写，使华人得以保存其学校、语言及文化；第二，在联盟党的选举纲领中，将明列"决不消灭任何民族学校、语言及文化"的政策；第三，1955年华文学校将获得200万元作为津贴及发展之用；第四，华文教育工作者答应在7月底选举之前，不提华文列为官方语言的诉求。②

在1955年7月底的大选中，联盟党大获全胜，赢得全国52个选区中的51个，另一个选区由伊斯兰教党获得，东姑·拉赫曼当选为首席部长。此次选举中，全国划分的52个选区中有50个选区是马来人占多数，2个选区是华人占多数，没有印度人占多数的选区。联盟党派出52

---

① 由于在吉隆坡市政局选举中失败，拿督翁在1953年解散代表多元族群的独立党，随后成立代表马来族群的国家党继续活跃在马来亚政坛。

② [马] 郑良树：《马来西亚华文教育发展简史》（第三分册），吉隆坡马来西亚华校教师会总会2001年版，第288页。

第二章　权力妥协与语言教育政策的初定（二战后至1957年）

名候选人，其中马来人35名、华人15名、印度人2名。选举前，许多人都认为华人最多有两名可以在华人占多数的选区内当选，其他必为马来人所囊括，但结果共有14名华人在马来选区内当选。[①] 选举前声势浩大的国家党在选举中没有获得任何一个席位，由此可见联盟党的多元主义理念在马来亚的受欢迎程度。

从权力博弈的视角来看，联盟党通过在文化权力上的妥协策略达成族群间的合作，最终成功获得政治权力，马来亚也呈现出多元族群共享权力的态势。在联盟党获得政治权力之后，马来族群领袖履行了选前的承诺，发布《拉扎克报告书》和《1957年教育法令》，对非马来族群的语言教育给予让步和认可。最终在族群团结与合作的氛围下，马来亚获得独立，政治发展进入新的纪元。总的来说，独立前，在马来族群从殖民时期的弱势族群到逐渐追求马来亚的主导地位的过程中，语言教育政策的诉求显示出其对文化权力的诉求。但在与殖民者和非马来族群的互动中，马来族群精英采用了在文化权力上妥协的方式，通过与非马来族群合作获得了国家的政治统治权。

本章小结

布尔迪厄在象征性权力理论中指出语言使用反映出对象征资本的认同，获得这种认同也就意味着获得了象征性权力。就马来亚而言，让非马来族群放弃母语教育接受马来语教育，实际上是马来族群精英希望非马来族群认同其语言的象征性权力，从而认同马来族群在马来亚地区的主导性地位，并自觉转变身份认同。二战后，以巫统为代表的马来精英在面对殖民者以及左翼政党时，无法提出反殖民主义的政治理念，只能通过提出文化权力诉求，强调马来亚的马来性，并将其作为政党理念争

[①] ［马］郑良树：《马来西亚华文教育发展简史》（第三分册），吉隆坡马来西亚华校教师会总会2001年版，第307页。

取马来族群的支持。基于此，巫统提出马来语是构成该地区马来性的重要组成因素，该地区的语言教育应该以马来语为主。语言作为文化的重要部分，它体现一个族群的思维特色和逻辑方式，马来族群精英对马来语教育的坚持实际上是试图将追求文化权力作为政党理念，获取民众的支持。殖民者认可了巫统的政治理念，并制定相关语言教育政策确立马来语的地位，承认马来族群的文化权力诉求；马来族群也认可了巫统的文化权力理念，支持巫统成为马来族群的代表性政党。但在马来亚化问题上，马来族群内部发生分裂，东姑·拉赫曼提出族群合作的理念战胜了拿督翁的族群融合理念，联盟党在文化权力上向非马来族群妥协，在语言教育问题上承认了非马来族群母语教育的法定地位，获得了多元社会的支持，通过族群合作获得了政治权力，并带领马来亚走向独立。总的来说，二战后至独立前这一阶段，殖民者是马来亚的主导力量，在复杂的政治环境下，马来族群政党为了自身发展需要在政治权力和文化权力间做出抉择，在不同历史阶段采取不同的策略来推动和实施自身的政治理念。由于自身不具备政治权力，因此巫统在这个阶段更多体现的是在权力上的妥协，为政党赢得生存机会。需要注意的是，在这一阶段，以巫统为代表的马来族群精英在文化权力上妥协的目标是获得政治权力，在成功获得政治权力之后，马来精英在文化权力上的态度随即发生改变，开始追求建构"马来人的马来亚"。

第三章 权力争夺与语言教育政策的改变（1957年至1969年）

独立后，由于公民权问题的解决，马来亚的族群比例发生变化，族群政党支持基础和权力诉求也发生了相应的改变。各族群政党时常会面临政治利益和族群利益的抉择，为了政党联盟的和谐它们必须相互妥协，为了各自族群的利益它们又必须为族群抗争，族群间妥协和抗争是独立初期马来亚政治生态的重要特点。在马来民族主义作为主导思想并产生以族群主导权为核心的权力观的情况下，马来族群与非马来族群对新兴国家权力的想象产生了分歧，政治权力和文化权力问题成为各族群面临的重要问题，影响了语言教育政策的发展。

第一节 独立初期马来亚多元族群状况

在联盟党的努力下，马来亚在1957年8月31日独立。独立后，在这个马来族群自认为占据主导地位的马来亚国家，实际上呈现出一种多元性的族群构成特点。根据1957年的人口报告数据显示，独立后马来亚公民共有6278763人，其中有大约50%的马来族群公民，共3126706人，华人族群公民占比约37%，共有2332936人，印度族群公民占比约11%，共有695985人，而其他族群人口则占比约2%，共有123136人。[①] 基

---

① K. J. Ratnam, "Communalism and the Political Process in Malaya", Kuala Lumpur: University of Malaya Press, 1967, p. 1.

于多元族群的社会现实和联盟党的多元族群代表属性，总理东姑·拉赫曼逐渐从一名民族主义者转变为多元主义支持者。为了推行多元主义理念，东姑·拉赫曼在马来民族主义观念上保持较为温和的立场，具体就是在马来民族主义的文化要素——马来语、伊斯兰教和皇权问题上采取相对妥协的方式，推动族群间的和谐和合作。①

在独立后的政治发展中，东姑·拉赫曼逐渐搁置马来族群国家的论述，接纳了多元族群国家的现实。针对马来亚的民族国家建构，马来族群内部分成包容主义和排他主义两种不同的观点，东姑·拉赫曼基本选择包容主义的路径，实践他所秉持的马来亚化理念，但在面对马来民族主义者时又不得不采取迎合的策略。马来亚宪法授予非马来族群公民权，马来族群在非马来族群公民权问题上存在不满，为了安抚马来族群的情绪，东姑·拉赫曼指出公民权并不等于国籍，国籍意味着对民族国家的认同，那是民族国家建构之后才有的概念，公民权只是表明一种成员关系。② 因此，按照东姑·拉赫曼的观念来看，马来亚的民族国家建构是首先允许非马来族群获得成员的资格，再追求族群间的融合，在实现了国家的建构之后这种成员资格就变成国籍。

东姑·拉赫曼的包容主义立场受到排他主义立场拥护者的批评，这些人分布在巫统内外，其中巫统的党员包括马哈蒂尔等人，他们认为向非马来族群妥协就是出卖了马来族群利益，巫统应该实现马来族群的所有要求以真正实现"马来人的马来亚"。党外的批评主要来自伊斯兰教党，该党旨在将马来亚建设成为穆斯林国家，并不赞成巫统的妥协性做法。③ 在马来民族主义者看来，马来族群特权应该表现在经济、政治和

---

① Cheah Bong Kheng, "Malaysia: The Making of Nation", Singapura: ISEAS – Yusof Ishak Institute, 2002, p. 78.

② Cheah Bong Kheng, "Malaysia: The Making of Nation", Singapura: ISEAS – Yusof Ishak Institute, 2002, p. 5.

③ Cheah Bong Kheng, "Malaysia: The Making of Nation", Singapura: ISEAS – Yusof Ishak Institute, 2002, p. 79.

第三章 权力争夺与语言教育政策的改变（1957年至1969年）

社会等方面全面的优势，这才是他们所理解的马来亚联合邦①，但实际上独立后马来亚的发展现状与他们的理想仍然有较大差距。

除了政治领域的分歧以外，马来族群和非马来族群在经济领域的不平衡状态在独立初期并没有太大改变。考虑到马来亚各族群间最大的差距在经济领域，在追求族群和谐的过程中，东姑·拉赫曼政府致力于实现马来族群和非马来族群间的经济公平，政治公平这一目标则暂时搁置。因为对马来族群来说，政治公平涉及马来族群特权的问题，在马来族群经济落后的问题没有解决的情况下，族群间的政治公平是无法实现的。针对独立后马来亚地区的经济发展，东姑·拉赫曼政府制定了两项主要目标：第一，实现整个马来亚经济的发展；第二，改变马来族群经济落后的现状。在学者卡尔维利看来，独立后马来亚经济发展真正的考验在于政府缩小马来族群和非马来族群之间经济差距的能力。② 其中一个主要问题在于1955—1960年国家用于实现上述目的的预算经费十分有限，由于马来亚仍然处于紧急状态，国防和内部安全所需的经费支出占据政府公共支出的一半。实际上，此时马来亚政府在国家经济发展方面取得了令人羡慕的成绩，1955年政府规划了大约1.49亿令吉的财政赤字，由于经济发展较好，实际上财政盈余约6500万令吉。1956年，马来亚国债总额为6.27亿令吉，最终财政部宣布剩余3.65亿令吉。③

除了国家宏观经济发展之外，政府在缩小族群间经济差距上也采取了重要措施，在马来亚第一个五年计划中（1956—1960年），政府对马来族群居住的乡村地区给予大量投入，包括成立联邦土地发展局，用于解决马来族群农民耕地缺乏等急迫性问题，帮助很多缺乏土地的马来族群居民。但对部分马来族群成员来说，这些措施并不够，他们要求东

---

① 马来亚联合邦的马来语译名 Persekutuan Tanah Melayu，意思是"马来人的土地"，因此在马来族群看来他们才是马来亚的主人。

② Karl von Vorys, "Democracy without Consensus: Communalism and Political Stability in Malaysia", New Jersey: Princeton University Press, 1975, p. 217.

③ Karl von Vorys, "Democracy without Consensus: Communalism and Political Stability in Malaysia", New Jersey: Princeton University Press, 1975, p. 221.

姑·拉赫曼政府采取更为大规模的改革来帮助贫困的农村人口。其中，马来族群经济学家阿卜杜·阿奇兹认为，大量华人和印度族群商人成为私人中间商，向马来农民提供贷款，收售农作物并从中控制价格，建议政府取消这些中间商，并投入更多的资金用于农村地区的经济发展，以促进马来农民经济收入的快速增长。① 政府采纳了他的部分建议，成立农村合作社向马来族群农民提供借款、肥料资金以及营销服务，这一措施改善了部分马来族群赤贫农民的经济处境，但对于缩小族群间的经济差距还是收效甚微。

此外，独立后马来族群和非马来族群在政府公务员领域的比例也呈现出不平衡的现象。联盟党政府上台后，迅速进行政府工作人员改革，大量英籍政府工作人员被马来亚人替代。20世纪60年代初期，政府工作人员基本实现马来亚化，但非马来族群人数明显多于马来族群人数，这使得马来族群处于不利的地位。根据1970年的年度报告显示，在政府服务部门中，华人族群在管理、专业和技术等领域处于更为有利的地位。② 在职业化领域，非马来族群也占据着核心地位，根据1968年的数据统计，90%的医药行业从业者、84%的工程行业从业者、67%的农业从业者、68%的教育行业从业者是非马来族群人员。③

非马来族群也对独立后的各项安排表示不满，特别是华人族群。在独立后的政治发展中，由于马华公会需要考虑联盟党内部的团结，在族群利益上必须做出妥协，这就造成各种华人组织指责马华公会将华人族群出卖给了巫统。正如政治学家拉特纳指出，独立后联盟党遇到了发展的困境，如果保持强烈的社群性，政党之间的合作会产生问题，联盟党的存在基础会被削弱；如果强调跨越社群的关系并进行妥协，那么各党来自各个社群的支持率就会下降，这是因为它们表现得不再像一个社群

---

① Ungku Abdul Aziz, "Who Will End this Rural Poverty?", Strait Times, 16 October 1963.

② General Report, "Population Census of Malaysia, 1970", Kuala Lumpur, 1977, pp. 81 - 82.

③ Milton J. Esman, "Administration and Development in Malaysia", Ithaca: Cornell University Press, 1972, p. 83.

政党，支持者们会认为它们已经无法有效代表社群的利益。①

总的来说，马来亚在族群构成比例、社会经济发展等方面都与独立前具有较大差别。华人公民权问题落实后，具有选举资格的华人族群人口大增，改变了马来亚的政治格局和权力态势，在社会经济发展不平衡的背景下，各族群间以及族群内部对马来亚民族国家建构想象的不同形成了不同的权力理念，这是造成独立后权力博弈的现实基础和重要原因。

第二节 独立初期语言教育政策的变化

在追求独立的过程中，马来民族主义思想逐渐扎根，面对独立后新的政治和经济发展形势，文化权力诉求被再次提出，语言教育政策再次成为关注点。基于族群间和族群内部不同的权力想象，语言教育政策在新的历史背景下发生了变化，并体现出新的特点。

一、新政府对马来语教育的强调

1956年，在教育部长拉扎克的坚持下，《拉扎克报告书》获得立法会通过，并以该报告书为蓝本制定了《1957年教育法令》，且马来亚宪法也承认非马来族群母语教育的合法地位。然而，对马来民族主义者来说，即使勉强接受报告书，他们对文化权力的追求仍然不会止步。事实也证明，马来族群政府在文化权力事务上，一直在不断地争取，在语言教育政策上，不断凸显马来语教育的核心地位。

（一）独立前夕马来族群对文化权力争取的尝试

在1955年马来亚第一次大选前，考虑到华人族群的态度，东姑·

---

① K. J. Ratnam, "Communalism and the Political Process in Malaya", Kuala Lumpur: University of Malaya Press, 1967, p. 215.

拉赫曼通过"马六甲密议"在华文教育问题上同华社达成妥协,以争取华人族群的支持。大选中,联盟党大获全胜,然而东姑·拉赫曼却对"马六甲密议"的内容绝口不提,从他的行为表现来看,他似乎认为巫统错误估计了华社的力量,过于重视华人族群,巫统即使不靠华人族群也能够战胜国家党以及伊斯兰教党,这种态度在政府内部也有所体现。《拉扎克报告书》以及《1957年教育法令》以立法的形式承认非马来族群的语言教育,但在实施层面,以马来族群为核心的政府仍然以实现马来族群的文化领导权为目标,通过各种不同的方式挤压非马来族群母语教育的生存和发展空间。

《拉扎克报告书》于1956年5月16日在立法会通过,报告书对华文小学和中学教育给予认可,但马来族群主导的政府在政策实施上却通过不同方式实现其文化权力诉求。其中,在报告书通过之后不久宣布的三项考试就是这种态度的具体体现,三项考试分别包括《拉扎克报告书》中所阐述的初级教育文凭考试、小学升学考试和教师资格考试。①联合邦教育部在考试语言、科目和程序等方面的安排处处体现出马来族群精英追求文化权力以及消灭非马来族群母语教育的目标。

以初级教育文凭考试为例,在《拉扎克报告书》通过不到一周时间,5月21日联合邦教育部考试组统制官穆尔向联合邦所有官私办各级学校发出通告,称马来亚首届初级教育文凭考试将于当年11月举行,凡是想要参加的学校,必须于5月26日以前呈报参考学生人数。② 在关于考试的相关问题上,教育部的文件指出当年的考试将统一使用英语作为考试用语,且马来语是所有考试的必考科目。从内容上来看,这与

---

① 根据《拉扎克报告书》的规定:初级教育文凭考试是指学生在中学三年级之后需要参与通过的考试;小学升学考试是指学生在完成六年的小学教育之后通过相关的考试,符合相关要求者再升入初中。而对各级学校的教师来说必须有不同等级的学历要求。例如,作为小学教师必须在初中三年学习之后再接受相应时间的培训才能成为合格的教师,获得教师的全额津贴。文中此处所提及的教师资格考试正是小学教师资格考试。

② [马]郑良树:《马来西亚华文教育发展简史》(第三分册),吉隆坡马来西亚华校教师会总会2001年版,第358页。

第三章　权力争夺与语言教育政策的改变（1957年至1969年）

《拉扎克报告书》的精神相违背，《拉扎克报告书》建议在中学阶段可以用不同语言进行教学，理应也可以用不同的语言进行考试，如今将英语作为考试用语无疑会导致非马来族群母语中学的教育语言受到影响。此外，马来语在华文中学尚未开始教授，按照初级教育文凭考试的规定，此次考试将包含马来语考试，这对华文中学的学生来说将十分困难。从程序上来说，教育部长在通过该报告书时曾表示如果华文中学的考试有变将会提前一年告知，如今仅在《拉扎克报告书》刚通过一周就开始实施。而《拉扎克报告书》刚刚在立法会通过尚未形成法律条文，并没有法律效力，联合邦教育部却如此迅速地采取行动也有违法理精神。此外，还有华文中学只有高一年级学生才能够参加英文中学初三年级学生参加的初级教育文凭考试等条款也受到华社的尖锐批评和反对。小学升学考试也类似，政府企图通过限制考试语言的方式来限制非马来族群的母语教育，教师资格考试则是通过提出马来语能力的相关条件来限制非马来族群母语学校的教师资格，总的来说，这是政府通过间接方式追求族群文化权力。

除此之外，独立前的火炬运动和钟灵中学改制事件也能够反映出马来族群追求族群文化权力且意欲消灭华文教育的决心。火炬运动是指在《拉扎克报告书》通过后，联合邦进行的全国适龄学童意愿总调查事件，政府极力推动英文学校和马来文学校的就学意向统计，对于非马来族群母语学校则通过消息封锁等方式阻碍其进行就学意向统计，限制非马来族群母语学校招生办学。钟灵中学改制事件是指政府试图通过津贴的方式诱导非马来族群母语中学改制成为英文中学，引发了非马来族群学校为捍卫母语教育在独立前后进行的一系列罢课、抗议运动，反响强烈。

政府在《拉扎克报告书》通过后采取的一系列举措，有违相关法律的精神，基于这是政府行为，更能够显示出马来族群精英争取文化权力的野心，体现出以马来族群主导权为核心的权力观，为独立后争取文化权力埋下了伏笔。

（二）《达立报告书》的制定和争议

独立前夕制定的《拉扎克报告书》《1957年教育法令》以及马来亚宪法都对非马来族群的语言教育给予承诺和保证，但在实施过程中，非马来族群母语教育却不时地受到马来族群的威胁，这体现出马来民族主义者在文化权力上的争夺。实际上，在立法会讨论《拉扎克报告书》时，马来民族主义者们就显示出对该报告书的反对，只是由于拉扎克的坚持，他们才暂时妥协。然而，他们文化领导权的观念并未改变，即使有《拉扎克报告书》等政策作为保证，非马来族群的语言教育还是受到很大影响，族群之间也不断爆发争论。非马来族群对政府语言教育政策的实施表示出强烈不满，因此政府决定在语言教育问题上进行新的调研，制定新的报告书。实际上，在《拉扎克报告书》第二章《委员会任务》第16条中已经指出："我们建议该报告书中的政策，特别是财政方面的问题，在1959年进行重新检讨。"[1]

基于政府在语言教育政策落实上争取文化权力的举措以及非马来族群在语言教育事务上的强烈反对，马来亚政府于1960年2月成立教育政策检讨委员会，"检讨于1956年5月16日由联邦立法会原则上通过的第21号文件所涉及的教育政策；特别是针对它至今和今后的实施；考量该政策对国家和财政的影响，包括免费的小学教育等，并给予相关建议"。[2] 该委员会由时任教育部长拉曼·达立领导，共由9人组成，其中巫统有5人，马华公会有3人，印度人国大党有1人。历经半年调研，1960年8月3日，教育政策检讨委员会报告书（以下简称《达立报告书》）正式发表。该报告书共21章，其中包括对《拉扎克报告书》实施以来的回顾，对将来发展的建议，学习费用、升学、师资建设等问题都囊括在该报告书中。相比于《拉扎克报告书》，《达立报告书》彰显出马来族群精英在文化权力上的争取。主要体现在以下方面。

---

[1] Ministry of Education Federation of Malaya, "Report on the Education Committee 1956", Kuala Lumpur: The Government Press, 1956, p. 5.

[2] "Report of the Education Review Committee 1960", Kuala Lumpur: Government Printer Federation of Malaya, 1960, p. 1.

第三章 权力争夺与语言教育政策的改变（1957年至1969年）

关于小学教育，《达立报告书》基本延续了《拉扎克报告书》中对小学教育的政策，采用四种教育语言，采用马来语作为教育语言的学校称为国民小学，采用非马来语作为教育语言的学校称为国民型小学。所有小学必须采用相同的课程体系，且马来语必须作为国民型小学的必修科目。此外，该报告书还提出将从1962年起在整个马来亚实施免费的小学教育，且在国民小学内部如果有15个以上家长要求就可以开设母语教学课程，希望以此为条件吸引非马来族群儿童入读国民小学从而真正实现马来语的国语地位。

关于中学教育，不同于《拉扎克报告书》中"将在建立相同的教育大纲和相同考试的前提下，保留马来亚各源流中学"，以及"在这类学校中教育语言可能不止一种语言，在具体科目中也可以灵活地允许部分学校采用特定的语言，但马来语和英语必须作为必修科目"[1] 等相对宽松的条款，《达立报告书》较为严苛，提出如下建议：从1962年起，马来亚只包含两类中学——全部津贴中学及独立中学，前者以马来语和英语作为教育语言，其中马来语中学称为国民中学，以英语为教育语言的中学称为国民型中学。

关于独立中学，该报告书中指出，"如果这些部分津贴学校决定从1962年初起成为独立中学，那么它们将与122所英文学校、29所华文学校和2所泰米尔语学校并入同一类型，且不再获得政府津贴"。在招生方面，这类独立中学主要招收那些超龄或者没有通过小学升学考试无法进入国民中学就读的学生。[2] 此外，部分曾获政府津贴的非马来族群母语教育中学如果想要转变成为国民中学必须获得教育部长的认可才能获得政府的资助，但即使选择作为独立中学也不能游离于马来亚的教育体系之外，课程大纲和科目等仍然必须遵守政府统一的要求。在独立中学问题上，《达立报告书》允许它们继续存在，但政府不再给予相应津

---

[1] Ministry of Education Federation of Malaya, "Report on the Education Committee 1956", Kuala Lumpur: The Government Press, 1956, p.12.

[2] "Report of the Education Review Committee 1960", Kuala Lumpur: Government Printer Federation of Malaya, 1960, p.30.

贴，且主要招收一些没有资格就读国民中学的学生，这一条款对于独立中学的定位显然是处于国民中学之下的。

关于考试用语问题，《达立报告书》主要对中学入学考试、初级教育文凭考试和马来亚教育证书考试等相关公共考试进行规定。《达立报告书》指出，出于保护各个族群传统文化和语言的目的，政府在初级教育阶段开设各族群的母语学校，在进行中学入学考试时，各源流学校可以采用教育语言进行考试。从中学阶段开始，为了塑造国家意识并促进国家团结，必须要在国家教育体系的第二阶段，减少非马来族群母语中学的数量以便让各族群学生都能够就读于国民中学或者国民型中学。这一政策的基本要求就是在国家教育体系的第二阶段，所有的公共考试必须用国家的官方语言来进行。① 这就意味着从马来亚初级教育文凭考试到马来亚教育证书考试都将采取马来语或者英语，这是马来族群强迫非马来族群转变母语教育态度的有力举措，意图实现族群的文化领导权。为了适应官方语言进行的考试，《达立报告书》还提出，对于从非官方语言小学进入官方语言中学的学生，必须在入学前进行一年的语言预备课程，以适应中学以后阶段以马来语和英语作为教育语言的教学模式。

在最终目标问题上，1956年《拉扎克报告书》曾提到国家教育政策的最终目标是将各族群学生置于同一国家教育制度之下，在此教育制度之下，国语是主要的教育语言。在非马来族群的强烈要求下，这一条款在制定《1957年教育法令》时删除。然而，《达立报告书》却再次提到马来亚教育的最终目标。该报告书第19条关于中学教育的条款指出，"在由政府资助的中学中，必须运用两种官方语言中的一种来进行教学，并以使用马来语教学作为最后的目标"②。第133条关于小学教育的条款指出，"在保留各族文化的同时，政府也必须努力扩展国语小学教育，不仅要提升马来语小学的教学质量，还要将官办英文学校转变成马来文

---

① "Report of the Education Review Committee 1960", Kuala Lumpur: Government Printer Federation of Malaya, 1960, p. 31.

② "Report of the Education Review Committee 1960", Kuala Lumpur: Government Printer Federation of Malaya, 1960, p. 3.

源流小学，以便使更多的人接受马来语教育。这是实现马来语成为所有学校的教育语言这一最终目标的重要措施"[1]。该报告书第354条指出，"对过半数的学生来说，教育语言已经是马来语，中学教育也同样在向这个方向发展，政府的意图是增加马来语的使用，使它成为所有学校的教育语言"[2]。最终目标的多次出现体现出马来族群争取文化权力的态度，为了实现马来语在国家教育体系的地位，为了实现马来族群的国家主导权，文化领导权的争夺成为《达立报告书》的核心内容。此外，对于英语的态度，该报告书指出，英语是一种国际性语言，掌握英语是一种财富，从《拉扎克报告书》开始，英语就是马来亚教育体系里的必修科目，此后英语学习也将继续普及到马来亚各类学校的学生当中。

在《巴恩斯报告书》中，殖民者提出取消非马来族群母语教育的倡议，但仍然承认这是一个渐进的过程，马来族群精英虽然产生了争取族群文化权力的思想，但还有一定的弹性尺度。《拉扎克报告书》是马来族群在文化权力观念上的妥协和退让，首次承认非马来族群母语小学教育的合法性，在中学教育上也表示出宽容和让步。而《达立报告书》则体现出马来族群在文化权力观念上进取的态度，它以消灭非马来族群中学阶段母语教育为目标。由于它提出了具体的实施时间表，因此它是马来族群在文化权力争取上强硬的一步。

（三）《1961年教育法令》与文化权力的争取

针对《达立报告书》，马来族群内部也产生了不同意见，拿督翁指责非马来族群母语小学仍然用母语作为教育语言这一政策，建议政府应当在10年内取消此类小学的津贴。伊斯兰教党的议员则批评该报告书仍然强调英语的教育地位，不符合当下的国情，建议政府严格执行"一

---

[1] "Report of the Education Review Committee 1960", Kuala Lumpur: Government Printer Federation of Malaya, 1960, p. 25.

[2] "Report of the Education Review Committee 1960", Kuala Lumpur: Government Printer Federation of Malaya, 1960, p. 56.

个民族，一种语文"的民族国家建构主张。① 马来族群的语言教育主张包含十分浓厚的马来民族主义色彩，试图通过消灭英语和非马来族群母语教育获得马来族群的文化领导权，最终获得族群的主导性地位，但显然这与国家发展和内部族群现状有很大冲突。

非马来族群特别是华人族群内部也产生了分歧，主要分为两派，以马华公会为代表的政党派系和以林连玉为代表的华社派系。其中马华公会派系对政府的报告书秉持支持和赞赏的态度。众所周知，《达立报告书》在制定时有3个马华公会代表参加，因此报告书在一定程度上也体现了马华公会的态度。马华公会包括财政部长陈修信和卫生部长翁毓麟都认为，政府的《达立报告书》为华文学校历史展开新的一页，解决了学校发展的财政问题，是历史上最好的报告书，凡是愿意效忠马来亚的居民都应该接受这份报告书。② 以陈修信为代表的马华公会高层放弃了陈祯禄和林苍佑一直以来全力支持华社华文教育诉求的立场，改为支持巫统主导政府所提出的教育政策。针对华社提出的华文教育课题，陈修信等提出华人教育的概念，指出华社不应坚持华文教育，而应该将重心放在华人教育上，提高华人族群的受教育范围和程度，实现华人的福祉。以林连玉为代表的华社派系对该报告书提出强烈批评，通过在报刊上发文、组织董教总大会等方式进行抗议，特别是在关于中学教育的相关限制上，华社普遍认为这是政府消灭华文中学教育的措施，他们与马华公会代表的政党派系产生了激烈的冲突，造成了华人族群的分裂。

1956年的《拉扎克报告书》是马来族群精英在文化权力上的妥协，1960年的《达立报告书》则是他们在文化权力上的争取，他们在语言教育政策上采取较为激进的措施，意图消灭非马来族群的母语中学教育，通过强调马来语教育的地位追求马来族群的文化领导权。《达立报告书》受到华社的强烈反对，但由于马华公会的支持，在国会讨论时几

---

① [马] 郑良树：《马来西亚华文教育发展史》（第四分册），吉隆坡马来西亚华校教师会总会2003年版，第30页。
② [马] 郑良树：《马来西亚华文教育发展史》（第四分册），吉隆坡马来西亚华校教师会总会2003年版，第34页。

乎没有受到太多阻碍就获得通过。在语言教育政策问题上，马华公会与华社出现了意见分歧导致双方的隔阂，关于华文教育和华人教育问题在华人族群内部进行了长久的辩论。《达立报告书》意味着马来族群短暂的妥协之后在文化权力观念上的转向。通过这份报告书，马来族群不仅实现了族群在语言教育领域的进取，还造成了华人族群的分裂。马华公会与华社在华文教育发展意见上的分歧，使马华公会转向追求与联盟党合作获取政治利益，并以牺牲族群利益为代价，这也导致它逐渐遭到华人族群的抛弃。从此刻起，马来亚政党政治产生了一个十分重要的特点，在以马来族群为主导的马来亚社会中，非马来族群政党常常会面临政治利益和族群利益的冲突，而冲突所造成的分裂则会导致这一族群越来越边缘化。

华社继续抗争，但《达立报告书》仍然在立法会顺利通过，随后政府以该报告书为蓝本制定《1961年教育法令》。如果说《达立报告书》是马来族群精英在民族主义情绪推动下的一次对文化权力的争取的话，那么《1961年教育法令》则是他们对文化权力的再一次争取，因为该教育法令使非马来族群的母语小学教育也受到威胁。从内容上来说，该法令基本延续《达立报告书》中的相关条款，但在内容细节上却是对文化权力的进一步诉求。《1961年教育法令》强调建立共同的教育体系，以马来语作为主要的教育语言以及将马来语和英语作为考试用语。在小学教育问题上，法令第21条第2款指出，"如果在任何时候，教育部长认为某个国民型小学转变成为国民小学的时机已经成熟，那么他有权命令该小学进行转改"。[1] 该条款直接使非马来族群母语小学教育受到生存威胁，如果将转改的权力赋予教育部长，那么国民型小学很快将不复存在。在中学教育上，《1961年教育法令》坚持《达立报告书》中关于中学教育的相关建议，关于国民中学和国民型中学的规定也将非马来族群的母语中学教育排除在政府公立的教育体系之外，各非马来族群母语中学可根据这一政策转改成为以英语为教育语言的国民型中

---

[1] "Education Act", No. 43 of 1961, Federation of Malaya.

学，不转改的学校成为独立中学。

《拉扎克报告书》在文化权力上进行妥协，首次承认非马来族群母语小学教育的合法性地位，《达立报告书》尚且保留这一条款，只是对中学母语教育的转改作出规定，一年以后的教育法令却直接针对非马来族群的母语小学教育。在非马来族群对此条款提出强烈抗议时，政府解释说教育部长并不会轻易使用这一条款，但鉴于马来族群常常使用从试探到落实的方式达成目标，教育法令给非马来族群母语小学教育也带来了生存威胁。

（四）政府行政领域的语言规划和语言政策

除了通过语言教育政策促进马来语教育语言的使用以获得文化权力外，政府还采取了间接的方式促进马来语的教学，争取文化领导权。通过规划马来语在国家行政领域的使用和对相关职位的语言能力限制促进马来语的教育发展，若想进入政府公职部门就必须自觉提高马来语水平。

马来亚宪法第152（1）条规定，马来语是马来亚的国语和官方语言，并于同年将位于新山的语文局[1]搬往吉隆坡改名为国家语文局。国家语文局的主要职责是进行国语规划和传播以及发行相关出版物等，旨在推动马来语的普及并巩固其国语和官方语言的地位。[2] 在马来学者扎巴看来，马来语被选作马来亚的国语有六个原因：第一，马来亚是"马来人的马来亚"；第二，马来语是国家纯正的语言；第三，马来语是国家的交际用语；第四，马来语是根据时代变迁不断发展的鲜活的语言；第五，马来语已经成为印尼的官方语言；第六，马来语是一门简单的语言。[3] 独立后，政府大力推动马来语的发展和使用，确定了在独立后10

---

[1] 其建于1956年6月22日。

[2] "Dewan Bahasa dan Pustaka", http://lamanweb.dbp.gov.my/ Tentang DAP/Profil/pengenalan.

[3] Sharifah Darmia Binti Shariff Adam, "Cabaran dan Reaksi Pelaksanaan Bahasa kebangsaaan dalam bidang pentadbiran dan Pendidikan di Malaysia, 1957 – 1966", Social and Behavioral Sciences, 2014, pp. 305 – 315; Za'ba, "Bahasa Kebangsaan Malaya Sa – lepas Merdeka", April 1956 (SP 18/2C/8), Arkib Negara Malaysia.

第三章 权力争夺与语言教育政策的改变（1957年至1969年）

年内将马来语全面应用到行政领域的目标。这也意味着，政府需要在10年内着力提高行政领域工作人员的马来语水平。从1960年开始，政府专门开设面向政府官员和行政职员的马来语培训课程，由教育部继续教育处牵头实施。[①] 语言培训主要在政府开设的学校通过夜校的方式进行，师资力量主要是学校的马来语教师。

针对这一课程，总理东姑·拉赫曼在多个场合表示，政府的这一举措旨在促进政府官员对马来语全方位的使用，不仅仅是在国语周或者国语月，并且马来语对行政工作来说是"不完善的语言"这一说法也是不正确的。[②] 当时，在行政领域推进马来语的使用不仅仅限于马来族群公务员，对于非马来族群行政领域工作人员，政府也提供2年免费学习马来语的机会。东姑·拉赫曼在讲话中提到，行政领域工作人员如果不学习马来语或者不愿意提高马来语水平将会受到惩处，例如面临降职和减薪。在对行政领域工作人员的培训中，政府将马来语课程分为三个层次，每个层次的培训历时一年且在培训结束时需要进行相关考试，考试的形式主要是口语考试和书面考试，考试通过之后才能继续进入下一阶段。第三层次结束后，通过考试的公务员将会获得国语资格证书。

政府的举措最先在雪兰莪州推广。1966年9月初，雪兰莪州开始全面实行在政府和商业公司等场合使用马来语的政策，政府从那时起开始退回所有用英语书写的信件并要求其用马来语书写或者必须加上马来语翻译。[③] 通过这一方式，政府大力推动马来语的使用，体现国家的马来性特征，这一规定也从侧面促进了马来语在教育领域的使用，因为对

---

① Raja Mukhtaruddin Raja Mohd. Dain, "Pembinaan Bahasa Melayu: Perancangan Bahasa di Malaysia", Kuala Lumpur: Dewan Bahasa dan Pustaka, 1992, p. 124.

② Isi ucapan Yang Teramat Mulia Tunku Perdana Menteri Dalam Persidangan Kedua Wakil – wakil Negeri, Kementerian, Jabatan – jabatan Kerajaan dan Ahli – ahli JKKP Bulan Bahasa Kebangsaan, Di Dewan Tuanku Abd. Rahman Kuala Lumpur pada 31 Mei, 1961.

③ Sharifah Darmia Binti Shariff Adam, "Cabaran dan Reaksi Pelaksanaan Bahasa Kebangsaaan dalam Bidang Pentadbiran dan Pendidikan di Malaysia; 1957 – 1966", Social and Behavioral Sciences, 2014, pp. 305 – 315; Za'ba, "Bahasa Kebangsaan Malaya Sa – lepas Merdeka", April 1956 (SP 18/2C/8), Arkib Negara Malaysia.

于想要进入政府公职部门工作的人来说，熟练运用马来语成为必备条件。这一政策通过间接的方式促进了马来语语言教学的发展，它意味着如果家长希望孩子进入国家公务员系统就需要接受以马来语为主的教学体系。

总的来说，独立初期政府推动马来语教育语言的举措体现出对马来语教育的强调。《达立报告书》和《1961年教育法令》分别体现出马来族群对非马来族群母语中学教育的现实威胁和对小学教育的未来威胁。政府强调马来语在考试中的使用以及在国家行政体系中的地位也是希望通过间接方式促进马来语教育的发展，总体目标是实现马来语教育在国家教育体系中的核心地位，争取马来族群的文化领导权，实现马来族群的族群主导地位。

二、联盟党内的权力竞争对民族主义的激发

在马来民族主义情绪高涨的情况下，马来族群精英强调马来语教育的核心地位对非马来族群的母语教育带来了很大的威胁。继马来族群精英主导的政府以行政力量阻碍非马来族群语言教育发展之后，《达立报告书》和《1961年教育法令》以立法的形式在马来族群文化领导权方面更进一步，实现了马来亚以国语马来语为主并搭配英语教育语言教育模式的立法保证。实际上，独立初期马来族群精英在语言教育问题上从文化权力的妥协发展成为文化权力的争取，主要是族群之间、族群内部权力理念的不同，导致了族群之间的权力竞争。

（一）马来族群内部政治权力理念的分歧

1955年马来亚大选联盟党获得大胜，也获得了为马来亚争取独立的机会。独立后，马来族群在民族主义情绪下产生了意见上的分歧，分为包容派和以马来民族主义者为代表的排外派。包容派支持马来亚地区多元主义的观点，对非马来族群的态度较为温和，在各项政策上也较为宽松；排外派在马来民族主义思想的影响下在独立后形成基于马来族群主导权的权力观，坚持"马来人的马来亚"民族国家建构理念，试图通过获得政治领导权和文化领导权实现族群主导权。此时，巫统由于身

第三章 权力争夺与语言教育政策的改变（1957年至1969年）

处联盟党之中，必须要兼顾各个族群的生存和发展机会，作为联盟党主席的东姑·拉赫曼选择了多元主义的民族国家建构理念。这一理念在马来民族主义快速发展的背景下，不仅受到来自巫统党内异见派的抵制，还受到来自反对党民族主义分子的攻击。这一时期，最为典型的反对党就是伊斯兰教党。

伊斯兰教党在1955年的全国大选中受挫之后，党内逐渐产生改革的呼声，鉴于党主席阿哈玛德·法乌德缺乏领袖魅力，伊斯兰教党领导层决定更换党主席。1956年12月14日，前马来亚马来民族党领袖布哈努丁受邀入党，并在不到10天后当选为党主席，布哈努丁从马来青年联盟到马来亚马来民族党，在马来民族主义者和马来社会主义者之间皆享有"传教士"的美誉，也最为激进的马来民族主义分子所接受。① 他的加入，使伊斯兰教党迅速吸收许多前马来亚马来民族党、前马来青年联盟的支持者和马来社会主义者成为党员，伊斯兰教党也迅速摆脱低迷状态，之后又与拿督翁领导的国家党结盟，政治实力得到飞速发展。

1959年大选，联盟党在104个国会席位中赢得74席再次执政，与1955年52席中赢得51席相比成绩下滑严重。联盟党最大的竞争对手是伊斯兰教党，伊斯兰教党以13个国会席位和42个州议席的成绩创造历史，并一举获得吉兰丹和登嘉楼两州的执政权。② 在获得选举胜利后，伊斯兰教党在布哈努丁的领导下产生重大变化，提出更加激进的言论。第一，凡马来亚公民必须属于马来族群；非马来族群公民须被马来族群同化方得以成为马来亚公民。第二，内阁中的部长、副部长，州政府中的州务大臣等职位须由马来族群公民担任。③ 同时其在国内主张马来族群的主导权，不同于巫统坚持马来族群的特殊地位不能由非马来族群成

---

① [马]陈中和：《马来西亚伊斯兰政党政治——巫统与伊斯兰教之比较》，雪兰莪新纪元学院马来西亚族群研究中心2006年版，第124页。

② 庞卫东：《新加坡与马来（西）亚的合并与分离研究：1945—1965》，社会科学文献出版社2017年版，第156页。

③ [马]陈中和：《马来西亚伊斯兰政党政治——巫统与伊斯兰教之比较》，雪兰莪新纪元学院马来西亚族群研究中心2006年版，第125页。

员取得的态度，伊斯兰教党则坚持同化的思想，认为非马来族群可以在被同化之后获得与马来族群相同的地位。

相比于多元主义的论述，伊斯兰教党激进的民族主义思想更受到马来族群的支持，从大选中伊斯兰教党的成绩能够看出，马来族群拥有明显的族群权力诉求，对族群主导权拥有十分强烈的期盼，马来族群精英对"马来人的马来亚"也不再停留在想象阶段，已经逐渐开始落实到各个方面。此时，作为联盟党成员的巫统，为了联盟党内部的和谐必须在政治上采取多元主义的态度争取族群间的协商与合作，面对反对党马来民族主义的威胁时，自身的马来族群支持基础受到影响。

（二）非马来族群的政治权力诉求

在联盟党内部，虽然从1952年起就开始合作，但实际上各政党的主次地位相当明显。在首次马来亚大选中，马来族群选民人数占总人数的84%，非马来族群只占16%，大选前东姑·拉赫曼为了争取华人族群的支持通过"马六甲密议"，与华人族群在语言教育问题上达成协议。联盟党获得大胜后，在一些政治观察家看来，无论从主观还是客观来看，巫统都在联盟内占有绝对主导优势。面对这一现状，非马来族群政党也达成了心照不宣的默契，承认巫统在联盟党内的主导地位。作为联盟党平等的合作方，马华公会和印度人国大党实际上享受不平等的关系。独立后，随着越来越多非马来族群成员申请公民权，马来族群人口与非马来族群人口比例发生了较大变化，在1959年大选前，选民中的华人由1955年的14.3万人增加到76.4万人，占全国总人口的35.6%，马来人占比56.8%，印度人占比7.4%。[①] 非马来族群人口数量增加后，族群权力诉求也发生变化，形成了联盟党内政党间的竞争。

1. 马华公会的分裂与政治权力诉求

独立后，马华公会内部发生分裂，随着领导层的变更，他们对待华文教育的态度也发生巨大改变。实际上，马华公会内部的分歧从政党成

---

① K. J. Ratnam, "Communalism and the Political Process in Malaya", Kuala Lumpur: University of Malaya Press, 1967, p. 200.

第三章 权力争夺与语言教育政策的改变（1957年至1969年）

立初期就存在，马华公会领导层主要是由马来亚地区商人和亲英人士组成，他们在成立初期就拥有不同理念。1952年吉隆坡市政局选举时，马华公会主席陈祯禄原本希望与拿督翁的独立党合作，也支持拿督翁通过族群融合获得政治权力的马来亚化理念。但马华公会雪兰莪支部的主席李孝式却选择跟东姑·拉赫曼合作，坚持族群合作的理念。巫华联盟取得选举胜利后，拿督翁在马来族群文化权力上表现出十分强硬的立场，导致陈祯禄最终选择与巫统合作，组成联盟。

陈祯禄领导的马华公会从成立之初就与华社建立密切联系，也与以林连玉为代表的华文教育团体保持密切接触，同时对于联盟党内成员间关系，陈祯禄也能通过良好的策略维护团结。从《巴恩斯报告书》到《芬吴报告书》再到《拉扎克报告书》，陈祯禄都极力维护华社的语言教育，为华社争取语言教育发展机会。马华公会还在陈祯禄的领导下专门成立了由董总、教总和马华公会共同参与的教育中央委员会，共同商讨保卫华文教育的事务。此外，《拉扎克报告书》制定前的"马六甲密议"也是在陈祯禄官邸进行的，通过陈祯禄的联络和从中调解，巫统在文化权力上妥协，得到了以林连玉为代表的华文教育人士"不提将华文列为官方语言"的承诺。总的来说，陈祯禄领导下的马华公会针对华文教育的态度较为务实，争取华文教育权利，但在官方语言问题上保持相对审慎的态度，在保持联盟党的团结并维护联盟党政治权力的前提下，尽力为华社争取教育机会。

1958年3月，马华公会内部举行新一届党主席选举，改革派的林苍佑战胜陈祯禄成为马华公会第二任主席，使马华公会与巫统的关系逐渐疏远，陈祯禄的下台也为联盟党内部的矛盾埋下伏笔。林苍佑上台后立场明显更偏向华社，与华社时常探讨关于华文教育的事务，引起了巫统的不满。马华公会在以林苍佑为首的改革派崛起之后，企图通过自身改革，在政治上有所作为，争取华社更大的支持，提高在国家政治中的地位，实现维护华文教育的目的。① 林苍佑作为马华公会的第二任领袖，也是华文教育的坚定支持者。他曾表示，"我们的目标，是要通过各种不同语文的教育，为本国建立一个完整的文化体系"②。在他掌权期间，马华公会与董教总等教育机构共同召开了两次大会，分别探讨将华文列为官方语言并作为考试用语，以及促进各族群母语教育的相关话题，与董教总等华社教育机构建立了十分深厚的关系。

对于联盟党，林苍佑领导下的马华公会态度则相对强硬。林苍佑根据华社的发展现状以及自身的政治需求，向巫统主席东姑·拉赫曼致函，提出两项要求：第一，在即将进行的国会选举中，104 席的竞选席位联盟应该分配给马华公会不少于 40 个候选席位；第二，在联盟党竞选宣言中，必须明确指出，要全盘性检讨如何实施联盟党的教育政策，因此在华文学校内，考试用语应该是教育语言。③ 从上述要求可以看出，第一项要求体现了马华公会在政治权力上的诉求，作为联盟党的成员党之一，马华公会要求超过 1/3 的席位，这意味着巫统即使获得全部剩下的国会席位也无法超过 2/3 多数，不具备修宪的能力，何况巫统还受到马来族群反对党的强力挑战。实际上，这一要求与联盟党的政党实力是不匹配的，根据丹尼毛兹的观察，虽然巫统在联盟的主导地位没有公开，但马华公会和印度人国大党无论在选举权重、团结程度以及支持程度上都无法与巫统相媲美，即使联盟看似是各党之间公平的合作关系，实际上巫统在联盟内拥有主导权是不公开的秘密。④ 林苍佑在此时对选举席位的诉求无疑是对这种政治现实的一种颠覆，体现出非马来族群在政治权力诉求上的进取态度，是对巫统政治主导权的一种威胁。

---

① 胡春艳：《抗争与妥协：马来西亚华社对华族母语教育政策制定的影响》，暨南大学出版社 2012 年版，第 100 页。

② [马] 郑良树：《马来西亚华文教育发展史》（第四分册），吉隆坡马来西亚华校教师会总会 2003 年版，第 8 页。

③ [马] 郑良树：《马来西亚华文教育发展史》（第四分册），吉隆坡马来西亚华校教师会总会 2003 年版，第 9 页。

④ Cheah Bong Kheng, "Malaysia: The Making of Nation", Singapura: ISEAS – Yusof Ishak Institute, 2002, p. 50.

第三章　权力争夺与语言教育政策的改变（1957年至1969年）

关于华社语言教育问题，马华公会领导下的华社要求政府在文化权力上继续妥协，希望政府改变在政策执行方面的强势态度，保证华人族群母语教育的持续发展。这效仿了1955年大选前的行为方式，但考虑到上次大选后东姑·拉赫曼政府表现出的态度，此次显然很难再获得政府的妥协。当林苍佑向东姑·拉赫曼提出的私函被媒体披露之后，联盟党濒临解体。激进的伊斯兰教党成员和巫统党内的教师协会会员对东姑·拉赫曼提出强烈批评。东姑·拉赫曼坚决否定了林苍佑的诉求，指出如果马华公会坚持这个诉求，巫统随时准备与之脱离，或者只与马华公会中不支持林苍佑的力量合作。[1] 面对巫统的强势态度，林苍佑决定妥协，将选举候选人席位要求降到35席，东姑·拉赫曼仍然不接受这一提议，只分配给马华公会32席。林苍佑试图通过获取政治权力保证族群母语教育的努力失败了，联盟党内部政党间的关系也逐渐紧张。

不仅如此，巫统还借此机会分化马华公会，扶持以陈修信[2]、翁毓麟为首的保守派。[3] 在巫统的支持下，保守派在马华公会党争中逐渐占据上风，以林苍佑为代表的改革派逐渐被边缘化。由于党内派系斗争，马华公会在1959年大选中只赢得19席。这主要由于以陈修信为代表的领导层在政治态度上逐渐转向同巫统寻求一致性，损害了华人族群的利益，华人族群的选票流向由人民党和劳工党组成的社会主义阵线（以下简称社阵）以及霹雳州的人民进步党。在1959年大选中，社阵获得8席，人民进步党获得4席。[4] 1960年，林苍佑发表辞职声明并退党，谢敦禄继任马华公会主席，马华公会内部的改革派党员也纷纷退党，跟随林苍佑于1962年4月创建民主联合党，继续活跃在马来西亚政坛。马

---

[1] ［马］郑良树：《马来西亚华文教育发展史》（第四分册），吉隆坡马来西亚华校教师会总会2003年版，第9页。

[2] 陈修信是马华公会首任主席陈祯禄之子。

[3] 当时马华公会分为几个派系：以林苍佑及朱运兴为首的是改革派，陈修信、翁毓麟及梁宇皋等为保守派，另外的一个小派系控制着吉隆坡，以李孝式为首。

[4] Cheah Bong Kheng, "Malaysia: The Making of Nation", Singapura: ISEAS – Yusof Ishak Institute, 2002, p. 90.

华公会在谢敦禄和陈修信等人的带领下倒向巫统,以维护联盟党的合作为重心。

林苍佑领导下的马华公会希望通过巩固政治权力的方式获得族群文化权力,促进华文教育在马来亚的发展。实际上,这是马华公会在联盟党内部向巫统争取政治权力和文化权力的举措,不仅引起马来族群的不满,也导致了与巫统的冲突,形成新的政治局面:在联盟党内部,巫统受到马华公会的权力竞争;在联盟党外部,巫统受到反对党的权力竞争。面对独立后新的政治格局,巫统的政治理念重新偏向民族主义,通过强调自身马来族群保护者的定位增强竞争力,在政治权力和文化权力上与非马来族群力量展开争夺。

2. 政党政治权益与族群权益的冲突

独立初期,在多元文化的马来亚,华人族群是国家第二大族群,占有重要地位。但以"马来人的马来亚"理念为核心的民族国家建构理念一直推动着马来族群精英获得马来亚地区的主导性地位,非马来族群总是处于从属地位。为了获得族群主导权,马来族群精英不断追求政治权力和文化权力,非马来族群政党则面临着政党政治权益和族群文化权益之间的冲突,遭遇政党发展的困境。

在族群政治生态中,政治利益与族群利益难以平衡,执政党联盟内部的马来族群政党和非马来族群政党之间存在着结构性矛盾,这种结构性矛盾常常会导致执政联盟的不稳定,从而引发政党政治的动荡。在马来民族主义背景下,华人是最大的非马来族群群体,在执政联盟中代表大多数华人权益的政党很难在对代表马来族群的执政党妥协,以及为华人族群争取利益之间找到平衡。在这种情况下,华人族群通常会将选票投向突出华人族群特性,能够为族群争取利益,且不向马来民族主义低头的政党,这样的政党通常都是反对党。因此,在族群政治发展循环中,执政联盟内部华人政党的政治利益会和族群利益产生冲突,它与以民族主义理念为基础的马来族群执政党存在难以调和的结构性矛盾,从而导致它对华人族群的吸引力下降。

以陈修信为代表的保守派上台后,一反林苍佑时期对待华文教育的

第三章 权力争夺与语言教育政策的改变（1957年至1969年）

态度，全面靠向联盟党，以联盟党的政治利益为重，三大机构组建的教育中央委员会也宣告解散。在《达立报告书》的编写过程中，马华公会派出三名代表，完全支持巫统的族群文化权力诉求，导致马来族群在文化权力上的进取。陈祯禄时期，马华公会与华社密切合作，在积极劝阻华社要隐忍和妥协的同时协助华人争取自身语言教育的发展权益，通过赢得华人的支持获得政党的政治权力，这一方法在独立前政党合作的前提下是相对可行的。殖民者规定必须实现族群和谐才能独立，独立前族群间在政治权力与文化权力的博弈中，还能够相互协商和妥协，这种方式也保证了联盟党的团结和族群内部的相对和谐。独立后，巫统占据联盟党主导地位，马来民族主义情绪高涨，林苍佑希望通过增强华人政治权力促进语言教育权益发展的路径在当时的马来亚是行不通的。在独立后马来民族主义思潮泛滥的情况下，华人作为非主体族群很难获得马来族群在政治权力上的让步，更何况从殖民者手中获得独立给马来族群带来了极大的族群荣誉感。相对而言，非马来族群的权力诉求却进一步激发民族主义情绪，导致马来族群精英在政治权力和文化权力上展开争夺。陈修信派系上台后，马华公会摒弃前面的两条道路，一味地在文化权力上妥协，在华文教育问题上倒向巫统，参与编制《达立报告书》，并协助其在国会顺利通过得以立法。马华公会与华社的关系走到前所未有的僵局，非马来族群母语教育也遭到极大的打击。

三、文化权力的争夺及其影响

经历了马华公会内部斗争和联盟党争，联盟党重新统一思想，在语言教育问题上坚持推动马来语教育语言的实施，坚持马来族群拥有文化领导权的路线和方针。陈修信领导的马华公会全力支持这一方针，帮助《达立报告书》在国会顺利通过，《1961年教育法令》也得以顺利颁布。按照该报告书的规定，小学阶段马来语小学改称国民小学，英语、华文和泰米尔语小学改称为国民型小学。中学阶段马来语中学属于国民中学，国民型中学只限于以英语为教育语言的中学，以华文作为教育语言的中学要么转改，要么只能成为独立中学，不再享受政府的任何津贴。

这对华文中学教育造成很大的影响。更令华社惶恐的是，教育法令指出，教育部长可以在他认为合适的时候，将任何一所国民型小学转改成国民小学，更是将华文母语从小学到中学的教育时刻都置于生死存亡的境地。

针对《1961年教育法令》，华社在教总主席林连玉的带领下提出强烈的批评和抗议，由于已经缺乏马华公会这一官方通道，华社的反对和批评只能通过集会和在报刊发文的形式进行。针对这一现状，政府采取强硬措施限制华社的抗议，华文报刊作为传达华社心声的主要渠道，受到了政府的威胁与控制，其关于华文教育的报道大大减少，发表的社论也基本不敢涉及此事。[①] 此外，东姑·拉赫曼也对林连玉进行批评："任何人进行任何事情，使民主蒙受困难或反对民主，将不适宜居住在马来亚，应该被驱逐。极端爱国主义事实上是一种最为危险的主义……为了这个理由，当华文学校教总主席林连玉鼓励华人的极端爱国思想以及呼吁不忠于中国的华人为走狗时，政府就取消其公民权，因为他已经不是马来亚人，没有资格保有他所拥有的公民权。"[②] 最后，被马来西亚华社称为"族魂"的教总主席林连玉被剥夺公民权，这也使华社不再有领袖敢于带领族群进行母语教育权益的抗争。

《1961年教育法令》规定从1962年起执行相关政策，其中主要的方面是促使华文中学改制。为了加速政策推行，马华公会积极介入，通过威逼利诱的方式，督促各华文中学转变为国民型中学。马华公会的谢敦禄、陈修信、梁宇皋等领导在不同场合推介《达立报告书》，并以吉隆坡林连玉执教的尊孔中学为突破口，通过对其改制实现示范效应。尊孔中学改制后，在马华公会的推动下，马来亚共有52所华文中学接受改制，有14所未接受改制。[③]

[①] 胡春艳：《抗争与妥协：马来西亚华社对华族母语教育政策制定的影响》，暨南大学出版社2012年版，第109页。

[②] 胡春艳：《抗争与妥协：马来西亚华社对华族母语教育政策制定的影响》，暨南大学出版社2012年版，第109页。

[③] 胡春艳：《抗争与妥协：马来西亚华社对华族母语教育政策制定的影响》，暨南大学出版社2012年版，第109页。

第三章 权力争夺与语言教育政策的改变（1957年至1969年）

独立以来，由于政府的强硬立场，关于语言教育的纷争告一段落，最终马来族群在文化权力的争取中获胜，成功推动马来语在马来亚的教育和发展，《达立报告书》和《1961年教育法令》标志着马来语教育在马来亚的核心地位，也标志着马来族群在马来亚文化领导权的确立。虽然马来族群在民族主义思想的推动下发生分裂，并产生了伊斯兰教党等具有影响力的反对党，但同属于马来族群，它们在文化领导权方面共同享有这次胜利。反观非马来族群，特别是华人族群，由于在母语教育问题上遭到马华公会抛弃，在集会和言论上又受到政府的控制，语言教育问题成为他们讳莫如深的话题。

从1959年大选到教育法令的颁布和实施，《达立报告书》和《1961年教育法令》标志着马来族群精英对文化权力的争取取得实质性成果，确立了马来语教育在国家教育体系中的核心地位。1958年马华公会党争后当权派在华文教育问题上的强硬态度，也标志着联盟党以巫统为主导的权力体系的重构，1959年大选后马来族群的政治权力进一步巩固，距离"马来人的马来亚"目标更进一步。

第三节 马来西亚成立后语言教育政策的新论战

由于政府的强硬立场，以及华社在语言教育问题上与马华公会的分歧，《1961年教育法令》颁布后，社会上关于语言教育问题的争论逐渐平息。此时，关于语言教育的讨论暂时告一段落，对整个马来半岛包括新加坡来说，最重要的是马来西亚联邦的问题，从新加坡于1959年6月5日宣布自治开始，马来亚和新加坡合并就成为地区热点话题。但是，马来西亚联邦建立后，族群比例再次发生变化，人民行动党提出"马来西亚人的马来西亚"理念与巫统"马来人的马来亚"理念针锋相对，语言教育问题上的冲突又继续表现出来。

一、族群间关于语言教育问题的争论

1963年9月16日，由马来亚、新加坡、沙巴和沙捞越四地组成的马来西亚联邦在经过各种争议后正式成立，新联邦成立后国家的族群构成发生了新变化，与族群文化权力相关的语言教育问题又成为新的争论焦点。

（一）华文官方语言地位的争论

关于华文作为官方语言的讨论由来已久，《1952年教育法令》颁布后，殖民者政府曾经派遣副最高专员麦基里莱同以教总主席林连玉为代表的华文教育人士进行谈判，殖民者代表提出一个国家需要一个统一的教育制度，华文教育无法获得国家认可的原因主要是华文并非马来亚的官方语言。因此从1953年开始，教总就正式提出要将华文、马来语、泰米尔语并列作为马来亚的官方语言。[①] 1955年大选前，在"马六甲密议"中，巫统与华社达成协议，为了实现合作赢得选举，华社答应不再提"将华文列为官方语言"这一诉求，作为回报如果联盟获得大选胜利将会重新探讨教育法令中对华文教育的不利之处，还会在公民权问题上进行考虑。最终华社搁置这个诉求，联盟党也获得大选胜利，并带领马来亚实现国家独立。

1963年，马来西亚联邦建立后，华人人数已经同马来族群人数相当，但是《1961年教育法令》给华文教育带来的负面影响还在延续。为了扭转这一现实，华社在教总新任主席沈慕羽的带领下，重新提出"华文列为官方语言"，希望通过争取华文的官方语言地位进行"曲线救国"，实现华文教育的正常发展。1964年11月7日，教总呈函总理东姑·拉赫曼，请求政府列华文为官方语言，结果获得总理政治秘书回函表示"此非总理权限内可以决定的问题"。[②] 1965年7月7日，教总

[①] [马]郑良树：《马来西亚华文教育发展史》（第三册），吉隆坡马来西亚华校教师会总会2001年版，第204页。

[②] 胡春艳：《抗争与妥协：马来西亚华社对华族母语教育政策制定的影响》，暨南大学出版社2012年版，第112页。

致函全国华团,征求共同发起马来西亚华团代表大会(以下简称华团大会),共有28个全国性华团参加,专门讨论"请求政府列华文为官方语言之一"问题。教总主席沈慕羽指出:"到1967年,按宪法规定马来语将成为唯一官方语言,英语则由国会决定其是否可继续为官方语言。现在必须奋起争取华文为居于马来语(国语)之下的官方语言之一的地位,只有如此才能从根本上解决华文教育的困难。"[①] 这一举动引起马来西亚当局极大的紧张。内政部长拿督伊斯迈尔召见所有参加发起华团大会的负责人,警告相关华人社团,坚持列华文为官方语言,破坏诺言后果严重,并强调马来语为唯一官方语言,华人享有公民权,是独立前两族领袖达成一致的协议。[②] 就普通马来族群成员看来,华人族群反对政府的语言政策,就是在反对这个马来国家的特征和形象。各州相继发起"国语月"活动,不断抨击华人社会和华裔官员,同时还谴责巫统中央。虽然受到马来族群的强烈反对,但华社组织的华团大会仍然如期举行,并在会后向总理提交备忘录,阐述华社争取华文地位的立场、态度和原因等。

最终,教总主席沈慕羽,因为鼓动马华公会各分会就华文官方语言问题表示支持,遭到马华公会开除。华社争取华文作为官方语言的话题被政府援引《煽动法令》加以限制,列为禁止探讨的问题。华人的努力再次以失败告终,但华人在语言教育上的抗争却并未停止。

(二)《1967年国语法令》的颁布与争议

马来族群认为,华人将华文列为官方语言的举动是在否定马来国家的马来性,挑战马来族群的文化领导权,因此予以强硬回击。马来族群组织建立了国语行动阵线,抨击巫统在语言问题上的软弱立场。东姑·拉赫曼在华文问题上的态度被马来族群看作是一种让步和妥协,他在党内的地位也逐渐发生动摇,在马来族群间也失去了以前的控制力,巫统

[①] 内容来自沈慕羽致辞,见马来西亚联合邦华校教师会总会1966年工作报告书。
[②] 胡春艳:《抗争与妥协:马来西亚华社对华族母语教育政策制定的影响》,暨南大学出版社2012年版,第113页。

党内发出要求变更领导层的呼声。①

在《语言与符号权力》一书中，布尔迪厄认为，确定国语地位是统治阶级维护自身地位的方式，他指出统治阶级对语言的认同实际上是在赋予它相关特权，从而树立它的权力地位。② 马来语国语和官方语言的地位正是马来族群确定其族群文化权力的重要方式，从独立以来马来族群也一直在争取。在遭到非马来族群的挑战后，更加激起他们提高马来语地位的决心。根据马来亚宪法规定，关于国语和官方语言的问题将在 10 年之后进行重新讨论，并交由国会来决定未来的发展方向。1960年《达立报告书》和《1961 年教育法令》已经确立马来语在教育体系中的核心地位，在独立之后的 1967 年，关于国语的问题也被马来族群看作是确定马来语在行政和教育领域核心地位的重要契机。

马来族群希望通过《1967 年国语法令》来进一步巩固马来语国语与官方语言的地位，对新法令充满期待，但法令并未完全满足马来民族主义者的要求，引发大量争议。国语法令共有 11 个小节，包括政策实施开始时期、官方场合使用国语、英语被允许继续使用于国会和州议会等相关重要条款。国语法令从立法上保证了马来语作为唯一国语的地位，但在英语使用问题上没有进行严格限制，最高元首决定英语可以在国会等正式场合继续使用。③ 这一安排引发了马来民族主义者的强烈不满，反对党包括伊斯兰教党和国家党的党员都在这个问题上对巫统提出强烈抨击。实际上巫统内部针对这一安排也并未达成一致，东姑·拉赫曼妥协的立场也受到巫统内部激进派的批评。

此外，非马来族群出于对族群母语地位的维护，对国语法令也大多采取抵制的态度。针对国语法令的抗议，以及华社提出将华文列为官方语言的诉求，导致这一时期族群之间针对语言问题的争论趋向白热化，

---

① R. K. Vasil, "Ethnic Politics in Malaysia", New Delhi: Radiant Publishers, 1980, p. 164.
② Velerie Kathy Rowland, "The Politics of Drama: Post‑1969 State Policies and their Impact on Theatre in English in Malaysia from 1970 to 1999", University Malaya, 2004, p. 60.
③ Abdullah Hassan, "Language Planning in Southeast Asia", Kuala Lumpur: DBP, 1987, p. 94.

第三章 权力争夺与语言教育政策的改变（1957年至1969年）

族群对立也发展到顶点。马来族群在获取文化权力的过程中与非马来族群产生较大分歧，马来族群追求马来语的国语地位，华社则争取华文列为官方语言，各方争论不断。在马来族群看来，国语法令的颁布并未从实质上继续推动自身文化权力的发展，英语和非马来族群母语仍然可以在各种场合使用，这引起了他们的强烈不满。① 针对族群之间文化权力的竞争，东姑·拉赫曼政府以安抚情绪作为第一要务，并坚决秉持马来语为国语和唯一的官方语言这一立场，马来族群的文化领导权得到再次强调，华社虽然有所努力但收效甚微。

（三）独立初期独立大学的抗争

语言地位的问题事关相关语言教育在教育体系中的地位问题，这是族群间对国家语言教育发展的争论。实际上，在《1961年教育法令》实施后，华文独立中学学生缺乏高等教育机会是华社遇到的现实问题，基于此，非马来族群提出创办独立大学的倡议，体现出族群之间在文化权力上的竞争。马来亚地区华文大学的历史可以追溯到1953年，当时新加坡福建会馆主席陈六使提议创办华文大学，获得新马华人族群社会的热烈反应。② 这所大学计划被命名为南洋大学，但由于创办一所以华文为教育语言的大学不符合殖民者的利益，英国殖民政府并不赞成。马华公会主席陈祯禄对南洋大学的成立给予大力支持，最终在1956年南洋大学正式开学，成为华人族群在东南亚地区的最高学府。③ 1965年，当新加坡与马来西亚分离后，南洋大学成为外国的大学，马来西亚学生无法享受这一成果。加上南洋大学在新加坡政府的压力下逐渐改制成为以英语为教育语言的学校，在新马分离后，在马来西亚建立华文大学就逐渐成为华社的现实需求。

当时马来西亚只有马来亚大学和玛拉工艺学院，华人学生特别是独

---

① Pennycook, Alastair, "The Cultural Politics of English as an International Language", London: Longman, 1994.

② 李业霖：《南洋大学史论集》，马来亚南洋大学校友会2004年版，第103—107页。

③ 曹淑瑶：《国家建构与民族认同：马来西亚华文大专院校之探讨（1965—2005）》，厦门大学出版社2010年版，第17页。

立中学学生由于马来语和英语水平的原因,很难通过马来西亚教育文凭考试被马来亚大学录取,加之大学在录取名额上的限制,华人学子只能寻求前往国外接受高等教育。1967年9月21日,教育部长乔哈里表示,希望外国使馆只核发签证给已获得教育部批准出国深造的学生,教育部允许出国留学的学生需具有剑桥普通教育文凭或马来西亚教育文凭。①这一规定直接影响了华文独立中学学生的高等教育之路,华文独立中学的学生通常没有参加官方的剑桥或马来西亚教育文凭考试,只参加由独立中学组织的会考,因此政府的规定引来华社的大力反对。随后政府在出国留学的问题上提出更严格的条件,表示从1968年1月1日起,正式实施出国留学须有剑桥普通教育文凭或马来西亚教育文凭等相关文件的规定,并表示"此项政策之观念并非限制学生出国深造,而是要协助学生给予职业上指导,使他们出国升学后返回本邦时,当局能对其大学学位及文凭给予估价及评定水平"。②

政府通过限制出路的方式促进华文独立中学的转改,实现《1961年教育法令》的目标,获得马来族群的文化权力。面临政府的引诱和胁迫,华人族群产生创办华文大学的想法。1967年12月7日,华文高师职总在马六甲召开执委会,主席陆廷谕在受到林连玉等人的启发之后提出"创办一所华文大学"的号召。③这一号召迅速得到华社的大力响应,大家纷纷捐款表示支持,董教总等华社机构也召开大会讨论这一事务,决定全力创办一所"兼重中、巫、英各语文,以应学术研究当地环境之需要"的华文大学。④面对华人在华文大学问题上的强烈诉求,政府改变口风,1968年1月12日,在教育部限制出国留学法令实施12天

---

① 曹淑瑶:《国家建构与民族认同:马来西亚华文大专院校之探讨(1965—2005)》,厦门大学出版社2010年版,第35页。
② 内容来自1967年11月25日的马来西亚《中国报》。
③ [马]郑良树:《马来西亚华文教育发展史》(第四分册),吉隆坡马来西亚华校教师会总会2003年版,第171页。
④ 曹淑瑶:《国家建构与民族认同:马来西亚华文大专院校之探讨(1965—2005)》,厦门大学出版社2010年版,第37页。

第三章 权力争夺与语言教育政策的改变（1957年至1969年）

之后，教育部长乔哈里改口称，所有修完高中课程的学生都可以自由出国深造，政府并不限制他们的出国求学资格。他还表示，政府的教育政策是培养新生一代拥有马来西亚的面貌和身份，创办华文大学与政府的政策背道而驰。①

政府的态度逐渐软化，但华文大学计划既然已经开始也就无法停止。教总主席沈慕羽表示，华社很欢迎政府的表态，但与其让学生去外国深造，不如让他们在国内就读大学更加方便。②陆廷谕也表示，华文大学是华人族群在高等教育途径受阻下的自救之路，既然开始了就难以再停下。③1968年2月24日，华社在雪兰莪州的中华大会堂召开会议，最终在各个候选校名中选择了"独立大学"这一名称，以"避免巫统兄弟的误会及政府的曲解"。④面对华人族群的坚持，巫统青年团表示，华文大学是沙文主义的行动。⑤《马来前锋报》在社论中点名批评独立大学，说独立大学是国家教育的大倒退和制造国家的弱点，政府应该禁绝之。⑥巫统机关报《独立马来亚》则表示，独立大学是政治上的阴谋，旨在破坏联盟党来年的大选。伊斯兰教党认为，独立大学是民族性大学，并建议政府设立采用国语教学的国民大学。⑦总理东姑·拉赫曼表示，华文大学与国家团结相背，并呼吁华文教育工作者放弃此项计划。⑧政府的态度也被马华公会所接受，以陈修信为首的马华公会领导人表示不支持华社创办华文大学的想法。与此相对，以陈修信为首的马华公会高层还在筹划通过筹建一所学院的方式取代华文大学的计划，一方面安抚马来社会的不满，另一方面则能够满足部分华人的期盼。马华

---

① 内容来自1968年1月13日的马来西亚《南洋商报》。
② 内容来自1968年1月14日的马来西亚《南洋商报》。
③ 内容来自1967年12月27日的马来西亚《光华日报》。
④ 内容来自1968年2月25日的马来西亚《星洲日报》。
⑤ 内容来自1968年2月8日的马来西亚《通报》。
⑥ 内容来自1968年2月27日的马来西亚《南洋商报》。
⑦ [马]郑良树：《马来西亚华文教育发展史》（第四分册），吉隆坡马来西亚华校教师会总会2003年版，第177页。
⑧ 内容来自1968年1月11日的马来西亚《星洲日报》。

公会筹备的这所学校名为拉曼大学,但拉曼大学的提议并未平复族群间的争论,反而因为办学问题导致华人族群的分裂。

距离1969年的大选时间越来越近,关于语言教育的问题成为选前各政党选战的诉求重点。马华公会总会长陈修信的态度引起华人族群普遍不满,陈修信在大选前的4月向华社表示,要想在马来西亚这样的环境中创办独立大学,犹如"铁树开花"般的困难。[①] 相反,代表华人族群的反对党民主行动党、民政党和人民进步党则在独立大学问题上对华社表示支持。华文大学计划在争论无果后暂时搁置,但却给政府政策实施的灵感,政府后来成立以马来语为教育语言的马来西亚国民大学,以此促进马来语的使用。

(四) 关于《阿奇兹报告书》的争论

除了在教育语言问题上提出直接影响语言教育政策的法令外,政府也在通过限制非马来族群母语教师问题上以间接方式采取获取文化权力的措施,主要体现在这一时期对《阿奇兹报告书》的争论上。独立前,马来亚不同源流学校拥有不同的薪金制,不同资历的教师薪金也不相同,由于这一原因,教师之间无法正常流动也无法转制。1956年《拉扎克报告书》为了改变这一局面,提出统一薪金制的建议,将所有教师纳入共同的薪金体制中,也有利于教师的自由转校,这一制度从1961年7月1日开始实施。[②] 统一薪金制规定教师不再是政府公务员,不能享有养老金和医疗福利,董事部是学校教职员的雇主,但是很多人不愿失去公务员所享有的福利,宁可选择留在旧制里,而不加入统一薪金制。[③]

为了解决统一薪金制的问题,1967年4月,最高元首委任由拿督

[①] 曹淑瑶:《国家建构与民族认同:马来西亚华文大专院校之探讨 (1965—2005)》,厦门大学出版社2010年版,第45页。

[②] [马] 郑良树:《马来西亚华文教育发展史》(第四分册),吉隆坡马来西亚华校教师会总会2003年版,第193页。

[③] [马] 莫顺生:《马来西亚教育史》,教总2000年版,第107—108页。

阿都亚·阿奇兹法官为主席的五人委员会①，调查及对教师薪资问题提出建议，并顺便检讨 1960 年《达立报告书》的落实情况。经过一年调研，五人委员会于 1969 年大选前公布了报告书。报告书的内容涉及面十分广泛，其中对非马来族群语言教育影响较大的条款如下：

A. 薪金方面的建议

1. 废除统一薪金制，统一薪金制教师可以自由选择阿奇兹薪金制成为公务员教师，或者留在统一薪金制内成为中央局的雇员，不再是由个别董事部聘用；

2. 凡参加新薪金制的教师，最低资格为九号剑桥文凭、马来西亚教育文凭、马来亚师范学院或日间师训或其他同等学术之专业资格。华文媒介小学教师须持有政府高三文凭、师范学院或日间师训或其他同等学术及专业资格。

B. 有关学校董事部的建议

教师薪金将由教育部直接管理，学校董事部不再被授权聘请或者解聘教师或其他雇员。董事部的主要任务是照顾学校的福利与发展，且董事部应命名为"学校发展局"。②

上述两项规定看似平常，实则是政府通过间接逼迫的形式阻止非马来族群语言教育继续发展并促进马来语教育的举措。首先，针对薪金制教师的规定，要求必须拥有相关资格文凭，但相关文凭考试用语为马来语和英语，非马来族群母语学校教师由于历史和现实的原因，要想通过

---

① 其他四人为刘集汉（树胶研究副统制官）、阿卜杜拉律师（公共服务委员会委员）、阿布拉罕律师（关税咨询局委员）、陈鸿基教授（马来亚大学工程系主任）。需要注意的是，该委员会中除了陈鸿基教授之外，其他四人都不是教育界人士。他们制定的报告书更多地反映的是政府的意愿，而不是遵循教育的规律。

② [马] 郑良树：《马来西亚华文教育发展史》（第四分册），吉隆坡马来西亚华校教师会总会 2003 年版，第 194—195 页。

这些考试难度很大。因此，这项规定实际上是政府通过这种方式将非马来族群母语教师排除在教师队伍之外，然后再聘请一些精通马来语或者英语的教师，久而久之就能实现政府将国民型学校转改成国民学校的目的，这是在变相地落实《达立报告书》的建议。

其次，针对董事部改革的规定，也会在一定程度上威胁到非马来族群学校的长远发展。非马来族群学校大多由董事部成员募集资金成立，董事部兼顾管理和筹集资金的作用。如今改成学校发展局，面临的是董事部筹集的私人资产（如土地和校舍等）的归属权问题，然后是董事部的存在，会使非马来族群母语学校受到一定的保护，如果将其改制，非马来族群学校将会面临随时变质的危险。

该报告书的内容引起了马来族群和非马来族群之间的大量争论，由于1969年大选在即，其严重影响了联盟党的民众支持度。最终，为了安抚非马来族群的情绪，教育部长表示这份报告书如果有违教育法令，政府将不予实施。反对党则抓住这一契机大肆攻击执政党，使联盟处于十分被动的局面。在1969年大选中，联盟遭到独立以来最大的挑战，失去了国会的2/3多数。

总的来说，马来西亚联邦成立后，马来族群与非马来族群之间在以语言教育政策为核心的文化权力上展开了激烈的竞争，马来族群精英希望塑造马来语的语言教育体系，非马来族群则希望获取族群母语的教育机会。这一阶段，针对语言教育，族群之间不再关注语言教育政策本身，而是通过间接方式影响语言教育政策的发展。这一阶段马来族群在文化权力竞争中占据上风，面对华人在文化权力领域的竞争，政府拒绝了将华文作为官方语言以及独立大学的请求，但在国语法令和非马来族群母语教师问题上并未实现相关目标。

二、族群间基于新加坡与马来亚的权力竞争

马来西亚联邦成立后，新加坡、沙巴和沙捞越的加入除了增大国土面积外，还改变了国家的族群构成比例，根据人口统计数据显示，马来西亚成立后，总人口数约973万，其中华人族群人口约408.4万，占总

人口的约41%，马来族群人口约376.2万，占总人口的39%，居住在婆罗洲两个州的土著居民约74万，约占总人口的7.7%，其余约106.6万主要是印度族群和欧亚混血种。① 由于族群人口数量更为趋同，华人再次提出语言教育问题，在人民行动党的影响下，华社继续在文化权益上抗争。对马来族群来说，马来西亚联邦成立后，宪法以及相关语言教育法令所保证的文化权力并没有得到巩固。实际上，马来族群和非马来族群在文化权力上的竞争状态，主要源于族群之间在马来西亚联邦成立后，民族国家建构思路再次发生冲突，及其所导致的一系列政治权力博弈。

（一）马来西亚联邦计划与族群问题

独立后的族群争端要从马来西亚联邦的成立说起。独立前各族群领导人，尤其是联盟党内的马来族群和华人族群领导间达成协议，实现了殖民者要求的各族群和谐相处后才争取到马来亚独立。关于族群和谐的要求，除了殖民者自身政治利益考量之外，马来亚多元族群共存的现状也是现实原因。马来西亚联邦成立后，新加坡与马来亚族群构成的巨大差异，新加坡与联邦政府的关系引发新一轮族群间的矛盾，导致族群间的政治权力争夺，文化权力的竞争是这一阶段政治权力斗争的外溢。

1. 马来西亚联邦的成立与争议

马来西亚联邦的成立涉及多方面的问题。从新加坡方面来说，作为一个城市型国家，新加坡领导人认识到很难靠自己立足，从1959年自治开始就尝试寻求与更大单位的联合以实现独立。新加坡作为华人族群占主要人口的地区，各方政治势力发展交错纵横，很难形成统一的合力。其中，作为新加坡执政党的人民行动党内部分裂严重，李光耀领导的温和派与李绍祖、林清祥领导的激进派存在不可调和的矛盾。派系斗争发展到白热化阶段，李绍祖等人从人民行动党退出后，组建社阵。此外，新加坡其他的政治势力，例如工人党、新加坡人民联盟，以及由新

---

① 望月、李述文：《大马来西亚计划的经济侧面》，《南洋问题资料译丛》1962年第3期，第111—112页。

加坡巫统、马华公会和印度人国大党分会组成的联盟等,它们对新马联合问题抱有各不相同的态度,但归根结底都在为自身的政治利益思考最佳方案。

就马来亚方面的思考来说,马来半岛政党包括伊斯兰教党、马来亚国家党、马来亚职工总会等重要政党和社会团体都认为新加坡不应与马来亚分离,但在联合方式上却有各自的想法。在合并问题上,东姑·拉赫曼政府的态度也有一个转变的过程。最初,马来亚政府持较为消极的态度,东姑·拉赫曼表示除非新加坡能够证明效忠于马来亚,否则将不会考虑让其加入。① 但是,1961年5月,东姑·拉赫曼却改变口风,透露马来亚正在拟定一项计划以促使与英国在政治与经济上更密切合作。最终,新加坡和马来亚解决了内部问题,于1963年9月16日成立包含新加坡与马来亚、沙巴和沙捞越四地的马来西亚联邦,联邦成立后,新马两地在政治、社会、经济等各方面的问题逐渐暴露出来。

2. 马来西亚联邦成立的族群因素

影响马来西亚联邦成立的因素有很多,族群方面的考虑是主要原因之一。在东姑·拉赫曼政府看来,对新加坡与马来亚合并的最大担忧是新加坡超过70%的华人人口,它将改变1957年马来亚独立后,马来族群和非马来族群的人口数量基本持平的现状,华人族群将会对马来族群造成生存上的威胁。但是,马来族群人口数量加上沙巴和沙捞越的土著族群人口数量能够以微弱的优势超过由华人族群和印度族群等组成的非马来族群人口数量,这在某种程度上给了东姑·拉赫曼信心。新加坡人口共有150万,约有130万是华人;沙捞越有大约75万人口,主要是伊班族人;沙巴州有大约40万人口,主要是卡达山杜顺族人,华人族群在当地属于少数。考虑到土著在族群特点和生活习性上与马来族群更接近,因此东姑·拉赫曼改变了不同意合并的态度,主导组建一个更大的联邦。

---

① 庞卫东:《新加坡与马来(西)亚的合并与分离研究:1945—1965》,社会科学文献出版社2017年版,第137页。

第三章　权力争夺与语言教育政策的改变（1957年至1969年）

（二）新马冲突与族群政治权力的竞争

在马来西亚联邦成立不到两年的时间内，新加坡与马来亚之间不断爆发矛盾，最终新加坡被迫退出联邦，新马正式分离。表面上来看，两地的矛盾主要是李光耀与东姑·拉赫曼的矛盾，实际上这是他们各自所代表族群之间在权力争夺中的矛盾。人民行动党提出的多元主义理念与巫统主导的马来民族主义理念的矛盾，使马来族群与非马来族群在权力问题上存在不可调和的冲突，导致新加坡被迫从马来西亚联邦分离。

1. 1963年新加坡大选与政治权力的争夺

马来亚与新加坡的第一次矛盾发生在1963年新加坡大选上。马来西亚联邦成立5天后的1963年9月21日，是新加坡大选投票日，执政党人民行动党的主要对手是新加坡社阵以及由新加坡人民联盟和新加坡巫统、马华公会的印度人国大党组成的新加坡联盟。此外，新加坡联盟对人民行动党来说，意义威胁大于实际威胁。从实际威胁来看，联盟内部的新加坡人民联盟并非一个强大的政党，它在1959年大选中，39个候选人中仅有4人当选，大选后政党内部发生分裂，实际上它并不足为惧。[①] 新加坡巫统是马来亚巫统的分支组织，主要的问题是内部权力争端，领导人之间相互倾轧，大大削弱了政党影响力。并且它是族群政党，主要吸引马来族群的支持，新加坡地区以华人族群为主，马来族群是少数族群，因此它很难通过选举的方式来主导新加坡政治。新加坡马华公会和印度人国大党成立较晚，在新加坡的影响力有限。此外，新加坡联盟内部还存在人民联盟与巫统的领导权争端，这更降低了联盟的竞争力。意义上的威胁主要在于，新加坡巫统受到马来西亚中央政府的支持，选举结果可能会影响新加坡与中央政府的关系。并且，1963年9月19日，东姑·拉赫曼还专程赶到新加坡，出席联盟的群众大会并发表讲话，为联盟的竞选助阵。

1963年9月21日晚，大选结果揭晓，人民行动党赢得37席，新加

[①] 庞卫东：《新加坡与马来（西）亚的合并与分离研究：1945—1965》，社会科学文献出版社2017年版，第193页。

坡社阵赢得13席，统一人民党获得1席，其他政党则全军覆没。① 这一结果使巫统上下极其震惊，特别是人民行动党候选人在3个马来选区中的胜利，更让巫统上下感受到危机。东姑·拉赫曼表示："我去新加坡的时候一切还很正常，但当我听到巫统候选人接连失败时，我难以入眠。"东姑·拉赫曼把选举的失败归罪于新加坡的"马来叛徒"，并且誓言要亲自指导新加坡巫统的工作。② 实际上，选举失败的意义比它的事实更让巫统感到害怕，这意味着在新加坡，人民行动党对马来族群的影响力已经超过巫统，假以时日如果措施得力，人民行动党也有可能争取到马来半岛上马来族群的支持，这对巫统来说将是极大的威胁，对于马来族群的政治地位和政治权力也将是一个巨大的威胁。

人民行动党取得大胜，但它与巫统之间却产生隔阂，这为后来两党的权力斗争埋下了伏笔。马来西亚成立伊始，为了避免与中央政府的正面交锋，人民行动党采取了较为克制的态度。为了不让巫统所代表的马来族群感到威胁，它将矛头指向马华公会，意欲取代它在联盟党中的地位。在这样的策略下，人民行动党领导的新加坡政府与联邦政府还在向不断增进双边关系的方向发展。

2. 1964年马来西亚大选后政治权力的竞争

在经历了新加坡大选与巫统的纷争后，为了较好地实现马来西亚的融合，李光耀领导的人民行动党开始修补与联邦政府的裂隙。李光耀向联邦政府示好，显示自身对马来西亚的忠诚，李光耀向东姑·拉赫曼表示希望联邦向新加坡派出一名马来族群公民作为新加坡国会上议院的两名议员之一。东姑·拉赫曼对此表示非常欣喜，也在一些领域对新加坡实行较为宽泛的政策。建国初期，新加坡与联邦存在一定时间的蜜月期，李光耀也被东姑·拉赫曼委托访问亚非拉多国，就马来西亚联邦的问题得到了上述多国的谅解。

---

① 庞卫东：《新加坡与马来（西）亚的合并与分离研究：1945—1965》，社会科学文献出版社2017年版，第199页。
② 庞卫东：《新加坡与马来（西）亚的合并与分离研究：1945—1965》，社会科学文献出版社2017年版，第202页。

第三章 权力争夺与语言教育政策的改变（1957年至1969年）

新加坡与联邦政府间的友好关系在1964年3月1日当天停止了发展。当天，人民行动党主席杜进才宣布，人民行动党要作为一个全国性的政党，参加马来亚大选。杜进才解释说这次竞选只是象征性参与，但却明显违背了李光耀对东姑·拉赫曼的承诺：不参加马来亚的选举。①1964年3月1日是大选提名日，新加坡共派出27人角逐，其中11人竞选国会议席，16人竞选州议席。② 此时，人民行动党还在尽力维护与巫统间的和睦，在半岛上主要同马华公会竞争，但巫统却坚持与马华公会合作，称人民行动党的行为是挑拨离间。

大选结果揭晓，联盟党共获得104个国会席位中的89席，比上届大选多出15席，反对党中由人民党和劳工党组成的社阵获得2个席位，伊斯兰教党获得9个席位，人民进步党获得2个席位，统一民主党和人民行动党各获得1个席位。③ 人民行动党不但没有在大选中取得好成绩，还将同巫统的关系直接恶化。大选期间，人民行动党与马华公会产生过口头的争执，但为了维护与联邦政府和巫统的和谐，人民行动党仍然保持克制态度。加上大选前后，马来西亚与印尼的对抗吸引了联邦政府的注意力，联邦政府与新加坡的争执也暂时停止了。

1964年7月和9月新加坡发生的两次族群骚乱彻底打破人民行动党同联邦政府间表面的和谐，也彻底改变了人民行动党与巫统合作的态度，转向全面的竞争关系。实际上，两次族群骚乱都是多方面因素导致的，有族群因素、殖民者因素、宗教因素，也有社会经济因素。但由于新加坡特殊的族群构成，马来半岛的媒体及巫统领导人对新加坡展开强烈批评，认为新加坡当局歧视和压迫马来族群。《马来前锋报》发声批评人民行动党，指责新加坡政府歧视马来族群公民，把他们看作是二等

---

① 庞卫东：《新加坡与马来（西）亚的合并与分离研究：1945—1965》，社会科学文献出版社2017年版，第210页。

② 其中有一个国会议席和一个州议席因为是与巫统竞争，人民行动党退出竞选，实际上共有25人参与选举。

③ 庞卫东：《新加坡与马来（西）亚的合并与分离研究：1945—1965》，社会科学文献出版社2017年版，第251页。

公民，并声称新加坡的马来族群公民正遭受政府的威吓、压榨和迫害。为了进一步挑起马来族群的情绪，巫统发表了一份白皮书，详细列出马来族群在人民行动党政府统治下遭受的种种苦难，呼吁投票支持人民行动党的马来族群公民认清其过失。①

族群骚乱使巫统与人民行动党的政治权力博弈逐渐公开，人民行动党希望泛马来亚，巫统则希望赢得新加坡的主导权，这使得两党的关系彻底恶化。两次族群骚乱之后，李光耀断绝了与巫统合作的想法，开始筹划建立反对党统一阵线。1965年2月21日，人民行动党领导人在新加坡会见卡达山统一机构、沙捞越人民联合党等的代表，考虑起草一份宣言，由反对党成立一个非种族主义的马来西亚团结大会，为"马来西亚人的马来西亚"而奋斗。② 人民行动党的举动引起了马来族群的警惕，伊斯兰教党也呼吁组织马来族群政党，成立反对阵线对抗马来西亚团结大会。5月8日，5个反对党在新加坡签署宣言，呼吁建立"马来西亚人的马来西亚"，该宣言指出，"一个马来西亚人的马来西亚意味着这个国家不代表任何一个特殊族群或者种族的特权和利益；一个马来西亚人的马来西亚代表的是马来族群的马来西亚、华人族群的马来西亚、达雅克族的马来西亚、印度族群的马来西亚以及卡达山族的马来西亚等。不同社群的特殊和合法正当利益应该受到保护，并囊括到所有族群的权利、利益和责任当中"。③

反对党联盟的宣言与马来族群"马来人的马来西亚"主张完全相悖，否认了马来族群是马来西亚主人的观点。在马来族群看来，该宣言质疑了宪法中的马来族群特权、马来语为国语、伊斯兰教为国教等条款，引发了马来族群的抨击。最终经过各方协商，1965年8月9日，新

---

① ［新］李光耀：《李光耀回忆录 1923—1965》，新加坡联合早报社1998年版，第612页。

② 庞卫东：《新加坡与马来（西）亚的合并与分离研究：1945—1965》，社会科学文献出版社2017年版，第252页。

③ Cheah Bong Kheng, "Malaysia: The Making of Nation", Singapura: ISEAS – Yusof Ishak Institute, 2002, p.101.

加坡脱离马来西亚联邦正式独立。

1963—1965年,新加坡与马来西亚经历了合并和分离的过程,其中分离的原因是多方面的,在政治理念、经济结构与利益、相互认知方面都存在着难以调和的矛盾。需要注意的是,族群权力争端问题是导致新加坡与马来西亚分离的决定性问题,这一争端可以看作是代表华人族群利益的新加坡政府与代表马来族群利益的联邦政府的争端,也可以看作是代表华人族群的人民行动党与代表马来族群的巫统之间的争端。两地两党之间的各种竞争,实际上是华人族群与马来族群在政治权力竞争中的一个缩影,"马来西亚人的马来西亚"与"马来人的马来西亚"两个理念展现了两种难以调和的权力观念,在博弈的过程中马来民族主义占据上风,确保了马来族群的政治主导权。在政治权力争端的背景下,两个族群也在文化权力上展开竞争,某种程度上文化权力的话题也成为族群争取政治权力的资本。华人族群提出将华文作为马来西亚的官方语言,争取华文教育的合法地位和权益;马来族群希望进一步巩固马来语的国语地位,争取马来族群的文化权力。新加坡退出马来西亚之后,族群间政治权力的争论暂时告一段落,但文化权力的竞争仍然没有停止,《阿奇兹报告书》就是马来族群争取文化权力的反映和重要举措。在马来西亚联邦政府与新加坡的竞争中,联邦政府最终获胜,将非马来族群人口占多数的新加坡分离出联邦,巩固了马来族群政府的权力,这也是这一阶段族群之间文化权力竞争中马来族群占据上风的原因。

本章小结

马来亚独立后,族群之间在社会、经济和政治等问题上的矛盾不但没有缓解,反而越来越突出。族群间对未来民族国家建构的想象各不相同导致权力博弈,马来族群精英在文化权力上展开全面争夺。独立初期,非马来族群的权力诉求刺激了马来族群精英的权力欲,加上巫统受到伊斯兰教党等马来族群反对党的威胁,马来民族主义思潮泛滥,在巩固自身政治权力的背景下，政府不断争取文化权力。从《达立报告书》到《1961年教育法令》，马来族群精英通过强调马来语教育的地位不断蚕食非马来族群母语教育的基础，通过对小学教育和中学教育的限制，正式确立了以马来语为核心的语言教育体系，实现了马来族群在文化权力问题上的绝对主动权。

马来西亚成立后，马来族群与非马来族群的人口比例发生变化，族群间的民族国家建构理念再次发生冲突，族群间继续在政治权力和文化权力上展开全面的竞争。在政治权力方面，以新加坡为主导的华人提出多元主义的思想，对马来民族主义思想提出挑战；在文化权力方面，从华文官话运动到《1967年国语法令》，从独立大学诉求到《阿奇兹报告书》，各族群分别提出自身语言教育理念和文化权力诉求。最终在马来民族主义思想的影响下，新加坡分离出马来西亚，马来族群巩固了自身的政治权力，华文作为官方语言的诉求被再次否定，马来族群巩固了马来语作为国语和官方语言的地位，确保了它在国家教育体系中的核心地位。马来族群在政治权力领域的优势，加上在文化权力上保持争夺的态势使族群间的竞争越来越激烈，导致族群间权力失衡。

第四章 权力压制与语言教育政策的再变（1969年至1990年）

新加坡退出联邦后，马来西亚的族群比例再次发生变化，族群间的权力博弈依旧激烈。1969年大选中，联盟党首次失去国会的2/3多数席位且得票率少于反对党，执政地位受到前所未有的威胁。族群间的权力失衡导致了族群冲突，马来西亚进入紧急状态，政府成立以敦·阿卜杜·拉扎克为领导的国家行动理事会全面处理国家各项事务。以拉扎克为首的巫统领导层认为马来族群在经济方面存在较大劣势，因此政府以发展马来族群经济为由推出以新经济政策为代表的一系列在政治、经济和文化上对非马来族群全面压制的政策。

第一节 新经济政策初期语言教育政策的调整与落实

通过《1961年教育法令》《1967年国语法令》等，政府从立法层面实现了语言教育问题的主动权，在国家教育体系中国民小学、国民中学的核心地位相继确立，马来语成为主要教育语言，但马来族群文化领导权的目标并未完全实现。问题主要在于，非马来族群的母语教育还在继续发展，尽管华文官方语言这一诉求已经被《煽动法令》列为禁止讨论的话题，但从小学到中学的华文教育体系仍然存在，国民型小学、独立中学仍然还在华社的坚持下继续抗争。因此，新经济政策初期，政府通过颁布相关法令和落实相关政策，对非马来族群的语言教育呈现出全面压制的态势。

一、教育语言"马来语化"政策的实施

紧急状态期间,国家安全理事会接手国家各项事务,以马来族群为核心的政府开始全面追求族群的主导性权力,在文化权力方面推出一系列与语言教育相关的政策,通过落实相关语言教育政策强调马来语在国家教育体系中的核心地位的同时,强调教育语言的马来语化转变,限制非马来族群语言教育发展,争取马来族群的文化权力。

(一)新经济政策与固打制

新经济政策颁布前,国家行动理事会对语言教育问题进行了讨论,内阁教育委员会提出几项建议:改变族群教育不平等,提高弱势族群接受高等教育的机会,发展学龄儿童公民的道德和伦理观念,强调教育的职业方向,促进教育系统的职业化管理。[1] 此外,除了在发展方向上的政策之外,在具体实施层面政府也提出新的要求,为了加速《1967年国语法令》的落实,国家行动理事会于1970年同意内阁教育委员会的报告书,提出要将马来语作为教育体系的教育语言。对于拉扎克来说,他似乎已经迫不及待想要通过国语来缔造国家认同。他希望通过让非马来族群广泛使用马来语实现族群间的融合,让马来语真正成为所有国民的国语。

具体到政策内容上,教育部长阿都拉曼·雅克布表示,从1970年起,将从小学一年级开始实施马来语教育语言政策,政府资助的学校除了英语之外的所有科目都必须要用马来语作为教育语言。这个政策将通过渐进的方式每年在一个年级中推行,在10年之后实现从小学到大学的所有科目都用马来语进行授课的目标。作为亲拉扎克派系,雅克布在面对《马来前锋报》采访时说:"政府太宽宏大量了,总是采取劝说的方式让一些特定群体学习和使用国语马来语。如果劝说不管用,我们就

---

[1] Mohamad Mustafa Bin Ishak, "From Pluiral Society to Bangsa Malaysia: Ethnicity and Nationalism in the Politics of Nation – Building in Malaysia", The University of Leeds, 1999, p. 111.

必须诉诸强制措施。"① 为了显示改革决心，雅克布退回了那些用英语给他写的书信，坚持强调用马来语书写书信。1971年拉扎克就任总理后，胡先翁担任新的教育部长，随后胡先翁主导发布《胡先翁报告书》，该报告书明确提出让马来语代替英语成为所有政府资助学校的教育语言，将英语作为第二语言，继续强调英语的重要性主要是由于英语在高等教育、贸易以及国际事务中仍然具有重要地位。②《胡先翁报告书》意味着马来语将全面替代原殖民教育体系中英语的地位。

政府对教育语言的转换政策取得了良好的效果。根据1979年马哈蒂尔主导发布的《内阁教育报告书》内容显示，到1975年，马来半岛和沙巴州的英文小学已经全部转改为马来文小学，沙捞越州到1977年时所有英文小学的教育语言都转改成马来语。根据该报告书的内容，从1975年开始，国民型小学升入国民中学时的语言转换班只提供马来语转换班，不再提供英语班，以英语为教育语言的国民型中学从中学一年级到中学三年级在1976—1978年分三年逐渐转型为国民中学，高中阶段从中学四年级到中学五年级的语言转换则到1980年完成。高中六年级是高中阶段教育的延续，为期两年，专门为升入大学的学生开设，它们的语言转换完成时间为1982年。③

此外，政府还成立高等教育检讨委员会，该委员会提出的《马吉伊斯迈报告书》认为，如果按照标准考试进校，进入大学的学生大约只有20%是马来人。因此，该报告书建议，大学招生要在学生人数和选择专业方面都体现出人口结构比例。据此，从1971年起，政府开始实施报告书的主张，即不以学生的成绩，而以族群的人口比例作为国立大学收

---

① Cheah Bong Kheng, "Malaysia: The Making of Nation", Singapura: ISEAS – Yusof Ishak Institute, 2002, p. 129.

② Cheah Bong Kheng, "Malaysia: The Making of Nation", Singapura: ISEAS – Yusof Ishak Institute, 2002, p. 131.

③ Kementerian Pelajaran Malaysia, "Laporan Jawatankuasa Kabinet Mengkaji Pelaksanaan Dasar Pelajaran", 1979.

生的根据,即所谓的固打制。[1] 该制度规定将参考国家的人口构成比例,国立大学的新生录取按照土著和非土著65∶35的比例进行录取,以促进更多的马来族群学子能够进入高等学校接受教育。固打制的实施使马来族群学生的高等教育入学比例大大提高,根据董教总全国华文独中工委会咨讯局编写的《马来西亚的华文教育》中的数据显示,1970年马来族群大专学生比例为53.7%,1975年为71.3%,1985年为75.5%。[2] 马哈蒂尔在担任教育部长时也曾在国会中表示,1977年的25998名申请进入大学就读的学生中,只有5953人获准,其中4457人为以马来族群为主的土著学生,华族学生仅有1187人。[3] 根据另一项资料统计,1990年马来西亚33所华文中学的高中毕业生中,只有0.9%的学生进入马来西亚政府办的大专院校,44.2%的学生进入私立学院或者专科学校,另外的学生到国外就读大专院校。至于马来族群就读本国大专院校的比例则从1970年的40%提高到1985年的67%。[4]

政府还通过创办高等院校的方式提高马来族群的高等院校入学比例以及促进马来语在高等院校的教育。1969年以前,马来西亚拥有一所大学和一个学院——马来亚大学[5]和玛拉工艺学院[6],其中马来亚大学是马来西亚唯一一所高等院校,招生对象为所有政府公办高中的毕业生;玛拉工艺学院只面向土著居民开放,帮助土著居民进行各项技能的培训。为了促进马来族群的教育以及马来语的使用,政府于1969年成立马来西亚理科大学、1970年成立马来西亚国民大学,此后又相继建

---

[1] 廖小健:《战后马来西亚族群关系:华人与马来人关系研究》,暨南大学出版社2012年版,第118页。

[2] 董教总全国华文独中工委会咨讯局:《马来西亚的华文教育》,1985年,第85页。

[3] 教总教育研究中心:《教总成立三十年华文教育史料》(下册),雪兰莪教总教育研究中心1984年版,第80—81页。

[4] [马]顾长永:《东南亚政府与政治》,台北五南图书出版有限公司1995年版,第102页。

[5] 其前身是1905年成立的爱德华七世学院和1929年成立的莱佛士学院,1949年10月合并成立马来亚大学。

[6] 其成立于1956年,主要用于培养马来族群中的农村子弟,提高他们在农艺方面的技能水平。

立了多所高等院校。建立高等教育机构有两方面的目的：第一，在大学落实语言教育政策，将马来语作为大学的教育语言，进一步巩固马来语的国语地位；第二，提高马来族群的升学率，促进马来族群的发展。此外，政府的大部分奖学金都提供给马来族群，华人和印度族群则无缘申请。[①] 董总根据马来西亚首相署公布的数据获知，1974—1977年，政府提供的9743份大学奖学金中，非土著学生只获得834份，占总数的8.6%。[②] 一系列政策有效地提高了马来族群的大学入学率，却导致非马来族群语言教育陷入困境，每年有很多优秀的华人族群子弟无法进入公立大学学习。非马来族群独立中学会考文凭不受政府承认，其学生无法升入公立大学，国民学校学生又受到固打制的限制，非马来族群的语言教育发展严重受阻。政府通过一系列方式强制实施教育语言的转改，努力实现马来族群的文化领导权。

（二）《大学与大专法令》及独立大学的抗争

独立以来，马来族群不断通过立法的方式限制语言教育以巩固自身的文化权力，以华人为主的非马来族群为此艰难抗争，仍然难以改变华文中学不受政府资助和承认的窘境。1969年大选前，为了给独立中学学生谋出路，华社提出创办独立大学的申请，但最终不了了之。新经济政策时期，受固打制影响，华人子弟缺乏高等教育机会，为了让无大学可读的华文独立中学学生以及受固打制限制的国民中学学生获得高等教育机会，华人族群继续探索在马来西亚开办高等院校的可能性。独立大学有限公司于1968年5月8日（大选投票前两天）获得政府商业注册。大选后，为了限制非马来族群在独立大学问题上采取进一步行动，挑战马来族群的文化权力，政府于1969年7月颁布《必需（高等教育）条款》，规定设立高等教育机构须取得教育部长的批准，违者犯法。[③] 这

[①] 钱伟：《独立后马来西亚语言教育政策的演变》，《东南亚南亚研究》2016年第3期，第80—84页。

[②] 董总出版组：《董总三十年》，1993年，第316页。

[③] 教总教育研究中心：《教总成立三十年华文教育史料》（下册），雪兰莪教总教育研究中心1984年版，第77页。

语言与权力

一条款导致刚成立的独立大学有限公司不能再进行相关活动,阻碍了华人族群继续推进独立大学的进程。1971年2月,国会在暂停20个月之后重启;4月27日,国会通过《1971年大学和大专法令》,法令规定创办新大学或者学院必须获得最高元首的批准。

上述法令颁布后,华社创办独立大学的愿望基本破灭了,在马来族群占主导的国家,得到教育部长和最高元首同意而创办独立大学,实际上意味着政府放开对非马来族群语言教育的限制。显然,这与政府全面推行马来语作为教育语言的目标是相反的。在马来民族主义高涨的情况下,关于独立大学的讨论逐渐陷入低潮。直到1973年,新加坡政府宣布南洋大学将停止在马来西亚招新生,关于华文独立中学学生出路的问题才重新成为华社关注的焦点。独立大学有限公司向政府提交创办独立大学的申请,但在1974年大选前的5月25日得到拒绝批准的通知。①由于独立大学申办的问题屡次遭到政府拒绝,董总与独立大学负责人林晃昇决定向最高元首请求"恩准"设立独立大学。1977年10月27日,独立大学有限公司发起全马华人注册社团签署活动,并于1978年国会大选前将联署名录及独立大学请愿书呈交最高元首。②

马来社会针对华社申办独立大学联署活动表示强烈抗议。巫统青年团指责对独立大学运动表示支持的马华公会是在挑战政府既定的国民教育政策,也批评独立大学的申办违反国民教育政策。③ 教育部长穆沙希淡表示,谁再继续扩大独立大学事宜,他将会被认为是一名政治投机分子,需要对任何的不良后果负责。④ 穆沙希淡在巫统全国代表大会上宣布,"独立大学是由私人机构建议创办并且其教育语言是华文,只吸收华文中学学生就读,这三个因素都违反教育政策,政府不得不拒绝创办

---

① 董总出版组:《董总三十年(下册)》,1996年,第613页。
② 曹淑瑶:《国家建构与民族认同:马来西亚华文大专院校之探讨(1965—2005)》,厦门大学出版社2010年版,第54页。
③ 内容来自1978年11月19日的马来西亚《星洲日报》。
④ 内容来自1978年4月7日的马来西亚《星槟日报》。

· 152 ·

独立大学"。①

由于多次申请无果，华社决定采取对联邦政府提起诉讼的方式继续进行独立大学的抗争。经过多轮拉锯，1982年华社关于独立大学的诉讼经马来西亚最高法院宣布败诉，独立大学的抗争在经过多年的努力后也正式宣告终结，非马来族群学生的高等教育问题仍然没有得到解决。

（三）国家原则与国家文化政策

除了语言教育政策之外，为了促进马来西亚实现以马来族群为核心的族群和谐，实现马来西亚以马来族群为核心的民族国家建构，政府制定了国家原则和国家文化政策，进一步确立马来族群的主导地位。关于语言教育和国家原则的相关法令都被国会通过，国家文化政策由于可操作性不强和争议太大等原因并没有真正立法和落实，并且随着"2020宏愿"的提出，国家文化政策也逐渐被大家遗忘。但不可否认的是，20世纪70—90年代，国家文化政策的争论主要体现出马来族群的族群主导权思想与非马来族群的多元文化思想之间的对立，是马来族群追求族群文化权力的努力，在一定程度上确立了马来族群文化的核心地位。

1970年8月31日，国家行动理事会的国家团结部门公布了国家原则，包含五条内容：信奉上苍，忠于君国，维护宪法，遵守法律，培养德行。总的来说，国家原则蕴含了对国家文化多样性的培养和包容，是一个对各族群及其文化相对平和的理念。相比而言，国家文化政策理念更加偏向马来族群，体现出马来族群对国家文化权力的争取，其中最主要的原因是这些政策理念的根源来自马来民族主义者。在马来西亚，关于国家文化的讨论主要集中在两个时期：第一个时期是1971年在吉隆坡召开的国家文化大会前后，第二个时期则是1982年在马六甲召开的马来世界大会前后。上述两个大会都谈到国家文化事务，并引起了非马来族群的激烈反应，其中华人族群和印度族群在1983年提交了各自族群

---

① 内容来自1978年9月18日的马来西亚《星槟日报》。实际上，这是马来民族主义者们对独立大学的误解，独立大学并非仅用华文进行教学，这在筹办之初已由华社进行澄清，独立大学将使用华文、英语和马来语作为教育语言。此外，独立大学招生也并非仅限于华人学生，也向其他族群学生开放。

视野下的国家文化观点备忘录,详细阐述了各族群对国家文化的看法。

1971年,由马来民族主义分子主导的为期5天的国家文化大会在吉隆坡马来亚大学召开,受到官方大力支持,国家总理拉扎克出席开幕式并指出,这是马来西亚第一个政府资助的国家文化大会。[1] 该大会共收集有关艺术和文化的论文52篇,听众近千人,其中大部分为马来族群成员,此次大会所凝练的相关概念为后来的国家文化政策奠定了相当的基础。在没有经过进一步咨询的情况下,马来西亚文化和青年体育部表示已经解决了国家文化的问题,并发布基于大会内容的国家文化基础指南,在其中指出:第一,国家文化的基础乃是本地文化;第二,其他文化中与本地文化相契合的特点也将被纳入国家文化当中;第三,伊斯兰教在国家文化中占据核心地位。此次大会的内容最终都收录于1973年由马来西亚文化和青年体育部出版的《国家文化基础》一书当中,并通过既定事实明确了国家文化的核心。实际上,这本500多页的论文集收录了包括音乐、文学、建筑、手工等关于文化的内容,而上述三个方面是否能够代表各方不同的观点也一直遭到质疑。[2] 并且,它与拉扎克总理在国家文化大会开幕式讲话中的精神相背离,拉扎克指出:"在我看来,召开此次大会的基本目标是向着国家文化原则基础迈出第一步。一个文化只有在被社会经过一定的评价或者经过时间的考验之后才能确定它的形式。基于这些原因,我们需要向着目标探索一条道路,至于它的结果,只有未来的几代人才能看到。"[3]

针对国家文化政策,马来民族主义者十分欣喜,这正好符合他们以族群主导权为核心的权力观的理念,也符合马来族群获取文化权力的目

---

[1] "Asas Kebudayaan Kebangsaan: Kertaskerja", Kuala Lumpur: Kementerian Kebudayaan Belia dan Sukan, 1973, p. 3.

[2] Rowland, Velerie Kathy, "The Politics of Drama: Post-1969 State Policies and its Impact on Theatre in English in Malaysia from 1970-1999", Unpublishes M. A. Thesis, National University of Singapore, 2004, p. 49.

[3] "Asas Kebudayaan Kebangsaan: Kertas Kerja", Kuala Lumpur: Kementerian Kebudayaan Belia dan Sukan, 1973, p. 3.

第四章 权力压制与语言教育政策的再变（1969年至1990年）

标。但是，对非马来族群而言，这个政策体现出极强的压制性特点，将他们的文化置于马来文化和伊斯兰文化传统之下，且不被马来族群接受，非马来族群对此提出强烈反对。他们认为马来西亚作为多元文化国家，不应该仅仅强调某一族群的文化作为国家文化，应该在对各个族群文化进行吸收的情况下确定国家文化。就马来族群来说，他们的观点正好相反，例如阿比丁·瓦希德教授就曾指出："对我来说，非马来族群想要成为马来西亚人就需要做出一些牺牲。我已经在多个场合向非马来族群听众表示过上述观点。对于为什么我们要将伊斯兰教作为国家文化的重要元素这一问题，我的回答就是请查阅历史。一些非马来族群不愿意去回溯历史，因为这会影响他们的论点。如果我们不将历史作为重要元素，那我们就无法追溯这个国家政治发展进程，尤其是它社会政治起源的根。"①

关于国家文化的话题在1982年的马来世界大会中也是核心话题，马哈蒂尔在此次大会中对国家文化政策大力支持，他表示对国家文化政策的批评就是在影响国家团结。他在讲话中表示国家文化政策是基于联邦宪法制定的，是毋庸置疑的，但实际上国家文化政策并未真正获得立法。② 此外，在讲话中他还说道："我们同意，融合和团结可以通过使用一种语言，也就是国语，一种文化，也就是国家文化来实现。其中，国语是马来语，国家文化的核心则是本地区文化。"③

对非马来族群来说，国家文化政策是马来族群中心主义的表现，将马来文化作为国家文化的核心，就是将伊斯兰文化作为国家文化的核心，伊斯兰教作为一个与日常生活全面结合的宗教，与国家联系紧密。因此，这一主张在非马来族群看来是无法接受的，华人族群和印度族群也都提出自身的意见。1985年，马华公会秘书长就曾说，要建构国家

---

① Zainal Abidin Wahid, "Sejarah Malaysia Sepintas Lalu", Kuala Lumpur: Dewan Bahasa dan Pustaka, 1983.
② Sumit. K. Mandal, "The National Culture Policy", 1981, p. 286.
③ Ibrahim Saad, "The National Culture Policy in a Plural Society: The Malaysian Case", Jurnal Negara, 1981, Iss. 2, pp. 7 – 13.

文化就必须考虑四点：第一，国家文化要反映社会政治现状；第二，这对于社会各个方面的愿望和需求来说是敏感的；第三，要强调联邦宪法和国家原则的精神，平等、公正、自由、民主的原则；第四，要公平对待所有族群的文化。[①] 上述原则也出现在1983年华人族群和印度族群针对国家文化向政府提交的备忘录中。

关于国家文化的问题从20世纪70年代一直争论到80年代末，马来族群精英坚持马来伊斯兰文化作为国家文化核心的观点，这是他们对国家文化领导权的坚持，也是他们追求族群文化权力的重要步骤，通过将自身文化确立为国家的核心文化，推动非马来族群的认可和学习，久而久之马来族群就能够获得马来西亚的文化领导权。

新经济政策初期，政府在多项与语言教育相关的政策中展现出全面的压制。在国家教育体系中推动教育语言的马来化，从小学到大学将教育语言从英语全面替换成马来语，确立了马来语在教育体系中的主导地位。同时，在非马来族群母语教育方面，通过固打制和限制大专院校的方式限制非马来族群子弟的出路，通过间接的方式强迫非马来族群进入国民学校教育体系，认可马来语在国家教育体系中的主导地位。

二、非马来族群的权力挑战与马来族群的权力压制

马来族群精英在文化权力领域采取了压制性的措施，与非马来族群在政治权力领域的挑战密切相关。在受到非马来族群的挑战后，马来族群精英在民族主义思想推动下进一步巩固自身的政治权力，这也是在文化权力领域采取压制性策略的根本原因。在马来族群占主导地位的政治生态下，马来族群在政治、经济和文化方面都已经展现出全面的压制，非马来族群在语言教育问题上的抗争多是徒劳的。根据葛兰西的文化霸权理论，在特定的情况下政治权力和文化权力之间相互影响。这一阶

---

① Ting Chew Peh, "Kebudayaan Cina dalam Pelaksanaan Dasar Kebudayaan Nasional", Konvensyen Kebudayaan dan Identiti Nasional 7–8 September 1985, Bangi: Universiti Kebangsaan Malaysia, 1985.

段，马来族群在文化权力观念上从渐进式争夺到全面压制的重要转折点是1969年大选以及随后爆发的"5·13族群冲突"。在1969年大选中，非马来族群对反对党的支持动摇了联盟党的执政基础，这被看作是对马来族群政治权力的挑战，导致了马来族群的反制；"5·13族群冲突"导致国家进入紧急状态，也彻底改变了马来族群的权力态度，为了巩固自身权力，政府制定了一系列带有文化压制特性的语言教育政策。

（一）非马来族群政治权力的挑战与马来族群的反制

1957年独立后，联盟党内部巫统和马华公会也曾有过分歧，但相互之间还是能够秉承协商一致的原则处理矛盾。马来族群在民族主义的推动下不断争夺文化权力，但过程还是渐进性的。然而，马来族群争取文化权力压缩了非马来族群的文化发展空间，导致了族群权力的失衡。与此同时，反对党利用政府在文化权力争夺过程中对非马来族群文化发展空间的挤压，不断制造话题吸引非马来族群，导致马华公会逐渐失去华人族群的支持。大量华人选票流向反对党后，联盟党的支持基础越来越薄弱。

1. 非马来族群政治权力的挑战

马来亚独立后，联盟党曾在1959年大选中遭到来自伊斯兰教党的挑战，伊斯兰教党作为以宗教为基础的马来族群政党，其偏向民族主义的理念受到马来选民的支持，动摇了巫统的选民基础。1964年大选中，在面临共同外敌的情况下，即使遭到号称代表"马来西亚人的马来西亚"的人民行动党挑战，联盟党依然取得了比1959年大选更好的成绩。

1969年大选是马来西亚联邦成立后的第二次大选，也是新加坡退出马来西亚联邦后的第一次大选。大选前，在马来族群渐进式地争夺权力时，族群之间裂痕逐渐增大，人民行动党提出的"马来西亚人的马来西亚"理念更是在非马来族群内部播下权力诉求的种子。马来族群不断在文化权力上展开争夺，马华公会则一味在上述问题上进行妥协，导致非马来族群的政治态度逐渐转向反对党。通过大选，非马来族群在政治权力上对联盟党提出了挑战，动摇了联盟党的执政基础。在此次大选中，国会共有104个席位，其中联盟内的竞选席位分配为巫统67席、马华公会 33 席、印度人国大党 3 席。在州议会的选举中，候选议席分配为巫统 187 席、马华公会 80 席、印度人国大党 10 席。① 反对党的竞选阵容也较为庞大，其中伊斯兰教党派出 59 名国会议席候选人，179 名州议席候选人；民主行动党派出 24 名国会议席候选人，57 名州议席候选人；民政党派出 14 名国会议席候选人，37 名州议席候选人；人民进步党派出 6 名国会议席候选人，16 名州议席候选人。此次大选，反对党的竞选策略十分清晰，伊斯兰教党将巫统作为主要竞争对手，通过强调宗教特点和民族主义思想吸引马来族群的支持。其他非马来族群政党，大多数华基政党则将马华公会作为主要竞争对手，通过强调华文作为官方语言、华文教育发展以及独立大学等话题获得华人族群的支持。

由于东姑·拉赫曼政府坚持有限的多元主义理念，在联盟党的合作中强调政党间的妥协与协商，巫统在面对左翼马来族群选民时无法满足其民族主义的诉求，马华公会在面对华人族群时也无法满足其保护华文教育的诉求。联盟党各政党在面对反对党时的弱势在 1969 年的大选结果中表现得十分典型。大选结果揭晓，联盟党仅获得 104 个国会席位中的 66 席，相比于 1959 年的 74 席（其中巫统 52 席、马华公会 19 席、印度人国大党 3 席）与 1964 年的 89 席（其中巫统 59 席、马华公会 27 席、印度人国大党 3 席），联盟党虽然也能够组建政府，但却失去国会议席的 2/3 多数，权力地位降低。在具体国会议席分配方面：巫统获得 51 席；马华公会损失最为惨重，仅获得 13 席；印度人国大党获得 2 席。反对党方面：伊斯兰教党获得 12 席，民主行动党 13 席，民政党 8 席，人民进步党 4 席。② 在州议席方面，联盟党在吉兰丹州不敌伊斯兰教党，在槟城不敌民政党，在霹雳州议席也没有超过半数无法组建政府。此外，在吉打、登嘉楼和雪兰莪等州，联盟党也遭到反对党的挑战。

联盟党政权在选举中受到极大挑战，反对党方面伊斯兰教党延续了

---

① 蒋炳庆：《马来西亚民族国家建构研究（1957—2003）》，社会科学文献出版社 2022 年版，第 114 页。
② [马] 杨建成：《马来西亚华人的困境》，台北文史哲出版社 1982 年版，第 197 页。

第四章 权力压制与语言教育政策的再变（1969年至1990年）

它对马来族群的吸引，特别是在马来半岛北部各州，人民行动党和民政党在大选中取得较大突破，人民行动党更是成为国会最大的反对党。联盟党在国会席位上遭到全方位的挑战，有的来自马来族群政党，有的来自非马来族群政党，但马来族群却将此次大选看作是非马来族群对马来族群在国家政治生活中主导地位的挑战，认知差异导致了族群间的冲突。

2. 族群间权力竞争后的冲突

1969年大选，反对党取得优异成绩，尽管反对党中包含伊斯兰教党，但这场胜利却被理解成华人族群反对党的胜利。联盟党的失利，尽管其成员党中亦有马华公会以及印度人国大党，但这场失利却被理解成巫统的失利。[1] 从席位数来看，联盟党席位数减少的主要原因是马华公会国会席位的急剧减少，体现出马华公会在追求政治利益的过程中忽略了族群利益，遭到华人族群的抛弃。然而，民主社会中正常的选举现象被马来族群解读成非马来族群对马来族群权力的挑战。

非马来族群政党在大选中取得突破，不仅在国会席位上取得进步，还获得了几个州政权。根据选举委员会的数据来看，此次选举联盟党得票率为48.5%，反对党得票率为51.5%。[2] 5月11日和12日，人民行动党和民政党党员在吉隆坡举行胜利游行，他们在走到马来族群聚集处、警察局以及土著学院等地时，用马来语大声喊道"马来人回农村去""马来人现在失势了"等口号。一些支持者还来到雪兰莪州州务大臣拿督哈伦的住处外，要求他辞职。[3]

针对非马来族群的游行，马来族群展开了反制。5月13日下午，一群巫统的支持者聚集在雪兰莪州州务大臣官邸门外，计划举行游行进行回应，族群间的口头冲突变成肢体冲突，马来族群与非马来族群在吉隆坡地区爆发大规模冲突。最高元首于5月14日宣布国家进入紧急状态，宪法和议会暂时中止，国家成立由副总理拉扎克领导的国家行动理

---

[1] 孙振玉:《马来西亚的马来人与华人及其关系研究》，甘肃民族出版社2008年版，第141页。

[2] 韩方明:《华人与马来西亚现代化进程》，商务印书馆2002年版，第236页。

[3] 韩方明:《华人与马来西亚现代化进程》，商务印书馆2002年版，第237页。

事会，由其负责紧急状态期间的行政事务。

根据国家行动理事会报告书所述，"5·13族群冲突"的主要原因是马来族群与非马来族群对联邦宪法相关条款的理解和解释存在差异，包括马来族群特权、马来语国语地位等。该报告书指出，华人族群的年轻一代不愿意接受巫统与马华公会于独立前达成的协议，认为这是对"马来人的马来西亚"的承认。① 运用权力理论进行分析，从马来族群的观点来看，1969年大选是华人族群对马来族群国家主导地位的挑战，是对马来族群在体制内部权力的挑战，"5·13族群冲突"则是马来族群在面临非马来族群权力挑战时进行的权力反制。

（二）民族主义的发展与政治权力的压制

1969年大选中，马来族群感受到非马来族群在政治权力领域的挑战，通过制造族群冲突来进行反制。实际上，大选前马来族群内部也产生分歧，东姑·拉赫曼被认为支持华人族群而成为批判对象，尤其是针对他在制定《1967年国语法令》时未能对华人采取强硬的立场。② 冲突过后，巫统内部民族主义派系重掌权力，在政治权力方面展现出对非马来族群的全面压制。

1. 冲突后马来民族主义的加强

"5·13族群冲突"后，国家行动理事会接管国家事务，采取一系列措施维护国家和平。其中，理事会于当年11月修订官方《1948年煽动法令》，宣布以后将禁止公众讨论几项涉及联邦宪法的敏感话题，包括各州统治者的地位、马来族群的特殊地位、非马来族群的公民权，马来语作为唯一的国语和官方语言、伊斯兰教作为国教等。由于上述话题在大选前屡屡成为反对党攻击执政联盟的话题，提高了反对党的支持率，政府出台这个法令从各个方面确保了马来族群的核心地位，也动摇了反对党的支持基础。

---

① Leon Comber, "13 Mei—Sejarah Perhubungan Melayu – Cina", Penterjemah Omardin Haji Ashaari, IBS Buku Sdn Bhd, 2011, p. 142.

② Leon Comber, "13 Mei—Sejarah Perhubungan Melayu – Cina", Penterjemah Omardin Haji Ashaari, IBS Buku Sdn Bhd, 2011, p. 133.

第四章 权力压制与语言教育政策的再变（1969年至1990年）

此外，巫统内部也进行改革和调整，进一步巩固和确立马来民族主义者在国家行政体系中的地位。1970年2月17日，国会重新恢复，总理东姑·拉赫曼决定辞职。1970年8月31日，东姑·拉赫曼宣布将于9月21日辞职。

东姑·拉赫曼辞职后，马来民族主义者逐渐回归巫统，在拉扎克政府内部担任重要职务。东姑·拉赫曼执政时期，拉扎克既对东姑·拉赫曼保持忠诚，又对巫统的异见者们表示足够的同情，因此他得到了双方的认可。[1] 拉扎克上台后，以前为他工作的马来极端分子陆续回归：前部长助理穆沙希淡回归，担任巫统青年团副主席，并于1973年任贸工部副部长；前巫统执行委员会成员马哈蒂尔·穆罕默德也被重新招募回归，被任命为上议院议员，在1974年被任命为教育部长；拉扎克的前政治秘书阿卜杜拉·阿赫马德，曾被迫从东姑·拉赫曼政府辞职，被任命为总理署副部长。[2] 相比之下，一些东姑·拉赫曼的亲密战友包括莫哈玛德·凯尔·乔哈里以及瑟奴·阿不都·拉赫曼等都被排除出新的内阁。[3] 东姑·拉赫曼的批评者和拉扎克的亲密挚友拿督阿卜杜拉·阿赫马德曾表示，"决不再让非马来族群威胁到马来族群的政治未来"，并且保证"他将巩固存在于联邦宪法中的马来族群政治权力模式"。[4]

2. 国民阵线与巫统的政治主导

拉扎克在1970年9月22日接任总理的仪式上致辞表示："这个政府是基于巫统组成的，我把这个责任交给巫统，以便使其能够决定其形

---

[1] Cheah Bong Kheng, "Malaysia: The Making of Nation", Singapura: ISEAS – Yusof Ishak Institute, 2002, p. 138.

[2] "5·13族群冲突"发生后，东姑·拉赫曼政府曾经以马来极端分子影响政治稳定和国家发展为由，开除了上述巫统党员。

[3] Cheah Bong Kheng, "Malaysia: The Making of Nation", Singapura: ISEAS – Yusof Ishak Institute, 2002, p. 138.

[4] Daotuk Abdullah Ahmad, "Tunku abdul Rahman dan Malaysia's Foreign Policy, 1963 – 1970", Kuala Lumpur: Berita Publishing Sdn. Bhd, 1985, p. 23.

式，政府应该遵循巫统的愿望和需求，并实施由巫统决定的政策。"①众所周知，独立前三党合作组成联盟党参与马来亚大选是基于平等的原则，虽然各族群人口数量不同，政党之间存在一定的地位差异，但在东姑·拉赫曼领导下各政党还能够秉持协商一致的原则，国家也保持有限多元主义的发展理念。然而，拉扎克上台后却提出巫统主导马来西亚政治的想法，颠覆了原来的政治格局。

民族国家建构进入拉扎克规划的路径。为了实现巫统的主导权，拉扎克提出民族团结的理念，广泛拉拢反对党建立联盟，实现巫统的主导性地位。谢文庆教授认为，拉扎克"民族团结政府"的理念与其说是设计的，不如说是一个偶然。② 1970年，国家在骚乱后逐渐恢复正常，国会即将重开。针对这个阶段国家的政治形势，政府决定继续举行被"5·13族群冲突"中断的州议会选举。1970年6—7月，沙捞越州举行州议会选举，总共48个州议席，支持联盟党的政党共获得24个议席，沙捞越人民联合党获得12个议席，沙捞越国民党获得12个议席。③ 由于没有一个政党获得过半数席位，拉扎克劝说由华人主导的沙捞越人民联合党与联盟党合作组建政府。1970年7月7日，双方签订合作协议，基于此合作，沙捞越人民联合党得到联盟给予的两个内阁职位，包括一个州副首席部长职务，第一个州层面的联合政府顺利组成。④

马来半岛上第一个州层面的联合政府组建于槟城，联盟党的合作对象是民政党。民政党组建于1968年5月，高层大多拥有英语教育背景，主席是马华公会前任主席林苍佑。1969年选举中，民政党赢得24个州议席中的16个，组建州政府。当1971年国家结束紧急状态时，由于林苍佑

---

① Funston John, "Malay Politics in Malaysia: A Study of UMNO and PAS", Kuala Lumpur: Heinemann, 1980, p. 22.

② Cheah Bong Kheng, "Malaysia: The Making of Nation", Singapura: ISEAS – Yusof Ishak Institute, 2002, p. 134.

③ 蒋炳庆：《马来西亚民族国家建构研究（1957—2003）》，社会科学文献出版社2022年版，第123页。

④ Cheah Bong Kheng, "Malaysia: The Making of Nation", Singapura: ISEAS – Yusof Ishak Institute, 2002, p. 135.

第四章 权力压制与语言教育政策的再变（1969年至1990年）

倾向与中央合作的态度致使民政党内部发生分裂，支持林苍佑的议席只剩12个，州政府组建陷入僵局。1972年2月13日，巫统与民政党达成协议，合作组建州政府。民政党在联邦层面虽然没有部长职位，但联盟承诺会给予槟城经济发展方面的支持，包括修建一座跨海大桥。[①] 在霹雳州，巫统于1972年4月15日与人民进步党达成合作协议。1972年9月5日，巫统与伊斯兰教党达成合作协议，决议共同在吉兰丹、登嘉楼、玻璃市和吉打四州组建联合政府。在联邦层面，联邦政府分配给伊斯兰教党一个部长和一个副部长的职务，并且决定从1973年1月1日开始合作。

拉扎克理想的"民族团结政府"框架已经达成，马华公会也从大选后的"不入阁"转变态度，重新回归联盟党，但此时马华公会已经丧失部分华人的支持。针对这一现状，时任副总理伊斯玛伊尔曾表示，如果马华公会和印度人国大党再像现在这样"半死不活"，巫统最好与它们断绝关系。[②] 可见，巫统在联盟党内部的地位已经远远超过其他两党，加上它在州政府层面与各个政党的合作，进一步巩固了自身在联邦和各州的权力地位。

随着1974年大选日益临近，巫统主导的政党联盟初露雏形，尽管在各个族群内部以及族群之间仍然存在争议和危机，但以拉扎克为首的巫统顺利地实现了政局的相对平稳。1974年6月1日，国民阵线正式注册成立，包含政党巫统、马华公会、印度人国大党、伊斯兰教党、民政党、人民进步党、沙捞越联盟、沙捞越人民联合党、沙捞越土著党和沙巴联盟。[③] 国民阵线的成立标志着马来西亚更为广泛的政党联盟正式建立，同时也树立了巫统在国民阵线内部的领导者角色。1955年联盟三党合作的模式正式被弃用，转变成为以巫统为核心的政党合作模式。在

[①] Diane K. Mauzy, "Barisan Nasional: Coalition Government in Malaysia", Kuala Lumpur: Maricans, 1983, pp. 52 – 53.

[②] Diane K. Mauzy, "Barisan Nasional: Coalition Government in Malaysia", Kuala Lumpur: Maricans, 1983, p. 41.

[③] Cheah Bong Kheng, "Malaysia: The Making of Nation", Singapura: ISEAS – Yusof Ishak Institute, 2002, p. 147.

随后的多次大选中，国民阵线都取得优异的成绩，进一步巩固了以马来族群为核心的政治权力地位。

总的来说，1969年大选中联盟党的惨胜被解读为非马来族群对马来族群政治权力的挑战，"5·13族群冲突"是马来族群针对非马来族群政治权力威胁展开的反制。拉扎克上台后，摒弃了东姑·拉赫曼多元主义的建国理念，在族群主导权的权力观指引下推行新的建国方针。国民阵线巩固了巫统在国家政治中的地位，与联盟党时期不同，巫统成为国民阵线的核心政党，逐渐塑造了"巫统就是政府，政府就是巫统"①的政治格局。巫统与伊斯兰教党的结合进一步促进了马来族群在马来西亚的绝对主导地位，在民族主义的推动下，马来族群在政治权力和文化权力上实现了对非马来族群的全面压制。基于稳固的政治权力，马来族群在文化权力领域也呈现出压制的态势，在推出新政策的同时也全面落实了先前的语言教育政策，全面推动教育语言的马来语化。

第二节　新经济政策后期语言教育政策的变动

在新经济政策前十年，政府落实了多项教育语言马来语化政策，增强了马来族群的文化权力，从中学到大学阶段，巩固了马来语教育的核心地位。在新经济政策实施的第二个十年，政府开始从非马来族群小学教育入手，希望通过新的政策对国民型小学教育语言进行转改，由于非马来族群小学教育受到法律保护，政府则通过间接的方式巩固马来族群在文化权力上的压制态势。

---

① [马] 王国璋：《马来西亚的族群政党政治》，吉隆坡东方企业有限公司1998年版，第186页。

第四章　权力压制与语言教育政策的再变（1969年至1990年）

一、族群间的语言教育争议

《1961年教育法令》使非马来族群的中学教育被排斥在国家教育体系之外，非马来族群华文大学的抗争最终也被政府拒绝。在确保马来语在中学到大学阶段的核心地位之后，对于已受到法律认可并纳入国家教育体系的国民型小学，政府开始采取间接行动，试图提高马来语在国民型小学的地位，压缩族群母语的语言教育生存空间，改变国民型小学的性质，形成教育体系中马来语教学占主导的既定事实。

（一）《内阁教育报告书》与3M制争议

1974年9月，马来西亚政府宣布成立内阁委员会重新研究现行教育制度的实施情况，"重新研究现行教育体制，包括课程设置、国家现行教育政策框架的目标和影响，以便满足国家短期和长期的人才需求，更重要的是确保该教育体制能够满足国家培养团结、有纪律及熟练社会的目标"[1]。该委员会由马哈蒂尔担任主席，另外有7名内阁成员担任委员，因此该报告书又称为《马哈蒂尔报告书》。此次委员会对教育实施的检讨共耗时5年，接收了来自各个团体的共计302份备忘录，内阁委员会共举行会议23次，下属分委员会则总计开会155次，最终于1979年11月形成报告书。[2]

该报告书的检讨范围包括1956年《拉扎克报告书》和1960年《达立报告书》，以及它们对于促进国家团结和培养熟练人才的作用等。报告书分为7章，共计310页，包括学校教育体制、课程纲要、纪律、管理等各个方面。在梳理国家的教育体制后，其在小学教育、中学教育、私立教育、纪律、教学设施等各个方面提出相关建议。总的来说，该报告书基本是在对现行教育政策进行梳理之后，基于促进国家团结、培养学生的爱国热情等目标，结合政策的落实以及国家的需要提出具体的实

---

[1] Kementerian Pelajaran Malaysia, "Laporan Jawatankuasa Kabinet Mengkaji Pelaksanaan Dasar Pelajaran", 1979, p. 1.

[2] Kementerian Pelajaran Malaysia, "Laporan Jawatankuasa Kabinet Mengkaji Pelaksanaan Dasar Pelajaran", 1979, p. 7.

施建议。在私立教育方面，该报告书对私立教育机构注册、举办考试等提出新的限制条件，在非马来族群看来这可能影响到独立中学未来发展，因此遭到华人族群的反对。此外，华人反对的原因还在于该报告书并没有对教育法令中的最终目标进行修改，使非马来族群的小学教育仍然处于不确定当中。

该报告书中真正引起争议的是政府在报告书发布之后提出的小学教育3M制，即提升小学生在 membaca（读）、menulis（写）和 mengira（计算）方面的能力。实际上，这是一种对非马来族群母语教育变相的威胁，是马来族群在文化权力上一种间接进取的方式。因为国民型小学都是以非马来语作为教育语言，政府要强调3M的能力，实际上就是在强调马来语在教学中的使用。非马来族群母语教育受到法律承认，但教育的最终目标却是确立马来语在国家教育系统中的主导性地位，因此政府对3M制的强调引起各族群强烈的反响。

该报告书在第191条指出，"如今小学的课程设置总体来说是基于科目内容，并不太重视开发学生的天赋。小学阶段的教育应该重视读、写和计算的熟练技能"。因此建议重新探讨小学课程，使所提供的教育能够符合个人全面发展的需求，包括基本才能（读、写、计算）和儿童天分。[①] 基于此建议，教育部下属的课程发展中心进行了一项调查，从1979年6月到1980年4月，一共调查了18806名学生，包括287所各源流的学校。调查结果显示，各语文源流小学有45%的学生不会读，超过50%的学生不会写；此外，国民小学有70%的学生不会做算术，而华文小学则有51%的学生无法掌握算术技能。[②] 对于这样的调查结果，政府决定从1983年开始进行全面改革，着重提高小学生读、写、计算的能力。基于此目的，政府在小学教育中强调马来语能力，但在教育体系中，有各种源流的小学，政府在进行调查时只调查了学生运用马

[①] Kementerian Pelajaran Malaysia, "Laporan Jawatankuasa Kabinet Mengkaji Pelaksanaan Dasar Pelajaran", 1979, pp. 99 – 101.

[②] [马] 郑良树：《马来西亚华文教育发展史》（第四分册），吉隆坡马来西亚华校教师会总会2003年版，第267页。

第四章 权力压制与语言教育政策的再变（1969年至1990年）

来语的读写能力，针对这一结果拟定的改革方案对于非马来族群母语源流的学校不太适用，且有让它们变质的风险。此外，政府强调马来语的教学，对于国民型小学的学生来说英语学习的时间将会减少，影响他们的未来发展。

具体到政策实施层面，马来族群追求文化权力的意图更加明显，其中政策规定：

（1）在3M的课程纲要下，国民型小学的语文和算术教材用母语编写，其他科目全部用马来语，老师在上课的时候可以使用相应的母语。各个科目教材的内容需保持一致，教育部尽量将有关内容从马来语课本中翻译过来；

（2）国民型小学的英语科目授课从小学三年级开始；

（3）音乐科目中必须有50%的马来语歌曲，另外50%需要从马来语歌曲中翻译过来或使用原来的非马来语歌曲。

除了上述规定，政府还规定在国民型小学中，教师的材料，包括课程纲要、相关参考书等，除了各族群母语的语文课，都要用马来语编写。《1961年教育法令》提出教育部长可以在适当的时候将一所国民型小学转改为国民小学，国民型小学一直存在生存危机。《内阁教育报告书》提出后，政府着手在小学3M教育上下功夫，努力加强马来语在各源流学校中的使用，确立马来语的地位，这是政府追求以马来语为基础的文化权力的重要步骤。针对这一举措，非马来族群提出强烈抗议，通过各种手段与政府斗争，最终在1982年，总理马哈蒂尔命令教育部修订3M制的一些细则，主要包括：

（1）歌曲全部自由选择；

（2）所有的小学采用共同纲要，但不同源流的小学课本与教材，由课程发展中心的不同语文组编写；

（3）以华文诗歌代替马来班顿。

政府在做出这样的改变后，3M 制争议告一段落，马来族群试图确立马来语在国民型小学主导地位的运动也暂时停下脚步，非马来族群暂时保住了各自族群母语的小学教育发展。

（二）华文小学高职事件

3M 事件后，政府对马来语在教育系统内地位的追逐并没有完全停步。在马来族群精英看来，国民型小学意味着非马来族群母语对马来语地位的威胁，因此他们在追求族群文化权力的过程中，始终将目光集中在国民型小学上。

1987 年 9 月，政府对华文小学高职的人事安排引起全国范围内华社的强烈抗议，主要是政府将不懂华文的行政人员安排到华文小学担任校长等职务。这一现象从槟城发展到其他各州，并有蔓延到整个马来西亚的趋势。政府在解释这一现象时表示，这一安排主要是由于华文小学教师无兴趣升级①，因此在槟城有 67 个高职岗位由不懂华文的人担任。政府的安排引起槟城华社的抗议，随后教育部长安瓦尔于 9 月 14 日接见华社代表，并承诺将纠正这一偏差。但同样的事情在吉隆坡和马六甲等地却相继发生。② 在华社看来，这是政府促进马来语在国民型小学发展的又一举措，让不懂华文的人担任华文小学的领导岗位将意味着华文小学随时有变质的可能，特别是在政府对未来安排的态度不甚明了的情况下。此外，教育部长安瓦尔还表示，那些教师的调升是依据其资格与经验而选派的，所以命令难以收回。③ 马来社会则表示对相关安排的支持，马来语报纸《每日新闻》对安瓦尔的坚定立场表示赞扬。巫青团团长纳吉表示，校长和副校长只是负责行政工作，不一定要懂华文，巫青团不能接受变质言论。④

种种迹象表明，华文小学高职事件是政府在《内阁教育报告书》

---

① 内容来自 1987 年 9 月 11 日的马来西亚《星槟日报》。
② ［马］郑良树：《马来西亚华文教育发展史》（第四分册），吉隆坡马来西亚华校教师会总会 2003 年版，第 337 页。
③ 内容来自 1987 年 10 月 3 日的马来西亚《星洲日报》。
④ 内容来自 1987 年 10 月 7 日的马来西亚《星洲日报》。

第四章 权力压制与语言教育政策的再变（1969年至1990年）

和3M制事件之后，又一次尝试促进马来语在国家教育体系内部的应用以改变国民型小学性质的措施。由于国民型小学受到教育法令的保护，政府有意在国民型小学内部推进马来语使用，通过间接影响的方式实现对文化权力的追逐。针对马来族群文化权力的压制举措，马华公会、民主行动党以及民政党在华文教育问题上保持了相对一致的立场，三党合作组建"全国华团政党联合行动委员会"，并在该联合会的主导下进行声势浩大的抗议活动。华文报刊此时也发挥了凝聚力量的作用，《星洲日报》《南洋商报》等针对这一事件相继发表多篇社论，并对马来族群针对此事的态度进行批判。针对华社的抗议，代表马来族群的巫青团表示强烈不满，巫青团代表促请教育部长"如果无法坚持立场，就应该引咎辞职"。[1] 同时，马来社会的青年团体、福利机构、政党组织等纷纷发电教育部长，不但呼吁安瓦尔"绝对不可让步"，要求他"有效地废除华文小学"，并强烈谴责马华公会及民政党在这个问题上"背叛了朋友"，应该退出国民阵线。[2]

面对华社的抗议与马来族群的回应，本来就紧张的族群关系更显脆弱。内阁成立以教育部长安瓦尔为首的五人委员会处理此事，并做出如下保证：必须具有华文教学资格的教师方能出任华文小学高职，如果没有则职位悬空，已派出的高职人员将于1987年12月31日前全部撤回。[3] 华人族群的抗争获得了政府的妥协，但是却引起马来族群的激愤。马来族群在巫青团的召集下，举行盛大的抗议集会。[4] 集会后，巫统秘书长宣布将会择期举行更大的集会表示抗议。为了防止事态进一步恶化，时任总理马哈蒂尔主导实施"茅草行动"，以《国内安全法》的

---

[1] 内容来自1987年10月14日的马来西亚《星洲日报》。
[2] 胡春艳：《抗争与妥协：马来西亚华社对华族母语教育政策制定的影响》，暨南大学出版社2012年版，第159页。
[3] 胡春艳：《抗争与妥协：马来西亚华社对华族母语教育政策制定的影响》，暨南大学出版社2012年版，第159页。
[4] 胡春艳：《抗争与妥协：马来西亚华社对华族母语教育政策制定的影响》，暨南大学出版社2012年版，第160页。

名义，在未经审判的情况下拘留和关押了一百多名相关人士，包括朝野政党人士、华文教育人士和宗教人士等。

最终，华文小学高职事件以"四一方案"解决，即华文小学校长、第一副校长、第二副校长及下午班主任需具有华文教学资格，课外活动主任必须懂华文。① 马来族群文化权力的压制在促使国民型小学的变质方面并未成功，华人族群也暂时保住了母语小学教育的发展权利。

实际上，3M制、华文小学高职事件是政府希望通过造成既定事实的方法实现对国民型小学转改的目标，提升马来语在教育系统中的地位，继续推进其教育语言马来语化的目标，只是由于国民型小学受到教育法令的保护以及华社的奋力维护，政府推行3M制和委派不懂华文人员担任华文小学高职的做法以失败告终。

二、马来族群内部竞争后的分裂

这个时期，马来族群在文化权力压制上并未取得预期的效果，其中既有法令政策的原因，也有华社齐心协力艰难抗争的原因。从权力博弈的视角来看，这与马来族群分裂后政府政治权力遭到削弱有重要关系，马来族群分裂弱化了马来族群的政治权力基础，影响了他们对文化权力的追逐。

（一）巫统内部争端与巫伊分裂

国民阵线成立初期，在民族主义的推动下，马来族群的政治权力较为稳固，因此在语言教育问题上推出和实行了一系列政策。但随着马来族群内部出现矛盾，政治力量逐渐分散，文化权力诉求也受到影响。

1. 巫统内部的权力斗争

从1975年开始，随着拉扎克身体健康状况的恶化，巫统内部出现冲突，冲突的焦点在于巫统后续的权力分配问题，亲东姑·拉赫曼派和亲拉扎克派对于后续权力接替问题产生分歧。拉扎克上台之初，曾经通

---

① 胡春艳：《抗争与妥协：马来西亚华社对华族母语教育政策制定的影响》，暨南大学出版社2012年版，第160页。

第四章 权力压制与语言教育政策的再变（1969 年至 1990 年）

过各种方式清除内阁中亲东姑·拉赫曼派系的人，将自己的支持者例如马哈蒂尔等人扶持到巫统高层并在内阁担任重要职务。然而，身体状况恶化后，拉扎克派系面临着以雪兰莪州州务大臣兼巫青团团长拿督哈伦为代表的团体的挑战。

1975 年 6 月巫统进行三年一度的党内选举，关于三个副主席的选举出现了竞争。副总理卡法尔·芭巴和东姑·拉沙里被认为是其中两个职务的有力争夺者，在第三个副主席的职位上拿督哈伦与马哈蒂尔展开激烈竞争。此时，拉扎克通过个人影响力呼吁代表们支持三个"政府代表团"成员，即卡法尔·芭巴、东姑·拉沙里和马哈蒂尔。拉扎克表示，竞争这一职务的先决条件是忠诚，代表们的选票将会对未来的政治产生很重要的影响。[1] 最终，拿督哈伦在选举中失败，随后他还受到了贪污指控。1976 年，拿督哈伦被巫统开除，巫统内部权力争端暂时告一段落。但是，这却是马来族群政治权力开始转向并走向下坡的开端。

2. 吉兰丹州危机及巫统与伊斯兰教党的分裂

就在巫统内部争端后不久，巫统和伊斯兰教党也因为吉兰丹州的政治危机发生冲突，最终伊斯兰教党退出国民阵线，马来族群发生分裂。1973 年，巫统和伊斯兰教党在拉扎克的主导下以吉兰丹州政权为基础建立合作关系，伊斯兰教党也于同年加入国民阵线成为执政党之一。但是在 1977 年，吉兰丹州的政权危机导致巫统与伊斯兰教党分裂，并最终导致马来族群的分裂。

根据 1977 年的国会报告，副总理马哈蒂尔在吉兰丹州的紧急状态法国会二读文件中详细阐述了吉兰丹州混乱的原因：1977 年 10 月 15 日，吉兰丹州议会决定对吉兰丹州州务大臣纳希尔进行不信任投票。针对纳希尔的不信任投票在州议会通过，纳希尔建议解散州议会。10 月 19 日，吉兰丹州纳希尔的支持者举行了一次游行集会，抗议对纳希尔的不信任投票。最终群众的示威游行转变成暴力事件，引发了整个吉兰

---

[1] Diane K. Mauzy, "Barisan Nasional: Coalition Government in Malaysia", Kuala Lumpur: Maricans, 1983, p. 101.

丹州的混乱。① 表面上看，对纳希尔的不信任投票是吉兰丹州危机的主要成因；实际上，巫统与伊斯兰教党的斗争和冲突才是根本原因。

巫统与伊斯兰教党的冲突始于 1974 年大选后国民阵线的人事安排。伊斯兰教党在 1973 年加入国民阵线后与巫统合作参加来年大选。大选后，国民阵线取得选举胜利，吉兰丹州州务大臣确定由伊斯兰教党领袖担任。但在人选上，巫统与伊斯兰教党产生分歧，巫统支持纳希尔，伊斯兰教党则支持伊斯玛伊尔，最终在拉扎克的主导下纳希尔成功担任吉兰丹州州务大臣。纳希尔掌权后，他的政治立场全面倒向巫统，与伊斯兰教党渐生嫌隙，其中包括他查处了数名伊斯兰教党成员的贪腐问题以及吊销了伊斯兰教党党产木材加工厂的营业执照等。他的一系列行为，在伊斯兰教党内遭到严厉批评，导致他在 1975 年党内选举中竞选主席失败，由于他亲巫统的立场，伊斯兰教党内有声音要求其辞职。②

针对他的去留，吉兰丹州议会举行了不信任投票，投票中纳希尔由于得票数不足需要立即辞职，但种种原因之下他拒绝辞职，引发了吉兰丹州的宪政危机和紧急状态，伊斯兰教党也由于巫统对其党内事务的插手于 1977 年退出国民阵线，造成马来族群的分裂。由于纳希尔与伊斯兰教党内其他领导人的矛盾，在不信任投票后，他退党成立泛马来西亚伊斯兰阵线，在 1978 年的大选中，泛马来西亚伊斯兰阵线与巫统合作成功赢得吉兰丹州执政权，它也加入国民阵线。巫统与伊斯兰教党在国民阵线框架下的合作以伊斯兰教党退出国民阵线以及巫统掌握吉兰丹州政权而告一段落。巫统在与伊斯兰教党短暂的合作过后发生分裂，从而也造成了马来族群的分裂，影响了国民阵线的政权基础。

（二）巫统的分裂与 1987 年党争

吉兰丹州危机导致伊斯兰教党内部发生分裂，巩固了巫统在吉兰丹州的政治地位。伊斯兰教党退出国民阵线后，尽管巫统仍然拥有绝对的

---

① "Rang Undang – undang Kuasa – kuasa Darurat Kelantan", Penyata Rasmi Parlimen, 9 November 1977, pp. 1527 – 1544.

② Saiful Ridzaimi, "How PAS is Set to Avenge Umno's 1977 Betrayal", Malaysiakini, 20 January 2021, http: //m. malaysiakini. com/letters/559721.

第四章 权力压制与语言教育政策的再变（1969年至1990年）

政治权力，但两党的分裂却造成了马来群体的分裂，削弱了马来族群的实力。此后，两党一直处于激烈的竞争关系，在一定程度上影响了巫统在马来族群中的代表性地位。除了政党间的竞争之外，1987年巫统党内的争端也体现出马来族群内部存在分裂，极大地影响了马来族群的权力状态。

1987年4月24日召开的巫统代表大会是巫统内部分裂的标志性事件，巫统党主席职位第一次受到强力挑战。虽然巫统是建立在民主基础上的政党，但在1987年之前巫统的最高领袖从未受到过此类挑战，此次事件后形成的政治惯例深深影响了巫统乃至整个马来西亚的政治文化。在巫统历史上，1978年胡先翁的主席职位曾经受到过苏莱曼的挑战，但由于彼此影响力悬殊，胡先翁的地位并未受到太大影响。1987年巫统选举中，马哈蒂尔和卡法尔·芭巴的组合遭到东姑·拉沙里和穆沙希淡组合的严峻挑战，党内以上述双人组合为基础的团体对垒，影响了巫统以及马来族群内部的团结。

1987年巫统党内选举在巫统政党发展史上拥有划时代的意义。从1987年党争来看，巫统已经实现了较大的变化，主要体现在党员的数量、党员的受教育程度与层次、党员工作类型和意识形态等方面。根据当时的一份文件来看，1506名巫统党内有权选举党领袖的党员中有19%的医生、25%的商人和企业家、23%的政府官员、19%的国会议员和州议会议员、5%的政党元老和9%的职业人士及彭古鲁等，这与20世纪60年代该群体主要为教师相比已经发生很大的变化。[①]

实际上，巫统1987年党争仅仅是巫统分裂的一种外在表现，总理马哈蒂尔与副总理穆沙希淡的矛盾已经存在很长一段时间。穆沙希淡曾是马哈蒂尔内阁副总理，而马哈蒂尔在巫统内部对达因以及安瓦尔等新人的重用对穆沙希淡的党内地位造成强烈冲击，导致穆沙希淡觉得难以实现自身的政治目标而辞职。但是在1987年4月24日巫统集会中，穆

---

① Safar Hashim, "Pemilihan UMNO: Antara Tradisi dan Amalan Demokratik", Dewan Masyarakat, 1987, Iss. 5, p. 8.

语言与权力

沙希淡看到自己在巫统内部拥有广大的支持者，坚定了他挑战马哈蒂尔权力的决心。① 除了穆沙希淡之外，东姑·拉沙里在巫统内部也拥有很高的威望，他曾经于 1981 年和 1984 年挑战巫统第一副主席的位置，但由于马哈蒂尔更支持穆沙希淡而宣告失败。鉴于东姑·拉沙里的个人影响力，为了平衡穆沙希淡的实力，马哈蒂尔吸纳他进入内阁。② 穆沙希淡辞职后，东姑·拉沙里在巫统党内的地位也逐渐边缘化，基于此他决定挑战马哈蒂尔，最终东姑·拉沙里和穆沙希淡组合仅因微弱差距失败。

党选后，来自巫统内部的 11 人支部领导团认为有 30 个未注册的巫统分部参与选举，违反了《1966 年机构法令》，因此向吉隆坡最高法院上诉，申请撤销此次结果并重新进行选举。③ 根据马哈蒂尔于 1988 年 2 月 14 日披露的消息，11 人支部领导团曾经提出只有马哈蒂尔辞任巫统主席他们才同意撤诉。④ 权力斗争导致巫统严重分裂，就在巫统内部关于选举的结果僵持不下之际，吉隆坡最高法院于 1988 年 2 月 4 日宣布巫统为非法政党。此后，两派分别开始筹组新的政党。最终马哈蒂尔重组新巫统，重新加入国民阵线并继续担任国家总理；东姑·拉沙里派则成立四六精神党⑤，作为反对党同巫统领衔的国民阵线相抗争。

马来族群在经历了 20 世纪 70 年代的巫伊分裂和 80 年代的巫统党争过后，与 1974 年拉扎克主导成立国民阵线时所倡导的马来族群团结已经相去甚远。在短暂的团结过后，马来族群内部出现分裂，马来族群对国家政治权力的掌控能力也逐渐削弱，影响了马来族群的文化权力诉求，3M 制的落实没能实现，华文小学高职事件也以撤走所有不懂华文的高职而告终。可见，当马来族群内部出现分裂、政治权力不稳固时，

---

① Rahim bin Yahaya, "Krisis UMNO 1987 – 1988: Satu Pandangan Umum Masyarakat Kawasan Bota Perak Darul Ridzuan", Universiti Malaya, Sesi 1988/1989, p. 45.
② Chamil Wariya, "UMNO Era Mahathir", Fajar Bakti Petaling Jaya, 1988, p. 139.
③ Rahim bin Yahaya, "Krisis UMNO 1987 – 1988: Satu Pandangan Umum Masyarakat Kawasan Bota Perak Darul Ridzuan", Universiti Malaya, Sesi 1988/1989, p. 57.
④ Chamil Wariya, "UMNO Era Mahathir", Fajar Bakti Petaling Jaya, 1988, p. 206.
⑤ 取名"四六精神党"是因为该党创始人宣称该党仍然秉承巫统于 1946 年成立时的宗旨。

第四章 权力压制与语言教育政策的再变（1969年至1990年）

政府为了获得稳固的执政权力通常会在文化权力上进行妥协，通过争取非马来族群的支持平衡马来族群中的反对力量，稳固自身的政治权力。

本章小结

1969年大选，反对党的得票率超过执政党联盟，使联盟党失去了国会席位的2/3多数。在反对党的胜利游行中，马来族群与非马来族群爆发了严重的族群冲突。马来族群主导的政府将冲突解读为非马来族群在政治权力上对马来族群的挑战，认为非马来族群已经有能力通过正常的宪政方式影响马来族群的政治权力。在民族主义思想驱使下，马来族群政府开始在政治权力和文化权力领域实施全面的压制。在政治权力层面，族群冲突后一批马来民族主义者相继回归政坛并担任政府职务，政府的各项政策也逐渐向马来族群倾斜。1974年，在拉扎克主导下，马来西亚实现独立以来第一次族群大团结，确立了巫统的绝对主导地位，使马来族群的政治权力达到顶峰。在文化权力层面，政府推行各项具有压制性特色的政策，根据特点的不同，分为两个阶段。第一个阶段是新经济政策实施的前10年，政府在文化权力领域呈现出全面压制态势，全面推动国家教育体系中教育语言的马来语化，包括教育固打制、《大学和大专法令》、国家文化政策、教育语言改革等与语言教育相关的政策相继实施，巩固了马来族群的文化领导权地位。第二个阶段是新经济政策实施的后10年，政府希望继续推行文化权力的压制政策，希望将非马来族群母语学校的教育语言也改成马来语，但最终以失败告终。这主要有两点原因。第一，国民型小学已经受到法律保护，政府难以通过直接修改法律的方式改变学校性质，且在非马来族群的抗争下，政府通过间接方式也很难奏效，只能允许国民型小学继续存在。第二，马来族群内部发生分裂，族群政治权力受到影响，难以实现自身的文化权力诉求。从1977年巫伊分裂到1987年巫统党争，马来族群内部发生严重分裂，导致族群政治权力逐渐减弱，影响了文化权力压制的策略。总的来说，新经济政策时期是马来西亚民族国家建构的新时期，"5·13族群冲突"打破了族群间协商和妥协的相处模式，马来民族主义成为国家政治的主流思想，政府在政治权力和文化权力领域实施权力压制的政策。在这个阶段，马来族群在文化权力方面体现出全面压制的特点，英语与族群母语教育发展都受到了限制。

第五章 权力让步与语言教育政策的转向（1990年以后）

从20世纪90年代初开始，世界局势发生新的变化，冷战结束使意识形态斗争逐渐减弱。马来西亚国家发展进入新阶段，马来亚共产党问题的彻底解决缓解了长期以来族群间的猜疑和隔阂。国家经济快速发展提高了马来族群的经济地位，族群间的差距进一步缩小。在此背景下，政府民族主义的民族国家建构方针逐渐松动，提出"2020宏愿"和"马来西亚民族"的口号，族群间的关系逐渐缓和，政府在语言教育政策上也逐渐放开限制，体现出马来族群精英在文化权力上的让步。

第一节 国家发展政策时期语言教育政策的再论争

新经济政策时期，政府在语言教育问题上采取全面压制的态势。在国家的教育体系中，政府基本建立了从小学到大学的以马来语为教育语言的教育体系。但是，针对国民型小学，《1961年教育法令》的第21(2)条时刻威胁着非马来族群母语教育的生存，一直是语言教育政策争议的焦点，延续到国家发展政策时期。

一、新时期语言教育政策的适时而变

新经济政策结束后，国家进入为期10年的国家发展政策时期以巩固新经济政策时期取得的各项成果，关于语言教育问题的争论进入新阶

语言与权力

段。在这个阶段，关于语言教育政策的制定和落实，族群间的争论仍然没有停止，但由于国内外政治局势的变化，政府在文化权力问题上采取了新的策略。

（一）1995年宏愿学校规划

早在1985年，政府就曾提出过综合学校计划，即让三种源流的小学生一起参加统一课程，使三种源流的师生参与共同的课外活动，有计划地加强三种源流学校之间交往，促进了解、合作、互相容忍的精神，充分利用三种源流学校的设备和便利。[①] 计划提出后遭到了非马来族群的强烈反对，最终不了了之。1995年，政府又提出宏愿学校规划，教育部教育政策规划和研究处拟定该计划书并表示，宏愿学校的建立是基于马哈蒂尔的"构建一个团结和共同分享未来的马来西亚民族，这个民族不分区域和族群，基于平等和同权享受完全相同的生活"[②] 的理念。该计划书指出，根据以《拉扎克报告书》为核心的一系列国家教育政策，教育是全民团结的工具，国语成为所有类型学校统一的教育语言是全民团结最重要的特点，需要逐步落实。但是，教育体系中仍然存在不同源流的学校，它们以各自族群为基础。为了从小培养全民团结精神，需要在小学阶段建立一种宏愿学校。该计划书在第5节阐述了宏愿学校概念的意义：两种或者三种源流的学生在同一个学校学习，他们共用学校的操场、礼堂、资源中心、餐厅、音乐教室等等，通过这种方式直接促进族群间的融合和统一。

根据该计划书第6节的内容，宏愿学校具备以下特点：第一，两种或者三种源流的学校合并，拥有各自的行政体系；第二，各源流学校拥有独立的校长管理行政事务，同时，确定一名校长负责各源流学校的协调任务；第三，该类学校学员总量不超过2520人，其中每个源流的学员不超过840人；第四，学校应该拥有特殊的设施，如语言实验室和体

---

① 胡春艳：《抗争与妥协：马来西亚华社对华族母语教育政策制定的影响》，暨南大学出版社2012年版，第174页。

② "Sekolah Wawasan: Kongsep dan Pelaksanaan", Mesyuarat Jawatankuasa Perancangan Pendidikan, Disember 1995.

第五章 权力让步与语言教育政策的转向（1990年以后）

育馆等，以吸引各源流学生入学；第五，统一管理学校的公共教学生活场所如操场、餐厅等；第六，各源流学校可以共用一部分师资力量，优化师资的利用；第七，教室外活动，例如集会、运动会、颁奖典礼、开放日互动等活动全校共同举行，促进各源流师生间的互动；第八，各源流学生教室外活动时统一使用马来语，以促进国语的使用。[1] 此外，该计划书对宏愿学校的建设、使用、选址等都进行了详细规划，提出了政策落实方式和时间。

从语言教育方面来看，宏愿学校虽然承认各族群源流小学的存在，却尽显对马来语教育的推崇，将各源流小学集中到一个共同的地点，在课外活动中共同使用国语，实际上这是为了促进国语的使用，并影响非马来族群母语的教学。宏愿学校规划在1995年12月颁布后，由于该计划书中重提《拉扎克报告书》中的最终目标条款，董教总认为政府是要以宏愿学校作为实现最终目标的工具，逐步扩展到全国，取代所有华文小学和泰米尔语小学。[2] 因此，华社在董教总的领导下提出坚决反对，政府只好暂时搁置了宏愿学校的计划。

（二）关于《1996年教育法令》的规划

就在族群间对宏愿学校规划展开争论时，政府正在筹划颁布新的教育法令——《1996年教育法令》，该法令是马来西亚历史上讨论时间最长、争议时间最久的教育法令，虽然它被命名为《1996年教育法令》，但对于法令的争议从1985年就已经开始，历经10年时间。它检讨了《1961年教育法令》的落实情况，也提出新时期的教育目标。除了法令本身外，政府在修订语言教育法令过程中态度的摇摆，勾勒出马来族群在文化权力领域追求和让步的过程，值得关注。

1. 1986年大选前政府在教育法令上的矛盾态度

族群间对语言教育政策的争论主要集中在《1961年教育法令》第

---

[1] "Sekolah Wawasan: Kongsep dan Pelaksanaan", Mesyuarat Jawatankuasa Perancangan Pendidikan, Disember 1995.

[2] 胡春艳：《抗争与妥协：马来西亚华社对华族母语教育政策制定的影响》，暨南大学出版社2012年版，第175页。

21（2）条，该条款规定如果教育部长觉得时机成熟，有权将任意一所国民型小学转改成国民小学，这造成族群母语小学时刻都有变质的危险。新经济政策时期，政府曾经希望通过3M政策等方式绕开教育法令的规定，形成马来语在国民型小学实际使用的现实，遭到华社的激烈反对。1985年，马华公会会长李三春下台，新领导上台后，为了吸引华社的支持，提出要为华社争取让政府撤销《1961年教育法令》第21（2）条的规定，保证华文小学的持续发展。

在马来西亚第7次大选即将来临之际，关于教育法令的修改成为各华基政党争取华人选民的重要方式。针对华社的上述态度，总理马哈蒂尔回应以积极的态度，他在怡保深斋中学电脑班主持开幕仪式时重申："我国政府从未在学校教育上强迫任何种族放弃母语的权利；我国各族学生除了学习国语之外，仍可自由学习母语"，同时他也表示，为了消除华社的疑虑，政府将研究及修改《1961年教育法令》第21（2）条。[①] 总理已经做出表态，但教育部长安瓦尔在教育法令第21（2）条上的态度却左右摇摆。就在马哈蒂尔表态一周之后，安瓦尔发表讲话表示，在推行国家教育政策上，政府将会站稳立场，不会妥协。如果有任何建议要修改，也不能违背马来语作为主要教学媒介语的共同愿望。第二天，在安瓦尔主持巫青团执委会会议的时候，又发表申明表示反对政府修改第21（2）条。[②] 然而，就在两天后，他又再次发表申明表示，政府一定会修改《1961年教育法令》第21（2）条，这项法案很可能会在下个月的国会中进行讨论，而且修改后的条文也不会违反国家教育政策。20天之后，安瓦尔又表示，政府目前正在拟定一项既能保留《1961年教育法令》第21（2）条又能令华社感到满意的方案。[③]

马哈蒂尔和安瓦尔在语言教育问题上态度的松动获得了华社的支持，却引起马来族群的强烈反对。激进的马来西亚青年理事会主席哈珊

[①] ［马］郑良树：《马来西亚华文教育发展史（第四分册）》，吉隆坡马来西亚华校教师会总会2003年版，第394页。
[②] 董总：《保卫华教——关注〈1961年教育法令〉的修改》，1987年，第26页。
[③] 董总：《保卫华教——关注〈1961年教育法令〉的修改》，1987年，第26—27页。

第五章 权力让步与语言教育政策的转向（1990年以后）

率领代表团谒见安瓦尔，表示"各族群领袖根据互相妥协和让步的原则所制定的政策，任何人都不应该要求翻案"，他要求安瓦尔不应该向任何压力屈服。① 一个星期后，马来西亚多个语文团体在吉隆坡举办国家语文大会，共有包括巫青团团员在内的一千多人参加会议，会议上宣读的大会报告指出：第21（2）条中教育部长的权力应该保留，因为这些小学终将自己要求变成国民小学，教育部长就可以援引这条法案实施行动，政府不应该有任何方面的忧虑。② 面对来自华社和马来族群的双重压力，安瓦尔在大选提名前3天表示，如果国民阵线重新执政，《1961年教育法令》第21（2）条将在国会上提出修改。③

马来族群政府在语言教育政策上的左右摇摆，实际上也显示出他们在权力获取上的策略。大选即将临近，为了保证大选的成绩，获得继续执政的政治权力，必须要对华社给予一定的恩惠，主要表现在口头上对文化权力的让步和妥协。由于此次大选是马哈蒂尔上台后的第二次大选，以马哈蒂尔为首的政府针对非马来族群的母语教育问题非常慎重，既不能惹怒华人族群，也不能违背马来民族主义的初心，因此采取了上述策略。在语言教育政策修改的争论中，马来西亚迎来第7次大选。由于策略得当，以马哈蒂尔为首的政府获得大胜。

2. 大选后政府态度摇摆

大选获胜后，国民阵线在修改《1961年教育法令》的问题上态度发生摇摆。1986年9月11日，安瓦尔表示，教育部将会检讨及修改《1961年教育法令》，目的是建立一个更加团结和谐的族群关系。在9月20日巫统大会上，他又表示政府将提交一份符合巫统的斗争愿望以及全民对语文和国家教育政策问题理想的教育修正法案。④ 由于各方态度不同，当年11月5日，安瓦尔在国会表示，教育部决定要重新探讨

---

① [马] 郑良树：《马来西亚华文教育发展史》（第四分册），吉隆坡马来西亚华校教师会总会2003年版，第397页。
② 内容来自1986年7月15日的马来西亚《星洲日报》。
③ 董总：《保卫华教——关注〈1961年教育法令〉的修改》，1987年，第27页。
④ 董总：《保卫华教——关注〈1961年教育法令〉的修改》，1987年，第28页。

《1961年教育法令》，确保国家教育政策更能达到全民团结的目标。[1]

当年11月1日，一个由西马马来教师工会及国大教育中心联合主办、教育部协办的"关于国家教育政策及法令研讨会"召开，会上马来亚大学法律系副教授聂·阿都拉昔表示："除了马来人文化、语文、宗教，其他族群的宗教、文化、语文及政治的存在，皆是由马来族群'让步'，不能讨价还价……人们必须谨记，马来人是这个国家的主人，马来文化应是国家文化的基础……那些在本国寻找生计却极力推崇非国语的人，应被视为不效忠这个国家。"[2] 聂·阿都拉昔的言论体现出马来族群的权力观，马来族群是马来西亚的主人，理应获得文化主导权。

族群间一直在争论修改教育法令的问题，马来族群站在维护族群文化权力的角度反对基于删除第21（2）条的法令修订，但1987年初巫统教育局会议却改变了马来族群的态度。此次会议上巫统达成决议表示，若要对《1961年教育法令》作任何修改，就必须考虑全体马来人的利益。教育局秘书长伊卜拉欣·沙哈表示，教育法令若要有任何修改，不仅要维护马来人的地位，还要使马来人地位更加稳固。[3] 基于上述态度，马来族群开始支持教育法令的修订，4月23日巫统在吉隆坡召开大会，大会激烈讨论关于教育法令修订的问题，大家也提出各种观点，比如：修改《1961年教育法令》的目的在于强调马来语在学术上的应用。上述修改必须立即执行，以配合教育的发展。马来语必须广泛地在学校应用，包括国民型学校等。[4]

显然，非马来族群与马来族群对教育政策修订的期盼是相互矛盾的，马来族群希望加强马来语的使用，非马来族群则希望放宽对族群母语的使用限制。族群间对于教育法令的争论一直持续，非马来族群关心第21（2）条的删除问题，马来族群则关心自身文化权力弱化的问题。

---

[1] ［马］郑良树：《马来西亚华文教育发展史》（第四分册），吉隆坡马来西亚华校教师会总会2003年版，第398页。

[2] 内容来自1986年11月2日的马来西亚《星洲日报》。

[3] 内容来自1987年1月16日的马来西亚《星洲日报》。

[4] 内容来自1987年4月24日的马来西亚《南洋商报》。

政府在面对各族的压力时也表现出不同的态度,面对华人族群表示将会取消这一条款,面对马来族群时又表示将会强化教育部长的权力。

1987年华文小学高职事件以及随后的"茅草行动",迫使教育法令修订讨论暂时搁置,加上巫统内部发生政治危机,在之后两年的时间里,教育法令修订也没有进展。直到1989年,教育部长安瓦尔在接受《海峡时报》采访时表示,《1961年教育法令》正在检讨之中,不过政府不准备撤销第21(2)条,只会检讨该条款对整个法令的影响。[①] 政府态度的变化,引起华社的不安和抗议,也使教育法令检讨事务重新成为热议话题,直到1990年,关于教育法令的修订仍然没有定论。

(三)《1996年教育法令》的内容及争议

1995年6月底,教育部长纳吉在槟城透露,新的教育法令草案已经拟定,内阁原则上也已经批准,政府已经成立内阁教育委员会深入讨论及研究有关细节。[②] 1996年法令在国会通过,1998年1月1日正式生效。经过近10年的争论,政府颁布了《1996年教育法令》,从法令的内容来看,总体上仍然体现出马来族群对文化权力的坚持,坚持马来语在教育体系中的核心地位,但在个别条款上显示出一定程度的让步。

1. 在小学教育上的规定

在第17条国语作为教育语言的条款中,法令规定国语应该是教育体系中所有教育机构的主要教育语言,在国民型小学和教育部长允许的教育机构以及在国语不作为主要教育语言的学校,国语必须作为必修科目。[③] 这一条款反映出政府已经承认国民型小学的合法地位,只是规定在国民型学校中马来语必须作为必修科目。在第28条关于初级教育的条款中,法令明确规定教育部长有权成立国民学校和国民型学校。该条款将《1961年教育法令》中第21(2)条的相关内容删除。虽然没有

---

① [马]郑良树:《马来西亚华文教育发展史》(第四分册),吉隆坡马来西亚华校教师会总会2003年版,第407页。

② [马]郑良树:《马来西亚华文教育发展史》(第四分册),吉隆坡马来西亚华校教师会总会2003年版,第420页。

③ Education Act 1996, The Commissioner of Law Revision Malaysia, p. 27.

进行进一步说明，仍然可能存在变化的空间，但这一举措解除了对非马来族群母语小学教育的直接威胁，在一定程度上体现出马来族群政府在文化权力上的让步。

2. 在中学教育上的规定

关于国家教育体系，《1996年教育法令》第15条规定，国家的教育体系包含学前教育、小学教育、中学教育和中学后教育及高等教育。在教育机构设置中，第16条规定，国家的教育体系中共包含三种教育机构：政府教育机构、政府资助教育机构和私人教育机构。[1] 在所有的教育机构中，必须统一使用政府制定的教学大纲，建立统一的课程体系。在第7章关于私人教育机构的规定中，法令第73（1）条规定，本法令中的任一条款都不能被看成是禁止建立和运营私人教育机构的条款。从内容上来看，法令已经承认华文独立中学的地位。在该法令的第74条也对私人教育进行了限制，该条款规定私人教育机构可以提供小学或者中学的教育，但必须要遵守国家课程体系的规定，且学生必须参加政府举办的各种考试。

关于非马来族群的中学教育，政府允许独立中学存在，要求必须采用国家统一的课程体系，毕业生也必须参加国家组织的统一考试才能获得相关文凭。独立中学的生存问题在《1996年教育法令》中得到解决，独立中学不用担心被强迫转改为国民中学。但独立中学仍然面临发展问题，政策规定独立中学学生必须参加国家统一考试，由于独立中学教育语言不同，独立中学学生参加全国会考竞争力不强，难以在与国民中学学生竞争中获得国内高等教育机会。独立中学仍然保持举办会考的传统，但会考文凭不受国家承认，学生发展依然受限。

3. 在高等教育上的规定

华文独立中学的生存问题已经解决，但独立中学毕业生的出路仍然悬而未决，特别是独立中学毕业生高等教育问题。在《1996年教育法令》第6部分第71条中明确规定：

---

[1] Education Act 1996, The Commissioner of Law Revision Malaysia, p. 26.

政府禁止私人建立高等教育机构。

（a）任何人不得建立或者从事与建立高等教育机构相关的活动。

（b）任何人不得筹集金钱、捐款和送礼或者从事建立高等教育机构相关的活动。

（c）任何人不得经营、管理和从事高等教育课程的教学，除非课程是由高等院校组织的。

（d）任何人不得以"大学"为名建立和运营高等教育机构。①

在《1996年教育法令》中，政府梳理了国家教育体系，删除了《1961年教育法令》中对非马来族群小学具有威胁的条款，体现出一定程度的让步。但未来的发展仍然存在很多难以预料的问题，在中学教育和大学教育上，政府仍然坚持马来族群的文化权力，非马来族群学校仍然面临发展的威胁。

（四）《1996年私立高等教育机构法令》与私立高等教育

正当非马来族群思考母语教育未来发展时，政府颁布《1996年教育法令》（550法令）的姊妹法《1996年私立高等教育机构法令》（555法令），该法令规定了私立高等教育机构的设立条件，放宽了《1971年大学和大专法令》中的限制和《1996年教育法令》中对创办高等教育机构的限制。

该法令有12个部分共62条，详细阐明了私立高等教育机构的成立、管理和教学等方面的内容。法令中明确指出，私立高等教育机构指非政府建立和运营的组织或者教育机构，包括大学、大学学院或者校区等。法令第2部分第3（1）条指出，要创办和管理一所大学，需要根据《1965年公司法令》注册一家公司，根据公司的名义再创办一所大学。② 该法令的颁布使私立大学的问题得到正式解决，结合《1996年教

---

① Education Act 1996, The Commissioner of Law Revision Malaysia, p. 48.
② Private Higher Educational Institution Act 1996, p. 8.

育法令》，华文独立中学学生的高等教育之路也正式打开。

在国家发展政策时期，政府在语言教育政策上基本延续了追求文化权力的路径，结合宏愿学校规划和相关教育法令，一系列政策体现出政府对文化权力追逐的同时又显示出政府的些许让步。《1996年教育法令》删除了威胁非马来族群母语小学教育的争议条款，《1996年私立高等教育机构法令》放开私立大学的创办门槛，在一定程度上解决了非马来族群小学的生存问题和独立中学学生的发展问题，体现出马来族群政府在文化权力问题上的让步。不可否认的是，政府虽然在政策上体现出些许的让步，但受马来族群主导权的权力观影响，非马来族群母语教育体系仍然受到威胁。实际上，这一阶段政府文化权力的让步与族群政治权力博弈密切相关。

二、反对党联盟的崛起与挑战

国家发展政策时期，政府在语言教育政策上的让步，实际是文化权力的让步，承认了非马来族群母语教育的地位，也在一定程度上解决了母语教育的发展问题。究其原因，政府在文化权力上的让步主要源于政府政治权力不稳固，新经济政策时期马来族群的数次分裂削弱了族群的政治实力，反对党效仿执政党建立联盟。反对党联盟已经拥有多元族群代表性，马来民族主义的民族国家建构理念已经不符合国家现实需求。政府需要在吸引马来族群的同时团结非马来族群来巩固自身的政治权力，因此采取了在语言教育政策上让步的策略。

（一）反对党结盟与政府政治权力的式微

马来族群大团结始于1974年拉扎克主导建立的国民阵线，但从新经济政策后期开始，马来族群就逐渐分裂，影响了政府基于马来族群支持的政治权力。由于马来西亚政坛中对"两线制"的呼唤，反对党模仿国民阵线，通过组建联盟的方式挑战国民阵线，政府的政治权力产生了松动。

1. 穆斯林团结阵线与人民阵线

1990年大选前，以四六精神党为核心的反对党群体逐渐联合，组

第五章 权力让步与语言教育政策的转向（1990年以后）

成反对党联盟。此次的反对党联盟与此前包括社阵在内的反对党联合体有较大差别，主要在于反对党联盟中马来族群元素较此前更为浓厚，包括四六精神党和伊斯兰教党以及其他一些基于伊斯兰教成立的马来族群政党组织。同时，四六精神党又基于政治利益同民主行动党、沙巴团结党和马来西亚人民党展开合作，在马来西亚历史上首次组成强大的反对党联盟。1990年大选，反对党以联盟的方式出现在政坛，改变了马来西亚的政治格局，也成为马来西亚政治发展的分水岭。在大选中，共出现两个反对党联盟，包括穆斯林团结阵线和人民阵线。反对党联盟的成立改变了马来西亚的政治生态和格局，也影响了马来族群的政治权力状态。

穆斯林团结阵线是在东姑·拉沙里主导下成立的以伊斯兰教为基础的反对党联盟，主要由四六精神党、伊斯兰教党、泛马来西亚伊斯兰阵线、马来西亚穆斯林人民党、马来西亚印度人穆斯林代表大会组成，它们基于相同的宗教元素合作，在吉兰丹州拥有重要的影响力。东姑·拉沙里组建的四六精神党主要继承巫统的世俗化理念，它与伊斯兰教党建立伊斯兰教国的理念并不相容。在东姑·拉沙里此前的巫统政治生涯中，他的主要工作就是与伊斯兰教党竞争，在1977年吉兰丹州危机中，他在挫败伊斯兰教党领导的州政府中也发挥了重要作用。但在东姑·拉沙里组建四六精神党之后，两党展开合作，主要有以下几点原因：第一，合作能够避免反对党在马来选票上的分散；第二，能够树立四六精神党在穆斯林中的良好形象，争取马来穆斯林的支持；第三，对伊斯兰教党来说，能从某种程度上去掉它极端宗教化的特点，树立更加正面的形象。[1]

1990年大选，穆斯林团结阵线共获得15个国会席位，其中四六精神党获得8个席位，伊斯兰教党获得7个席位。需要注意的是，在州选举中穆斯林团结阵线获得吉兰丹州的全部39个州议席，这是继1977年巫统与伊斯兰教党争端后，伊斯兰教党重新以全胜的战绩获得吉兰丹州

---

[1] Khong Kim Hoong, "Malaysia's General Election 1990: Continuity, Change and Ethnic Politics", Institut of Southeast Asian Studies, 1991, p. 9.

政权。此外,为了在城市选区挑战国民阵线,东姑·拉沙里还主导建立了人民阵线,由四六精神党、民主行动党、沙巴团结党、人民党、印度人进步阵线、马来西亚团结党等组成,主要吸引城市地区华人族群和印度族群的支持。[1] 组建人民阵线的主要原因在于民主行动党与伊斯兰教党的政治理念差异较大,难以统合。1990年大选中,人民阵线共获得34个席位,其中民主行动党获得20个席位,沙巴团结党获得14个席位。

反对党联盟虽未统一但特点鲜明,它跨越族群界限,也跨越东马和西马的地域界限,考虑到城市和乡村地区的选民群体。由于上述特点,反对党联盟首次摆脱族群关系的桎梏,实现反对党层面族群间的合作,也实现了马来西亚议会政治中的"两线制",对以巫统为主导的国民阵线政府构成严重威胁。[2] 此次大选,虽然反对党联盟并没有影响到国民阵线的国会2/3多数议席,但导致国民阵线的大选得票率仅为51.95%,相比1986年大选的57.4%减少了5.45%,相对1982年的61%更是减少约10个百分点。[3] 马来民族主义者一直以来通过杜撰华人的威胁实现马来族群的团结和动员,这使华人成为马来族群的对立面——他者[4]。在1990年的大选中,反对党的族群特性减弱,大选的竞选主题超越了族群关系问题,也将"两线制"正式引入马来西亚政治发展中。此外,反对党联盟的多元族群代表性反映出巫统民族主义民族国家建构理念的缺陷,影响了巫统主导政府的政治权力,政府不得不在文化权力上做出让步以吸引非马来族群的支持。

2. "烈火莫熄"运动与替代阵线

1990年,东姑·拉沙里领导的反对党联盟为马来西亚的反对党发

---

[1] Khong Kim Hoong, "Malaysia's General Election 1990: Continuity, Change and Ethnic Politics", Institut of Southeast Asian Studies, 1991, p. 3.

[2] 尚前宏:《马哈蒂尔的最后一棒?——马来西亚大选结果分析》,《亚非纵横》1995年第2期,第18—20页。

[3] Khong Kim Hoong, "Malaysia's General Election 1990: Continuity, Change and Ethnic Politics", Institut of Southeast Asian Studies, 1991, p. 15.

[4] 齐顺利:《他者的神话与现实——马来民族主义研究》,《国际政治研究》2011年第4期,第122—135页。

第五章 权力让步与语言教育政策的转向（1990年以后）

展提供了一个样本，改变了自独立以来族群对立的政治发展格局，马来族群逐渐走向分裂，民族主义逐渐走向衰弱。但是，由于民主行动党与伊斯兰教党政治理念不同，民主行动党率先退出人民阵线，人民阵线宣告解体。由于政府在各项资源上的强势地位，反对党联盟各方面的发展都受到排挤和打压，1996年四六精神党解散后，党员们分别加入了巫统和伊斯兰教党，穆斯林团结阵线也宣告解散，国民阵线重新主导马来西亚政治发展。反对党联盟失败后，马来族群的裂痕却并未被消弭，"烈火莫熄"运动在促进国家政治改革的同时进一步加剧了族群的分裂，削弱了政府的马来族群支持基础，继续改变着马来西亚的政治格局。

"烈火莫熄"来自英语中 reformation 的音译，意为改革运动，它拉开了21世纪马来西亚政治社会运动的序幕。运动的发生与当时马来西亚的内政发展密切相关，包括1997年的亚洲金融危机导致民众对政府腐败横行的不满等，但问题的导火索是副总理安瓦尔的突然下台。1998年9月2日，安瓦尔突然被解除副总理和财政部长的职务，次日又被革去巫统的党内职务和成员资格。9月20日，安瓦尔在吉隆坡领导大规模的游行示威，随后他被马来西亚政府以违反《国内安全法》为由进行逮捕，大批的安瓦尔支持者也因为同样的理由被逮捕。安瓦尔被捕引起了人民对《国内安全法》激烈的抗议示威，政府在国内强烈的政治压力下释放了安瓦尔。尽管这样，政府也以不正当性行为和滥用权力罪对安瓦尔提起诉讼，并判处监禁，史称"安瓦尔事件"。[①]

安瓦尔被捕后，"烈火莫熄"运动进入新的发展阶段，安瓦尔妻子旺·阿兹莎接替安瓦尔成为运动的领导人，他的支持者们发动大量呼吁公正和反对马哈蒂尔的游行示威。同时政党和非政府组织也参与到运动当中，包括伊斯兰教党、民主行动党以及一些伊斯兰主义的非政府组织、世俗主义的非政府组织、人权组织、妇女权益组织等。安瓦尔事件将反对党重新聚集在一起，安瓦尔在马来族群当中的威信也吸引大量马

[①] 威森·梅雷迪斯·利、王振伟：《烈火莫熄运动将何去何从——马来西亚种族和变化中的政治规则（上）》，《南洋资料译丛》2014年第1期，第11—22页。

来人参与到运动中。1999年6月,反对党宣布联合组成替代阵线参加大选,通过在各个选区同国民阵线一对一竞争的方式,替代国民阵线的政权。替代阵线的成员党包括民主行动党、伊斯兰教党和马来西亚人民党。1999年11月29日大选结果揭晓,执政党联盟仍然获得了国会席位2/3多数,顺利组建政府,但其国会席位数大大减少,国会议席比1995年的162席减少14席,成为148席。反对党伊斯兰教党席位增加20席,堪称最大的赢家,不仅从一个地方性政党一跃成为全国性政党,还从执政党手中赢得登嘉楼州的执政权。

"烈火莫熄"运动从根本上来说是建立在群众基础上的旨在实现社会政治和经济变革的运动。[1] 从一定程度上来看,"烈火莫熄"运动使几个主要反对党第一次组成反对党联盟挑战国民阵线,为马来西亚政治生态带来一系列影响,让民众逐渐意识到通过社会运动促进国家政治改革的可能性。该运动后,伊斯兰教党从一个地方性政党逐渐发展成为全国性政党,影响力越来越大。2004年,在旺·阿兹莎的领导下,由马来西亚人民党与国家公正运动联合成立人民公正党,为安瓦尔寻求公正的同时追求国家政治体制的改革。随着人民公正党的产生和伊斯兰教党逐渐发展壮大,马来族群分裂的格局进一步形成和深化,族群力量分散,即使巫统继续赢得了国家政权,但是它主导下的政府权力也已经进一步削弱。

马来族群的分裂削弱了巫统的生存基础,跨越族群的反对党联盟改变了国家政治格局,也影响了政府的政治权力状态,国家发展进入新时期,政治发展也进入了新时代,这是政府在文化权力上让步的根本原因。

(二)面对竞争政府政治策略的转变

新经济政策结束后,国家进入新的发展时期,政治发展也呈现出新的特点。反对党通过跨越族群的合作呈现出多元主义的特点,在1990

---

[1] 威森·梅雷迪斯·利、王振伟:《烈火莫熄运动将何去何从——马来西亚种族和变化中的政治规则(上)》,《南洋资料译丛》2014年第1期,第11—22页。

年大选中，四六精神党领导的反对党联盟对国民阵线发起挑战，影响了巫统主导的政府权力。面对来自族群内部的挑战和反对党的多元主义基础，政府在政治权力受到威胁时，也暂时隐藏了民族主义理念，提出包括"2020 宏愿"和"马来西亚民族"在内新的政治理念，通过吸引多元族群的支持巩固执政权。

随着新经济政策结束，国家经济发展持续向好，政府开始酝酿新的政策，国家发展政策应运而生，它是新经济政策后一个为期 10 年的经济发展政策，以巩固新经济政策时期取得的成果。除此之外，马哈蒂尔提出的"2020 宏愿"和"马来西亚民族"概念更具轰动性和吸引力，它摒弃了马来族群主导权的权力观理念，强调多元族群的包容和合作，更具先进性。1991 年 2 月 28 日，在吉隆坡马来西亚商业理事会会议上，马哈蒂尔面对在场的 61 名商人、政府官员和政治家第一次提出上述概念。[1] 在这场名为《向前的路："2020 宏愿"》的演讲中，马哈蒂尔指出实现"2020 宏愿"的目标是到 2020 年时将马来西亚建设成为全面发达的国家，包括在经济、政治、社会、心理和文化等多个方面。[2] 实现这个目标的首要条件是塑造一个族群团结的国家来促进经济继续发展。其中，马哈蒂尔提出实现这一宏愿将要面对的 9 个挑战，其中建立一个基于各族群团结的"马来西亚民族"被他看作是首要挑战。针对"马来西亚民族"这个概念，马哈蒂尔进一步指出必须实现各地区和族群的高度融合，生活在和谐与公平的社会当中，共同组成"马来西亚民族"，并对国家拥有绝对的忠诚和奉献精神。

马哈蒂尔在英国对马来西亚留学生讲话时表示："先前，我们尝试着建设一个单一性质的国家实体，但在人民之间引起恐慌和冲突，大家认为政府在创造一个混合的族群群体，他们害怕放弃自己的文化、价值观和宗教信仰。这行不通，我们相信'马来西亚民族'是解决上述问

---

[1] OOI Kee Beng, "Bangsa Malaysia: Vision or Spin? Malaysia: Recent Trends and Challenges", ISEAS – Yusof Ishak Institute, 2005, p. 49.

[2] Dan Lemaire, "Malaysia Vision 2020", Canadian Business Review, 1996, p. 44.

语言与权力

题的答案。"① 根据马哈蒂尔的讲话内容可以看出,在他的民族国家建构理念下,"马来西亚民族"意味着各个族群都不必放弃自己的文化、宗教和语言。相比于先前土著的论述,"马来西亚民族"将是一个更具有包容性的概念。尽管"马来西亚民族"的概念停留在口号层面,并没有真正落实成国家政策,但已经显示出足够的进步性,时任民主行动党主席林吉祥在评价马哈蒂尔的"马来西亚民族"观念时表示,"这是马哈蒂尔在民族国家建构方面最为开明的观点"。②

"马来西亚民族"概念是马来族群政府在民族国家建构理念上一次大的跨越,它与巫统马来民族主义理念之间存在着根本差别。巫统所秉承的马来民族主义强调马来族群优先,以及"马来人的马来西亚",以获得政治权力和文化权力为重要目标,具有强烈的排他性特点。相对而言,"马来西亚民族"的概念更具包容性,各族群不论宗教、语言和文化和谐相处的理念显示出在新经济政策后以马哈蒂尔为首的马来族群政府在文化权力上的让步。当然,由于"马来西亚民族"的观点仅是政治口号,并没有真正落实到政策实施的层面,因此政府在政治口号上的一些举措也难以被真正解读为民族国家建构理念的进步。

"马来西亚民族"的观点在马来西亚社会各界引起争议和讨论。有人认为提出"马来西亚民族"的概念只是为了促进国家经济的发展,根据马来西亚的历史经验来看,经济的发展能够缓解族群间的冲突。并且就联邦宪法条款来看,"马来西亚民族"的一些理念跟宪法条款也有冲突,它仅能停留在政治口号的地步。但不可否认,"马来西亚民族"观点对非马来族群吸引力十足,在这个概念下,1991—1995 年,政府给予国民型小学和拉曼大学的津贴都得以翻倍增加。③ 在 1995 年大选中,国民阵线利用"马来西亚民族"概念成功吸引了华人族群的支持,

---

① The Star, 11 September 1995.

② OOI Kee Beng, "Bangsa Malaysia: Vision or Spin? Malaysia: Recent Trends and Challenges", ISEAS – Yusof Ishak Institute, 2005, p. 53.

③ OOI Kee Beng, "Bangsa Malaysia: Vision or Spin? Malaysia: Recent Trends and Challenges", ISEAS – Yusof Ishak Institute, 2005, p. 59.

第五章　权力让步与语言教育政策的转向（1990年以后）

获得了国会4/5的席位，创造了近几次大选的最好成绩。大选中，华人族群都将选票投向执政党联盟，反对党联盟遭遇失败。大选后，四六精神党宣告解散，东姑·拉沙里回归巫统，国民阵线重新巩固了自身政权。

但1999年大选前华团的大选"诉求"事件直接暴露出政府"马来西亚民族"的概念就是面对族群竞争时争取选票的策略，只是为了吸引华人支持巩固政府的政治权力。1999年7月11日，华社决定针对即将举行的大选提出"马来西亚华人社团大诉求"，以书面形式表达利益要求。《马来西亚华人社团大诉求》（以下简称《诉求》）共17章，包含83条，涵盖政治、经济、文化、教育和社会各领域，包括促进国民团结、落实议会民主、维护人权及伸张正义、杜绝贪污、公平的经济政策、重新探讨私营化政策、开明自由及进步的教育政策、让多元文化百花齐放、环境保护、新村的发展及其现代化、实现居者有其屋的理想、保障妇女权利、公正的大众媒体、建立人民对警方的信心、改善社会福利、尊重工人权利、扶助原住民等内容。[①]《诉求》体现出华社对"2020宏愿"和"马来西亚民族"的重要期盼，也是上述目标所包含的重要方面。在当年大选竞选宣传中，虽然巫统高层对《诉求》持否定态度，但国民阵线的三个华基政党（马华公会、民政党、沙捞越人民联合党）原则上认同并接受华社所提各项诉求，这使得国民阵线在选举投票中取得胜利，赢得全部193个国会议席中的148席，超过2/3多数，其中在不少华人占多数的选区取得佳绩。[②]大选后，政府却对《诉求》改变了态度，巫青团对此提出强烈抗议，通过游行示威等活动恐吓华社，让华社收回《诉求》并道歉。针对为何大选前后对华社态度不同的质问，马哈蒂尔直接表示："这是不合理的诉求，可是我们被迫不采

[①] 赵海立：《马来西亚华人社团大选诉求事件探析》，《东南亚研究》2011年第5期，第79页。

[②] 赵海立：《马来西亚华人社团大选诉求事件探析》，《东南亚研究》2011年第5期，第80页。

取强硬的立场。如果我们采取强硬立场,我们就会输掉选举。"[1] 总理的言论清晰地显示出政府拉拢华社的政策只是为了选票,政府多元主义的论述只是获取政治权力的策略。因为政府的支持基础不再稳固,特别是马来族群的分裂导致选票分散后,需要争取非马来族群的支持。

总的来看,在国家发展政策时期,政府仍然坚持马来族群的权力诉求目标,但马来族群的分裂动摇了政府的支持基础,反对党联盟成立后多元主义的政治理念更能够吸引非马来族群的支持。因此,政府隐藏民族主义的民族国家建构理念,以提出多元主义的国家建构方针为策略吸引选票支持,在语言教育政策上对非马来族群母语教育体现出一定的让步,以吸引非马来族群的支持。在这一阶段,面对马来族群的分裂和反对党联盟的挑战,政府通过在文化权力上让步的策略,成功渡过了20世纪末期的政治危机,巩固了自身的政治权力。具体到政策上,政府再次承认了非马来族群母语小学教育的合法地位,解决了母语小学教育的生存问题;放开了对创办私立大学的限制,解决了独立中学学生的发展问题。由于博弈策略得当,且吸取1990年政权受到挑战的教训,国民阵线在1995年大选中获得大胜,成功瓦解反对党联盟,实现自身权力的巩固。1999年大选,面对来自马来族群内部更加强力的挑战,国民阵线仍然能够通过吸引非马来族群的支持获得选举的胜利,更能够体现出政府政权的稳固。

第二节 21世纪初关于英语教育语言政策的问题

1997年亚洲金融危机后,国际形势发生变化,在迈向全球化的过程中马来西亚国内政治也迎来新的发展。继《1996年教育法令》对非

---

[1] [马]谢春荣:《马来西亚华人社团大选诉求资料汇编》,马来西亚华人社团大选诉求工委会2002年出版,第2页。

第五章 权力让步与语言教育政策的转向（1990年以后）

马来族群的语言教育进行让步后，进入21世纪政府在语言教育政策上的举措主要体现在英语的语言教育问题上。

一、英语作为教学媒介语的两次变化

新经济政策时期，为了确立马来语的核心地位，政府将整个教育体系内的教育语言都转变成马来语。特别是从中学到大学阶段，所有用英语讲授的课程都转改为用马来语讲授。但进入21世纪，由于英语国际通用语的地位不断提高，政府在语言教育问题上发生反转，数理科目的教育语言经历了从马来语到英语后又从英语到马来语的两次转变。

（一）英语重新作为教育语言

2002年5月11日，总理马哈蒂尔宣布，在科学和数学科目将要进行教育语言的转变，从马来语转变成英语。实际上，在2002年宣布这一决定之前，早在1993年，马哈蒂尔就尝试在科学和数学科目中将教育语言从马来语转变成英语，但是由于当时的政治氛围不允许这样的尝试，因此只能暂时搁置。[1] 2002年1月，经过10年的努力，政府通过适当的权力博弈策略，不仅没有受到马来族群分裂的影响，还获得了非马来族群的支持，此时巫统主导的政府更加团结，权力也更强大。在此背景下，政府大胆地实施了这一政策。

政策从2003年开始实施，从小学一年级、中学一年级以及大学预科一年级开始进行教育语言的转变。[2] 根据教育部文件资料显示，政府认为将科学和数学科目用英语进行教学有助于学生理解和掌握相关领域的知识从而具备国际人才竞争力。[3] 对于采用马来语进行教学的大学来说，它们将会在2005年面对使用英语教授数学和科学科目的挑战。

针对教育语言的转变，来自马哈蒂尔的说法是：教育的主要目标是获取知识，如果某一门语言能够让获取知识变得更加容易，就应该使用

---

[1] Gill, Saran K., "Language Policy and English Language Standards in Malaysia: Natianalism versus Pragmatism", Journal of Asia – Pacific Communication, 2002, No. 2, pp. 95 – 115.

[2] Ling, Chok Suat, "English at Three Levels Next Year", New Sunday Times, 21 July 2002.

[3] "Report on the National Brains Trust on Education", Ministry of Education, 2002, p. 2.

这门语言。历史上,欧洲人也曾通过学习阿拉伯语来获取阿拉伯知识,他们也因为工作的原因学习希腊语来获取相关的知识,因此想要学习什么知识就应该掌握与它相关的语言。[①] 总理的态度反映出政府的态度,实际上当时政府的国家经济咨询委员会也曾建议要尽早使用英语来教授科学和数学科目以便实现"2020宏愿"目标。此外,面对冷战后世界经济的飞速发展,英语作为国际性语言的地位越来越高,为了促进国家经济的发展,对人才英语水平的要求也越来越高。因此,政府十分重视对先进知识的学习,马来西亚国民大学和国家语文局组织了专门的机构对英语学术类书籍进行翻译。但是就海量的书籍来说,上述机构的作用十分微弱,根据数据显示:在马来西亚语言机构和翻译局成立以来,1956—1995年,39年的时间共翻译出版374本图书。其中191本为科学类、应用科学和社会科学类书籍。就公立大学来看,直到1995年,6所大学共出版168本翻译书籍。作为推广马来语使用的马来西亚国民大学,1971—2003年共出版106本关于科学和技术的书籍。[②] 大量有关科技的书籍无法及时翻译成马来语,影响了马来族群学习先进科技知识的效率,从而影响了马来族群的就业率和在社会经济中的表现,导致马来族群在通过马来语语言教育体系的学习之后竞争力不及非马来族群。

随着全球化和国际经济的发展,英语作为国际通用语的地位逐渐提高,政府希望通过转变数理科目的教育语言来促进国家发展,通过经济发展的方式争取马来族群的支持以维持政权的合法性,以发展的视角代替了狭隘的本位主义视角实现民族国家建构。在马哈蒂尔的强烈推动下,英语代替马来语成为数学与科学科目的教育语言也警醒了整个国家,进入21世纪后民族主义需要被重新定义了。然而,在种种原因之下,政策在实施的过程中并不是一帆风顺的。正如斯莫利克兹所说,语言是文化认同中的核心要素,任何想要改变其地位的尝试都将会引发各

---

① Saran Kaur Gill,"Language Policy Challenges in Multi-Ethnic Malaysia",Springer,2004,p. 58.

② Saran Kaur Gill,"Language Policy Challenges in Multi-Ethnic Malaysia",Springer,2004,p. 61.

第五章 权力让步与语言教育政策的转向（1990年以后）

方的强烈反应。[①]

（二）政策反转——英语再次被摈弃

政府英语政策的落实受到各方的批评，泰米尔小学校长强烈抵制这一政策，华文教育工作者们也拼死抗争。马来文学校中教师英语水平良莠不齐，地区之间、城乡之间英语授课水平的差异也较大，马来族群也对教育语言的转变表示抗议，种种因素导致政府在政策上产生新的转变。英语教育语言政策受到社会各界的反对，作为回应，马来西亚教育部组织了5次闭门圆桌会议，会议邀请了来自全国教学工作联盟和主要政党组织的教育工作者、家长教师协会会员、学界成员以及澳大利亚资格和标准检测机构的相关代表。[②] 在圆桌会议期间，以董教总为代表的华文教育工作者们对这一政策提出批评。马来民族主义者则提出对英语替代马来语作为教育语言的担忧，提出"语言灭亡，民族灭亡"的口号，仍然提倡使用马来语作为教育语言。当讨论到废除英语教育语言政策时，非马来族群代表表示支持，他们认为小学的科学和数学科目应该用母语进行教授。根据马华公会的数据显示，华文小学的学生很少用英语回答问题。实际上，只有2.86%的学生用英语回答科学科目问题，1.29%的学生用英语回答数学问题，这显示出学生的英语水平。[③] 来自马来西亚国家语文局的代表则表示，"英语作为一个科目可以强化它的学习，但是数学和科学应该用马来语进行教学。我们应该向法国、挪威、日本和泰国那样，所有科目的教授都应该使用国语作为教育语言。我们必须在我们的教育系统中坚持这一元素，同时将英语作为一个科目来强化它的学习"。[④]

[①] Smolicz, J. J. , "Core Values and Cultural Identity", Ethnic and Racial Studies, 1981, Iss. 4, pp. 75 – 90.

[②] Saran Kaur Gill, "Language Policy Challenges in Multi – Ethnic Malaysia", Springer, 2004, p. 72.

[③] Saran Kaur Gill, "Language Policy Challenges in Multi – Ethnic Malaysia", Springer, 2004, p. 72.

[④] Saran Kaur Gill, "Language Policy Challenges in Multi – Ethnic Malaysia", Springer, 2004, p. 73.

经过多轮讨论之后，内阁于2008年决定，所有的国民小学和中学将从2012年开始使用马来语作为数学和科学科目的教育语言。根据《星报》2009年7月8日的报道：内阁决定，从2012年开始数学和科学科目将在相应学校采用马来语和族群母语进行教学，时任副总理兼教育部长穆希丁同时表示，政府也将强化对英语的学习。[1] 根据政府的计划，将从2012年开始在小学一年级、四年级和中学一年级、四年级中率先进行教育语言的转变，但是直到2014年，所有数学和科学科目的考试都将采用双语。2009年11月25日，穆希丁再次发表声明表示，从2011年开始，政府将实施"加强马来语威望，增加英语使用"的政策来取代"英语教授数学和科学科目"的政策，促进国家教育的发展。[2]

政府作出转换教育语言的决定也源于国家层面的调查研究。马来西亚政府组织当地的7所公立大学及研究机构人员组成一个50人研究小组，对全国70%的中学四年级学生，及全国90%的小学五年级学生进行调查。最终调查结果显示，英语作为数学和科学科目的教育语言对于农村地区的马来学生来说效果不佳。在包括玻璃市、吉兰丹、沙巴和沙捞越四州的学生中，在科学和数学科目中获得D或者E的成绩评级人数超过50%。2007年，马来西亚中学文凭考试结果显示，由于受到教育语言的影响，马来乡村地区的学生在化学和数学科目的表现不佳。[3] 此外，政府的研究还显示，马来族群学生在相关科目中表现不佳主要由于学生和教师无法通过英语进行流畅地交流。[4]

英语作为教育语言的问题在经过数年的争议后进入历史，英语被重新当作一个科目进行教学，只是在教学的过程中，需要加强对英语的学

---

[1] The Star, "Math and Science Back to Bahasa", 8 July 2009.

[2] Bernama News, "MBMBI to be Implemented One Year Earlier than Planned – Muhyiddin", 25 November 2009.

[3] Saran Kaur Gill, "Language Policy Challenges in Multi – Ethnic Malaysia", Springer, 2004, p. 74.

[4] Jiadie Shah Othman, "Study: Language Switch Has Marginal Benefits", Malaysiakini Online, 21 March 2009.

习,以适应飞速发展的现代化进程。实际上,21 世纪初英语作为科学和数学科目的教育语言并非政府在追求文化权力目标,主要是因为冷战结束后全球化的发展,英语作为国际通用性语言的地位得到进一步提升。英语在国际经济交流中的重要地位进一步突出,接受以马来语作为教育语言的马来族群由于英语水平较低,在国家经济领域表现欠佳。相反,非马来族群在私立教育体系和出国留学的过程中则可以灵活地选择相关语言学习,个人发展也优于马来族群。从语言与权力的视角进行解读,随着全球化的发展,国际交往日益频繁,在国际经济体系中英语具有更多的象征性资本,在促进国家和族群发展的过程中,英语的使用更能够获得区分性利润,因此政府出于提高马来族群社会经济地位的目标提出教育语言的转改政策。这一政策在实施过程中受到了包括马来族群和非马来族群的共同反对,马来族群认为此举不利于马来族群获得国家的文化领导权,非马来族群认为转改教育语言不利于知识的获取,最终政府在经过调研之后宣布废除这一政策。

二、民主化与政府权力动荡发展

2003 年的英语教育语言政策并非出于增强马来族群文化权力的考虑,主要想提升马来族群在国家经济发展中的竞争力,这不仅引发了马来族群精英对族群文化权力削弱的担忧,也引发了非马来族群的强烈抗议。最终这一政策正式废除,马来语和族群母语代替英语成为特定科目的教育语言。不到 10 年时间,政府在语言教育政策上两次反转原因各不相同,但实际上都跟政府的政治权力状态密切相关。政府于 2003 年改变英语教育语言时是基于稳固的政治权力,当 2009 年宣布实施新政策时,国家政治发展已经进入动荡期,反对党联盟重新崛起挑战了执政党的执政地位,政府政治权力不再稳固,在各族群强烈反对数理科目英语教育语言政策的情况下,政府希望通过转变教育语言的新政策来吸引选民支持。副总理兼教育部长穆希丁在 2009 年宣布改变教育语言政策时,记者曾问到政策的反转是否有争取政治支持

语言与权力

的原因。① 虽然穆希丁予以否认，但政治权力是政府政策实施的主要考量实际已经获得了各界的共识。

（一）英语作为教育语言政策与政治权力的巩固

马哈蒂尔政府在1993年就想将科学与数学科目的教育语言改成英语，但由于当时反对党联盟的影响，国民阵线的政治权力地位不太稳固，政府并未宣布这一政策。2003年，当马哈蒂尔宣布以英语教授数学和科学科目时，政府的政治权力正处于顶峰阶段。1998年，安瓦尔事件虽然导致马来族群分裂使伊斯兰教党逐渐壮大，人民公正党的出现也挑战了巫统作为马来族群代表的地位，但马哈蒂尔通过提出多元主义的策略，对非马来族群母语教育做出让步，吸引了非马来族群的支持。在1999年和2004年大选中，国民阵线都收获了来自华人族群的支持，并获得了大选的胜利。

1999年大选中，国民阵线获得了193个国会席位中的148席，保住2/3多数，虽然比起1995年的162席少14席。而且巫统在大选中的表现明显较上届大选更差，国会议席少了整整16席，从1995年的88席减少到72席。② 但是，考虑到在安瓦尔事件后马来族群选票分散的背景下，政府能够吸引非马来族群转变政治态度，纷纷将选票投向国民阵线政府，这已经是一个极大的胜利。2004年大选时，马哈蒂尔已经主动退位，政权进入巴达维时代，由于巴达维提出"文明伊斯兰"的施政理念显示出政府的开明性，政府再次获得选举的大胜。大选中，国民阵线获得超过63.9%的选票，共获得219个席位中的198个，取得绝对大胜。其中，巫统获得109个席位，马华公会获得31个席位。反对党中，伊斯兰教党的国会席位数从上届的27个降到7个，人民公正党

---

① Saran Kaur Gill, "Language Policy Challenges in Multi－Ethnic Malaysia", Springer, 2004, p. 83.

② 张云：《马来西亚政党政治的变化及其走向》，《东南亚研究》2001年第2期，第25页。

第五章 权力让步与语言教育政策的转向（1990年以后）

仅由党主席旺·阿兹莎获得1个席位，民主行动党获得12个席位。[①] 从大选情况来看，国民阵线不但击败伊斯兰教党和人民公正党获得了马来族群的支持，还击败民主行动党获得了非马来族群的支持。

在马来族群主导的马来西亚，国民阵线将教育语言从马来语转变成英语，改变语言的使用意味着影响马来族群的文化权力。马哈蒂尔坚称英语能力的提高有利于马来族群在现代化市场经济中增强自身竞争力，提高公立大学马来族群毕业生的就业率等，并基于促进马来族群发展的目标落实了上述政策。除了英语教育语言政策之外，政府从2002年5月起还将高等教育固打制转为绩效制，即高等院校将按照成绩进行录取。这是由于运行了近31年的高等教育固打制促使许多被挡在公立大学门外的优秀非土著学生出国深造，大部分留学海外的非土著学生毕业后选择留在国外就业，这种马来西亚非土著人才外流的现象，在国家面临经济发展、急需高素质人才的非常时期带来了极为不利的影响。[②] 总的来说，英语教育语言政策和绩效制的推出，是政府为了促进国家经济发展和马来族群发展。政府在语言教育政策上的举措是在政治权力巩固的背景下提出的，国民阵线面对多方的挑战仍然能够在大选中以绝对优势获胜，正是政治权力巩固的强力证据，也是在语言教育政策上进行改革的重要保证。

（二）政策反转与政治权力的动摇

2003—2009年，在英语教学媒介语政策实施期间，政策受到各方的反对。2009年，政府组织研究团队对政策的实施进行调研，最终决定从2012年开始废除这一政策。政府在英语教育语言政策上发生反转，将科学与数学科目的教育语言从英语转变成马来语和族群母语，以迎合各族群的心愿。这是在政治权力发生动摇的情况下，政府试图通过将教学语言的转变作为吸引各族群支持的砝码。

[①] 内容来自马来西亚选举网站，https://www.electionmalaysi.net/result/，浏览日期为2021年4月10日。
[②] 郑秋盈、叶忠：《马来西亚公立高校招生政策变更前后的效应分析》，《东南亚纵横》2014年第8期，第46页。

1. "308政治海啸"与政治动荡

国民阵线政治权力的动摇从2008年大选开始显现，此次大选结果与2004年大选大胜的局面形成极大反差。大选中，国民阵线获得50.14%的选票，失去国会议席的2/3多数，赢得140个国会席位，其中巫统获得79个席位，马华公会获得15个席位，印度人国大党只获得3个席位。[1] 与2004年相比，国民阵线遭到重创，在马来族群和非马来族群方面支持率都不同程度降低。相对而言，反对党却获得选民的支持，在国会议席选举中，伊斯兰教党赢得23个席位，民主行动党赢得28个席位，人民公正党赢得31个席位。[2] 除了在国会层面表现不佳之外，国民阵线在州议会层面也失去对吉兰丹州、吉打州、雪兰莪州、柔佛州和霹雳州的控制，因此，此次大选又被称为"308政治海啸"[3]。大选后反对党决定摒弃成见，组成反对党联盟——人民联盟，一举夺下马来西亚的半壁江山。

"308政治海啸"后，总理巴达维在各方压力下辞职，新总理纳吉上台，国民阵线希望通过纳吉的出身和正面形象挽救政治颓势。但是，2013年大选中，国民阵线政权实力继续退步，只获得133个国会席位，比2008年大选还少7个，反对党联盟则获得89个席位。除此之外，根据选举委员会的票选数据显示，反对党联盟的得票率超过国民阵线，达到50.87%。[4] 国民阵线政府再次遭到重创。2018年，马来西亚政治实现变天，在国民阵线执政60余年后，第一次实现政党轮替，希望联盟战胜国民阵线，成功获得执政权。大选中，希望联盟赢得113个国会席位，国民阵线仅获得79个席位，此外，伊斯兰教党获得18个席位，沙

---

[1] Andreas Ufen, "The 2008 Elections in Malaysia Uncertainties of Electoral Authoritarianism", Taiwan Journal of Democracy, 2008, No. 4, pp. 155 – 169.

[2] 内容来自马来西亚选举委员会官网，http://semak.spr.gov.my/spr/，浏览日期为2021年5月25日。

[3] 由于2008年大选是在3月8日当天举行并揭晓成绩，大选中国民阵线遭遇了进入21世纪以来最大的挑战，因此在马来西亚也被称为"308政治海啸"。

[4] 内容来自马来西亚选举委员会官网，http://semak.spr.gov.my/spr/，浏览日期为2021年5月25日。

巴民族复兴党获得8个席位,沙巴立新党获得1个席位,独立人士获得3个席位。①

2008—2018年,以巫统为主的国民阵线政治权力一步步动摇,最终走向政权轮替。实际上,在纳吉上台伊始,就开始利用各种方式巩固政权,在"2020宏愿"和"马来西亚民族"的基础上提出"一个马来西亚"的口号,并且通过语言教育政策的话题来吸引选票,希望通过在文化权力上满足特定族群的需求来获得政治权力的巩固,但是这一策略并未奏效。

2. 社会运动与政权的动荡

在马来西亚,政治权力是文化权力的基础,文化权力则成为政府巩固政治权力的工具。对比2008年、2013年和2018年大选结果能够发现巫统主导的政府政治权力经历了逐渐式弱的过程,政治权力不稳固也体现到政府在语言教育政策方面的摇摆性特点。此外,从社会运动的角度,也能够反映出国民阵线政治权力的逐渐式弱,解释政府在语言教育政策上发生摇摆的原因。21世纪以来马来西亚政坛最有影响力的社会运动之一是干净与公正选举联盟(以下简称净选盟)运动。净选盟是马来西亚的一个非政府组织,它策划和实施的净选盟运动对马来西亚政治产生了深刻的影响。净选盟的前身是于2005年7月成立的选举改革联合行动委员会,它的成立是为了促进马来西亚大选的改革。2006年9月,该委员会在吉隆坡召开选举改革研讨会,并在会后发表联合公报。经过一系列的筹备活动,同年11月23日,净选盟在国会大厅正式成立。②

净选盟运动从发起之日起就吸引了来自反对党和非政府组织的广泛支持。2007年11月10日,净选盟举行首次运动,反对党领袖安瓦尔、哈迪阿旺和林冠英等成为运动的积极分子,吸引了媒体的

---

① 刘勇:《大选后马来西亚政治新变化》,《国际研究参考》2019年第1期,第42—47页。

② 刘勇:《马来西亚的净选盟运动及其影响》,《东南亚研究》2016年第4期,第34—41页。

大量关注。① 此外，净选盟运动推行之初吸引了 92 个非政府组织的支持和参与，包括马来西亚的文坛巨匠萨马·赛义德也参与到运动当中。净选盟在 2007 年、2011 年、2012 年、2015 年和 2016 年都举行了盛大的游行，参与人数也呈指数级增加，它呼吁公平和干净的大选，吸引了大量海内外马来西亚公民的支持，影响了国民阵线的政治权力。

总的来说，21 世纪英语作为科学和数学科目教育语言政策的确定和反转，正好处在政治发展从威权进入民主化的发展阶段，国民阵线政府政权从稳固转向下滑的阶段。在政治权力稳固时期，政府获得各个族群的支持，也敢于在语言教育政策上推崇英语教育的地位，大胆提出用英语代替马来语的教育语言地位。但这个政策跟马来族群的文化领导权目标是相背离的，政策的实施是基于政府政治权力巩固的前提。在度过了 20 世纪末期国家的政治危机后，国民阵线政府巩固了自身权力，并在此基础上，于 2002 年宣布实施英语教授科学和数学科目政策②。但从 2008 年起，当政治权力不再稳固时，面对各个族群的反对，政府改变了这一政策，通过推崇国语和母语的教学来吸引各族选民的支持，巩固自身的政治权力。可见，英语教授科学和数学科目政策的实施同政府政治权力发展密切相关，语言教育政策的变化常常成为政府获得政治权力的策略。

第三节　权力博弈与语言教育政策的未来发展

21 世纪后，英语教育语言的两次转变与马来西亚政局发展密切相关，由于政府的政治权力呈现出波动发展的特点，马来族群在文化权力上的追求也受到影响，政府的重心转向追求政治权力稳定。马来西亚也

---

① 刘勇：《马来西亚的净选盟运动及其影响》，《东南亚研究》2016 年第 4 期，第 34—41 页。
② 马哈蒂尔曾经在 20 世纪 90 年代初想实施这一政策，但是由于当时国民阵线政权受到反对党联盟的挑战，在政治权力不稳固的情况下，政府担心实施相关政策会招致马来族群的批评，不利于巩固自身政治权力。

逐渐形成了相对稳固的教育体系：国民学校教育体系主要从国民小学到国民中学再到公立大学，教育语言为马来语；非马来族群除了可以选择进入国民学校教育体系之外，还可以选择国民型小学到独立中学再到私立高等院校或者出国留学的求学路径，其中教育语言是华文。实际上，马来西亚相对稳定的语言教育政策仍然面对一定的不确定性，马来族群以主导权为核心的权力观依然存在，民族主义在马来西亚政坛的影响力不容忽视，对文化权力的追求还不时体现在各项政策中。

2011年10月，正当社会各界争论是否取消英语作为教育语言时，马来西亚教育部开始着手展开对国家教育体系的重新研究，以制定新的教育发展规划。经过来自联合国教科文组织、世界银行以及6所高等教育机构的专家提交关于学校领导、教师、父母、学生以及社会大众等方面的研究和报告之后，马来西亚教育部于2012年底发布《2013—2025年马来西亚教育发展规划》。该规划在评估了国家教育体系的现实成就并与世界水平进行对比后，规划和制定了教育系统的使命以适应未来国家发展的需求。

该规划在语言教育方面的主要内容是提出马来语和英语并重的理念，在规划实施的第一阶段，2013—2015年，政府强调要提高核心课程的教学标准，其中核心课程包括马来语、英语、数学和科学。针对非马来族群母语学校，规划指出要实施专为此类学校设计的小学标准课程体系，促进非马来族群对马来语的掌握；此外政府还提出在这一阶段要加强全民对英语的掌握程度以顺应国际化发展趋势。第二阶段，2016—2020年，政府提出要开辟多项目选择来增加学生接触英语的机会，提高英语水平。第三阶段，2021—2025年，政府表示将促进创新，提高学生对英语和马来语的掌握能力，与此同时鼓励向学生提供多样化的语言学习选择。通过该规划可以看出，政府在实施马来语与英语并重语言教育政策的同时，并没有提及非马来族群母语的发展，可见在政府的教育体系中，非马来族群母语的发展仍然受到歧视。

族群之间在语言教育政策上的争论频次逐渐降低，但也不时会在语言教育问题上产生一些争议，政府通常会通过一些间接手段影响非马来族群母语教育，争夺族群的文化领导权。除此之外，关于语言问题还有一些尚待解决的问题，华文独立中学文凭不被政府承认一直困扰华社，也是语言教育系统中悬而未决的问题。在国家政治动荡的情况下，每到大选前反对党都会提出这个话题来吸引华人选民支持，这成为影响政府政治权力的重要因素。2018年希望联盟参与竞选时，曾经将承认独立中学文凭纳入竞选宣言，但这个承诺在希望联盟胜选后由于受到马来族群的强大压力并未实现。2019年，教育部长马智理推出爪威文学习计划，希望以此推动马来族群文化的发展，引发了族群之间的争论，最终不了了之。可见，在马来西亚语言教育问题始终与族群政治发展密切相关，并随着族群政治生态的变化而变化。

2020年初，马来西亚政坛发生"喜来登政变"，希望联盟在执政不足两年之际，由于内部分裂以及权力斗争最终下台。希望联盟政府下台后，土团党主席穆希丁组建国民联盟上台执政，但是由于马来族群内部分裂加剧，穆希丁政府于2021年8月下台，随后伊斯迈尔沙必里上台执政。根据政治权力和文化权力的相互关系，当政治权力不稳时需要通过在文化权力上采取措施来巩固政治权力，伊斯迈尔沙必里政府确实也拥有同样的逻辑。与前几任总理不同的是，新总理上台后在促进马来语发展和应用方面提出了很多新的倡议和观点，关于语言的话题再次成为热点。伊斯迈尔沙必里总理在2022年2月访问文莱、柬埔寨和泰国时表示，马来西亚政府将加强马来语在国家事务以及国际场合中的使用，以提高马来语的国际地位。据马来西亚媒体报道，他在5月美国东盟特别峰会上讲话时就使用了马来语。此外，在2022年3月，他还表示，考虑到马来语在马来西亚、印尼、文莱、新加坡、泰国南部、菲律宾南部以及柬埔寨部分地区的使用现状，将与印尼合作提议将马来语作为东盟的第二语言。[①] 在伊斯迈尔沙必里总理"马来西亚一家亲"的政治理

---

① Rubini Nagarajah, "Bahasa Melayu Sebagai Bahasa Kedua ASEAN", jangan cipta isu – Pakar, Getaran, 1 April 2021, http：//www.getaran.my/artikel/semasa/21681/bahasa – melayu – sebagai – bahasa – kedua – asean – jangan – cipta – isu – pakar.

第五章 权力让步与语言教育政策的转向（1990年以后）

念下，马来语成为政府团结马来族群、整合马来族群政党的重要工具，也成为伊斯迈尔沙必里总理巩固自身马来族群领袖地位的重要工具。基于上述理念，政府对于促进马来语发展也提出了包括加强播音员和主持人马来语培训，加强学术著作的马来语译本出版发行，要求所有外国留学生学习马来语，外交部在驻各国使馆设立语言文化处并向在外官员及其子女教授马来语，外交部发往各国文件统一使用马来语以及官员在各级讲话中使用马来语等举措。毋庸置疑，政府极力推动马来语的发展是基于现实政治因素的考量，近年来马来西亚政坛最显著的特征是马来族群分裂，马来族群分裂后导致政府政权不稳固，重提促进马来语发展的相关事务能够在一定程度上通过马来族群文化认同的标志——马来语来团结马来族群，促进政治稳定并巩固伊斯迈尔沙必里总理的执政地位。此外，在伊斯迈尔沙必里政府政权不稳固的情况下，政府也难以有效推行其他政策，此时重提马来语发展相关事务也能增加总理的曝光率和关注度。

实际上，政府在国内和国际层面促进马来语的发展和使用是获得马来族群文化领导权的一种方式，通过提高语言在社会交换中的使用率，就能为语言的言说者带来语言利润。基于上述原因，伊斯迈尔沙必里政府希望通过推动马来语的发展巩固马来族群的认同，并赢得马来族群选民的支持以巩固自身的政治权力地位。实际上，这一系列政策举措与语言教育政策的相同之处都是获得族群文化领导权，不同之处则在于上述政策关注的是语言的输出和应用，强调马来语在各种正式场合中的应用，提高马来语的使用率以及国内外的认可度，从马来语作为国语的角度来说是"名正言顺"的，也不会引起其他族群的反对或者抗议；而语言教育政策关注的重点是语言的输入和学习，关于语言教育政策的争论涉及族群间的利益纠葛容易引起族群间不同的解读，在马来西亚族群政治生态下难免引起族群间的博弈。未来，如果政府坚定并有效地实施上述政策，马来语在发展和使用方面很可能会实现巨大的提升。通过在语言使用端的努力，政府可能会改变语言学习端的政策，在语言教育政策上走上提升马来语地位、压缩非马来族群母语发展的老路；同时，如果马来语在马来西亚国内外得到了十分广泛的使用并得到了区域内外国家的认可，那么也不排除各方主动适应变化并改变语言教育政策以提高马来语在教学中地位的可能性。因此未来关注语言学习端的语言教育政策很可能会受到关注语言应用端的相关政策的影响，需要加强对相关政策的监测和研究。但是，如果政府关于马来语发展和应用的政策仅仅是马来族群精英吸引马来族群支持并巩固自身政治地位获取政治权力的工具，在政策实施上不具有延续性和连贯性，那么对于促进马来语的使用也将很难获得成效，对语言教育政策的影响也将是有限的。

需要注意的是，马来族群的马来民族主义思想及其权力观仍然不容忽视，马来族群争取文化权力实现文化领导权的想法依然存在，只是在自身政治权力不稳固的情况下，马来族群精英主导的政府在文化权力上很难有所作为。但是，如今政府正在通过语言事务强化族群认同，弥合族群间的分裂，与文化权力相关的话题通常也就成为政党获取政治支持的策略。通过上述发展可以看出，与文化权力相关的语言教育政策问题未来随着马来西亚政治的变化仍然存在变数，需要对其保持持续的关注。

本章小结

1990年大选，反对党首次组成跨越族群的反对党联盟挑战国民阵线，开启了跨族群反对党联盟的先例，对国民阵线政权带来了新的挑战。由于马来族群的分裂，马来民族主义的民族国家建构理念获得的支持度越来越低，政治权力也受到影响。为了巩固政权，政府提出多元主义的民族国家建构路线，通过提出"2020宏愿"和"马来西亚民族"的口号，吸引非马来族群的支持巩固政治权力。基于此，政府在文化权力上采取让步的策略，在语言教育政策上放松了对非马来族群母语教育的限制。《1996年教育法令》再次确定国民型小学教育的法定地位，消除了华社对国民型小学教育变质的担忧。《1996年私立高等教育机构法

第五章 权力让步与语言教育政策的转向(1990年以后)

令》放开了《1971年大学和大专法令》中对私立高等院校的限制,解决了独立中学学生的高等教育问题。由于政府在文化权力上的让步,马来西亚成为除中国以外唯一一个拥有从小学到大学完整的华文教育体系的国家。通过文化权力的让步策略,政府巩固了政权,在1995年和1999年大选中面对多方挑战仍然获得了选举的胜利。进入21世纪,由于英语作为国际通用语地位进一步突出,为了提高马来族群的竞争力,政府提出在数理科目上采用英语作为教育语言的政策,以提高学生的数理能力和英语能力,但这一政策在实施不久后就因为种种原因而被迫放弃。这很大程度上是因为政府从1999年和2004年大选的大胜到2008年"308政治海啸",经历了政治权力的滑坡,政治权力的变化也影响了语言教育政策的变化轨迹。政府基于稳固的政治权力提出采用英语的政策,在经历了政治权力的下滑后又放弃了这一政策。此后,由于国家政治进入动荡发展时期,政府的政治权力不再稳固,关于文化权力的诉求也就暂时搁置,政府的关注重心转向维护政治权力领域。但是由于马来民族主义对国家政治的影响,未来马来西亚的语言教育政策仍然存在变化的可能。

结　　语

二战后，对第三世界后殖民国家来说，民族国家建构成为首要问题。在马来西亚，巫统从诞生之日起就坚持马来民族主义理念，逐渐成为政坛的主导性力量。在带领国家走向独立后，它继续推行民族主义的民族国家建构方针，逐渐形成以马来族群主导权为核心的权力观。根据安东尼奥·葛兰西的观点，一个社会集团的最高权力主要通过两个方面表现出来，即"统治"的方面和"精神、道德领导"的方面，也就是政治领导权与文化领导权，其中语言使用问题属于文化领导权的范畴。国家从摆脱殖民统治伊始，主体族群对意识形态空间的控制尤为重要，因此取得文化领导权对他们来说也十分迫切。二战后，以巫统为主的马来族群精英对语言教育政策所代表的文化领导权展开追求，希望将马来语确立为国家的教育语言，提高马来语作为国语的地位，获得非马来族群对马来族群文化的认同，实现自身民族主义的民族国家建构目标。但由于马来族群文化发展程度较低，语言的象征性资本难以获得非马来族群的自觉认同，对文化领导权的追求受到自身政治领导权状况的影响，导致在不同历史阶段语言教育政策呈现出不同的特点。通过将马来西亚从二战后至今的语言教育政策纳入权力体系的分析框架进行阐述，分析政策变化体现出的权力理念特点并解构其背后的权力博弈，从更深层次把握政策形成和演变的内在逻辑，可以得出三个方面的结论。

第一，语言教育政策是马来族群精英意图实现文化领导权的方式，二战后至今语言教育政策显示出不同的特点，体现出马来族群精英在文化权力上的不同理念和态度。语言包含世界观和意识形态的内容，是一种重要的文化，殖民地国家在追求国家独立的过程中对语言政策的发展尤为关注。独立后，马来族群精英在民族主义思想的推动下喊出"马来人的马来西亚"口号，想象着拥有国家的政治领导权和文化领导权，代表文化权力的语言教育政策自然成为族群的关注重点。语言和文化拥有象征性资本，语言所代表的文化权力表现为象征性权力，象征性权力的获得主要基于自觉的认同，语言被其他族群所认可和使用让言说者群体获得区分性利润后，就能够实现本群体的象征性权力。在独立后的马来西亚，马来族群文化不具备获得非马来族群认同的象征性资本，但却要追求语言所代表的文化权力以实现族群的主导权地位，这种结构性矛盾导致不同的历史阶段拥有不同的语言教育政策。总的来说，各个时期的语言教育政策呈现出不同的特点，也体现出不同历史阶段马来族群精英不同的文化权力理念和态度：独立前的政策体现出文化权力的妥协；独立初期的政策体现出文化权力的争夺；新经济时期的政策体现出文化权力的压制；国家发展政策时期的政策体现出文化权力的让步。

第二，语言教育政策的形成和演变是族群权力博弈的结果，马来族群精英针对文化权力的态度常常代表一种博弈策略。二战后，不同群体拥有不同的民族国家建构想象，族群间的竞争导致了特殊的族群政治生态。在族群政治背景下语言教育政策的演变存在特殊的发展轨迹和发展逻辑，其中民族主义背景下族群权力博弈是语言教育政策演变的内在动因。在族群竞争的政治生态下，马来族群要想获得最高权力，必须要优先获得政治领导权，然后再获得文化领导权，政治权力是获得文化权力的基础，也是权力博弈的核心。语言教育政策演变背后所存在的权力博弈主要表现为族群之间和族群内部在政治权力上的博弈，两者经常相互交织、相互影响。在马来西亚历史上，通常当马来族群内部发生权力博弈时，族群的政治权力会受到影响，此时马来族群精英就通过让渡想象中的文化权力实现政治权力的稳固，在语言教育政策上表现为政府对非马来族群母语教育采取让步的策略；而马来族群在与非马来族群的权力博弈中常常容易激发马来族群的民族主义情绪，导致马来族群在政治权力和文化权力两个方面表现强势，体现在语言教育政策上则是政府强调马来语教育和压缩非马来族群母语教育的发展空间。历史上，正是这两个方面的博弈相互交织，共同导致了马来西亚语言教育政策特殊的演变路径。

第三，政治权力与文化权力的相互影响及相互转化是语言教育政策演变背后权力博弈的实质，也构成了未来马来西亚语言教育政策研究的基本分析框架。马来族群的政治权力受到族群权力博弈的影响，在不同的历史阶段呈现出不同的状态。在族群主导权思维框架下，马来族群想象着拥有政治领导权和文化领导权，在不同历史时期，政治权力和文化权力发生权力转化，从而形塑了语言教育政策的演变。历史上，当马来族群主导的政府政治权力巩固时，马来族群精英就推动将政治权力转化为文化权力，促进族群主导权的实现，具体表现就是在语言教育政策中强调马来语言教育的地位；当政府政治权力不足或者不稳固时，马来族群精英通常倾向于将理想中的文化权力转化成为政治权力，促进政治权力的巩固，具体表现在语言教育政策上就是放宽族群母语的语言教育限制。将语言教育政策的演变置于民族国家建构的背景下，通过权力博弈的框架进行探讨，将政治领导权和文化领导权分别作为两个变量，并将族群内部权力博弈和族群间权力博弈作为政治领导权变化的两个子变量，就会形成语言教育政策演变的分析框架，也有助于考察未来马来西亚语言教育政策的演变。

总的来说，由于马来族群以族群主导权为核心的权力观仍然存在，并且随着政治局势的发展马来民族主义有复兴的趋势，加上国家语言教育系统中还存在未解决的问题，未来语言教育政策可能还会存在变数，依然受到权力博弈的影响。因此，通过权力博弈的视角对马来西亚语言教育政策的演变进行研究，将语言教育政策置于权力分析框架下将更有利于透过现象看本质，洞悉政策演变的深层次原因，也有利于把握政策发展的未来方向，了解马来西亚族群关系的发展脉络，通过窥豹一斑加深对马来西亚族群矛盾问题的理解，有效促进我国在全球化背景下推进共建"一带一路"倡议时准确把握对象国国内重要问题的发展现状及趋势，从而采取合适的策略维护国家的正当权益。

参考文献

一、中文参考文献

（一）著作

1. ［意］安东尼奥·葛兰西著，曹雷雨、姜丽、张跣译：《狱中札记》，河南大学出版社、重庆出版社2016年版。
2. ［英］安东尼·D. 史密斯著，王娟译：《民族认同》，译林出版社2018年版。
3. ［英］安东尼·D. 史密斯著，林林译：《族群—象征主义和民族主义：一种文化方法》，中央编译出版社2021年版。
4. ［澳］安东尼·瑞德著，吴小安、孙来臣译：《东南亚的贸易时代：1450—1680》，商务印书馆2013年版。
5. ［英］埃里克·霍布斯鲍姆著，李金梅译：《民族与民族主义》，上海人民出版社2006年版。
6. 芭芭拉·沃森·安达娅、伦纳德·安达娅著，黄秋迪译：《马来西亚史》，中国大百科全书出版社2010年版。
7. 鲍建竹：《作为社会技艺的语言：布尔迪厄社会语言学研究》，上海大学出版社2018年版。
8. ［美］本尼迪克特·安德森著，吴叡人译：《想象的共同体：民族主义的起源于散布》，上海人民出版社2016年版。
9. ［英］伯特兰·罗素著，罗友三译：《权力论》，商务印书馆2012年版。
10. 曹淑瑶：《国家建构与民族认同：马来西亚华文大专院校之探讨（1965—2005）》，厦门大学出版社2010年版。

11. 陈雄：《国家权力与公民权利的规范理论》，法律出版社 2012 年版。

12. ［马］陈中和：《多元族群社会的族群政治：马来民族主义和马来西亚的建国》，中国社会科学出版社 2021 年版。

13. 陈衍德：《对抗、适应与融合：东南亚的民族主义与族际关系》，岳麓书社 2004 年版。

14. 陈衍德、彭慧、高金明、王黎明：《全球化进程中的东南亚民族问题研究：以少数民族的边缘化和分离主义运动为中心》，厦门大学出版社 2010 年版。

15. 陈鹏：《东南亚各国民族与文化》，民族出版社 1991 年版。

16. 陈晓律：《马来西亚：多元文化中的民主与权威》，四川人民出版社 2000 年版。

17. ［美］戴维·约翰逊著，方小兵译：《语言政策》，外语教学与研究出版社 2016 年版。

18. ［英］丹尼斯·埃杰：《语言规划与语言政策》，外语教学与研究出版社 2012 年版。

19. 范若兰等：《马来西亚史纲》，世界图书出版广东有限公司 2018 年版。

20. 范若兰：《新海丝路上的马来西亚与中国》，世界知识出版社 2017 年版。

21. ［新加坡］冯清莲著，苏宛蓉译：《新加坡人民行动党：它的历史、组织和领导》，上海人民出版社 1975 年版。

22. ［挪威］弗雷德里克·巴斯主编，李丽琴译：《族群与边界：文化下的社会组织》，商务印书馆 2018 年版。

23. 高宣扬：《布迪厄的社会理论》，同济大学出版社 2004 年版。

24. 龚晓辉、蒋丽勇、刘勇、葛红亮编著：《马来西亚概论》，世界图书出版公司 2012 年版。

25. 古鸿廷：《教育与认同：马来西亚华文中学教育之研究（1945—2000）》，厦门大学出版社 2003 年版。

26. 关凯：《族群政治》，中央民族大学出版社 2007 年版。

27. 韩方明：《华人与马来西亚现代化进程》，商务印书馆 2002 年版。

28. 贺圣达：《东南亚历史重大问题研究（上册）》，云南人民出版社 2015 年版。

29. 胡春艳：《抗争与妥协：马来西亚华社对华族母语教育政策制定的影响》，暨南大学出版社 2012 年版。

30. 蒋满元：《东南亚政治与文化》，中南大学出版社 2012 年版。

31. 康敏：《"习以为常"之弊：一个马来村庄日常生活的民族志》，北京大学出版社 2009 年版。

32. 李江：《族群政党合作与马来西亚的政治发展》，中国社会科学出版社 2020 年版。

33. 李路曲：《当代东亚政党政治的发展》，学林出版社 2005 年版。

34. 李路曲：《政党政治与政党发展》，中央编译出版社 2016 年版。

35. 廖小健：《战后马来西亚族群关系：华人与马来人关系研究》，暨南大学出版社 2012 年版。

36. 梁立基、李谋主编：《世界四大文化与东南亚文学》，世界图书出版公司 2017 年版。

37. 梁志明、李谋、吴杰伟：《多元 交汇 共生：东南亚文明之路》，人民出版社 2011 年版。

38. 梁志明：《殖民主义史：东南亚卷》，北京大学出版社 1999 年版。

39. 梁英明：《战后东南亚华人社会变化研究》，昆仑出版社 2001 年版。

40. 林远辉、张应龙：《新加坡马来西亚华侨史》，广东高等教育出版社 2016 年版。

41. 刘泽海：《东南亚国家语言教育政策发展研究》，社会科学文献出版社 2018 年版。

42. 刘辉：《认同理论》，知识产权出版社 2017 年版。

43. ［美］罗伯特·卡普兰、［澳］小理查德·巴尔道夫著，梁道华译：《太平洋地区的语言规划和语言教育规划》，外语教学与研究出版社2014年版。

44. ［美］罗伯特·基欧汉、约瑟夫·奈著，门洪华译：《权力与相互依赖》，北京大学出版社2018年版。

45. 罗圣荣：《当代马来西亚政治》，社会科学文献出版社2018年版。

46. 骆莉：《马来西亚华文报的身份转换与本土发展》，世界知识出版社2014年版。

47. Lorenzo Fusaro，Jason Xidias，Adam Fabry 著，李翼译：《解析安东尼奥·葛兰西〈狱中札记〉》，上海外语教育出版社2020年版。

48. 马燕冰、张学刚、骆永昆编著：《列国志：马来西亚》，社会科学文献出版社2011年版。

49. 马戎：《族群交往与宗教共处》，社会科学文献出版社2017年版。

50. ［德］马克斯·韦伯著，阎克文译：《经济与社会》（第2卷），上海人民出版社2020年版。

51. 马来西亚华校董事联合会总会、马来西亚华校教师会总会：《新教育法令与华文教育》，马来西亚华校董事联合会总会1996年版。

52. ［英］迈克尔·瓦提裘提斯著，张馨方译：《季风吹拂的土地：现代东南亚的破碎与重生》，上海人民出版社2021年版。

53. ［印度］帕尔塔·查特吉著，范慕尤、杨曦译：《民族主义思想与殖民地世界：一种衍生的话语？》，译林出版社2007年版。

54. 庞卫东：《新加坡与马来（西）亚的合并与分离研究：1945—1965》，社会科学文献出版社2017年版。

55. ［法］皮埃尔·布尔迪厄著，刘晖译：《自我分析纲要》，中国人民大学出版社2017年版。

56. ［法］皮埃尔·布尔迪厄著，刘晖译：《男性统治》，中国人民大学出版社2017年版。

57. ［法］皮埃尔·布尔迪厄著，高振华、李思宇译：《实践理论大纲》，中国人民大学出版社 2017 年版。

58. ［法］G. 赛代斯著，蔡华、杨保筠译：《东南亚的印度化国家》，商务印书馆 2008 年版。

59. 石沧金：《马来西亚华人社团研究》，暨南大学出版社 2013 年版。

60. ［英］苏·赖特著，陈新仁译：《语言政策与语言规划：从民族主义到全球化》，商务印书馆 2012 年版。

61. 苏莹莹：《马来西亚南海政策研究》，时事出版社 2019 年版。

62. 孙晓萌：《语言与权力：殖民时期豪萨语在北尼日利亚的运用》，社会科学文献出版社 2014 年版。

63. 孙振玉：《马来西亚的马来人与华人及其关系研究》，甘肃民族出版社 2008 年版。

64. 王辉、周玉忠：《语言规划与语言政策：理论与国别研究（续）》，中国社会科学出版社 2015 年版。

65. 王虎：《马来西亚非政府组织研究》，厦门大学出版社 2010 年版。

66. 韦红：《东南亚五国民族问题研究》，民族出版社 2006 年版。

67. 韦诗业：《民族认同与国家认同的和谐关系建构研究》，中央编译出版社 2017 年版。

68. 杨光斌：《政治学导论》，中国人民大学出版社 2019 年版。

69. 于春洋：《现代民族国家建构：理论、历史与现实》，中国社会科学出版社 2016 年版。

70. 余彬：《主权和移民：东南亚华人契约性身份政治研究》，暨南大学出版社 2014 年版。

71. 岳蓉：《东南亚地区民族国家研究》，中国社会科学出版社 2016 年版。

72. ［英］约翰·约瑟夫著，林元彪译：《语言与政治》，外语教学与研究出版社 2017 年版。

73. [美] 詹姆斯·托尔夫森编，俞玮奇译：《语言教育政策：关键问题》（第二版），外语教学与研究出版社 2014 年版。

74. 曾水英：《理解政治权力：权力问题的西方政治思想史考察》，中央编译出版社 2013 年版。

75. 赵世举：《语言与国家》，商务印书馆 2015 年版。

76. 赵建国：《政治权力自限论》，河南人民出版社 2017 年版。

77. 张应龙：《华侨华人与新中国》，暨南大学出版社 2009 年版。

78. 张锡镇：《当代东南亚政治》，广西人民出版社 1995 年版。

79. 周兆呈：《语言、政治与国家化：南洋大学与新加坡政府关系（1953—1968）》，福建教育出版社 2017 年版。

80. 周巍：《马来西亚、印度尼西亚与泰国华人的语言问题研究》，九州出版社 2020 年版。

81. 周娅：《地缘文化及其社会建构：东南亚宗教、民族的政治社会学视野》，中国社会科学出版社 2016 年版。

（二）文章

1. 曹云华：《试论东南亚华人的文化适应》，《华侨华人历史研究》1999 年第 3 期。

2. 陈晓律、陆艳：《在民主与权威之间——马来西亚政治发展特点剖析》，《世界历史》2000 年第 4 期。

3. 陈永辉：《葛兰西的文化霸权理论与大众文化研究》，《宁波教育学院学报》2009 年第 1 期。

4. 陈中和：《太平洋战争前后英日殖民统治与马来亚独立建国运动》，《世界历史》2018 年第 3 期。

5. 陈文胜：《社交媒体与马来西亚政治民主化》，《东南亚研究》2019 年第 4 期。

6. 段颖：《马来西亚的多元文化、国家建设与族群政治》，《思想战线》2017 年第 5 期。

7. 范若兰：《伊斯兰教与马来西亚政治民主化》，《东南亚研究》2007 年第 6 期。

8. 范若兰、廖朝骥：《追求公正：马来西亚华人政治走向》，《世界知识》2018 年第 12 期。

9. 范若兰、饶丹扬：《新媒体与马来西亚净选盟运动》，《东南亚研究》2020 年第 5 期。

10. 弗里德里克·巴斯、高崇、周大鸣、李远龙：《族群与边界》，《广西民族学院学报》（哲学社会科学版）1999 年第 1 期。

11. 傅聪聪、陈戎轩：《社会转型、路线之争与马来西亚伊斯兰政党分裂》，《南洋问题研究》2020 年第 1 期。

12. 高永久、秦伟江：《"民族"概念的演变》，《南开学报》（哲学社会科学版）2009 年第 6 期。

13. 郝时远：《对西方学界有关族群（ethnic group）释义的辨析》，《广西民族学院学报》（哲学社会科学版）2002 年第 4 期。

14. 何菊：《关于"民族"与"族群"概念的反思》，《湖北民族学院学报》（哲学社会科学版）2010 年第 3 期。

15. 洪丽芬：《马来西亚语言教育政策的变化及对华人的影响》，《八桂侨刊》2008 年第 3 期。

16. 胡春艳：《民族社会学视角：制度规约下的马来西亚族群关系》，《世界民族》2009 年第 5 期。

17. 胡爱清：《由固打制向绩效制转变：机遇抑或挑战——马来西亚教育政策的转变及其对华人受教育权利的影响》，《世界民族》2004 年第 1 期。

18. 黄云静：《马来西亚联邦体制特点及其成因》，《东南亚研究》1996 年第 5 期。

19. 贾文娟：《国家利益视角下的马来西亚语言政策》，《渤海大学学报》（哲学社会科学版）2018 年第 4 期。

20. 孔祥利：《民主化进程中东南亚国家的华人政治参与——以菲律宾、马来西亚和印度尼西亚为例》，《东南亚研究》2008 年第 5 期。

21. 李彬：《论种族与民族的区别》，《黑龙江史志》2013 年第 11 期。

22. 李杰麟：《马来西亚语言政策的变化及其历史原因》，《暨南学报》（哲学社会科学版）2009 年第 5 期。

23. 李一平：《试论马来西亚华人与马来人的民族关系》，《世界历史》2003 年第 5 期。

24. 廖小健：《国阵大选获胜原因初探》，《东南亚研究》2000 年第 1 期。

25. 廖小健：《马来西亚国阵政府的华人政策走向》，《华侨华人历史研究》2001 年第 1 期。

26. 廖小健：《马来西亚政局突变的混沌学解读》，《东南亚研究》2008 年第 5 期。

27. 廖小健：《试论马来西亚华人政党的"不入阁"》，《东南亚研究》2013 年第 6 期。

28. 刘世勇、武彦斌：《马来西亚华文教育现状与发展策略》，《东南亚纵横》2012 年第 9 期。

29. 刘勇：《马来西亚的净选盟运动及其影响》，《东南亚研究》2016 年第 4 期。

30. 刘勇：《大选后马来西亚政治新变化》，《国际研究参考》2019 年第 1 期。

31. 刘勇：《马来西亚政党政治中的反对党联盟与大选》，《情报学刊》2019 年第 2 期。

32. 骆永昆：《马来西亚总理马哈蒂尔》，《国际研究参考》2018 年第 6 期。

33. 潘蛟：《"族群"及其相关概念在西方的流变》，《广西民族学院学报》（哲学社会科学版）2003 年第 5 期。

34. 潘永强：《马来西亚华裔的社会运动（1957—2007）》，《东南亚研究》2009 年第 3 期。

35. 钱伟：《独立后马来西亚语言教育政策的演变》，《东南亚南亚研究》2016 年第 3 期。

36. 齐顺利：《马来西亚与菲律宾民族国家建构比较研究》，《民族研究》2021 年第 2 期。

38. 齐顺利：《他者的神话与现实——马来民族主义研究》，《国际政治研究》2011 年第 4 期。

38. 石沧金：《二战后马来西亚华人社团的政治参与》，《世界民族》2004 年第 4 期。

39. 石沧金：《马来西亚印度人的政治参与简析》，《世界民族》2009 年第 2 期。

40. 石沧金：《试析二战后马来西亚华人社团与华文教育发展的关系》，《南洋问题研究》2005 年第 4 期。

41. 尚前宏：《马哈蒂尔的最后一棒？马来西亚大选结果分析》，《亚非纵横》1995 年第 2 期。

42. 宋效峰：《马来西亚政党制度的制度化与政治稳定功能》，《东南亚研究》2009 年第 3 期。

43. 孙振玉：《西方民族理论范畴辨义》，《中南民族大学学报》（人文社会科学版）2013 年第 33 期。

44. 王焕之：《从法令与政策的角度看马来西亚的华文教育及未来发展》，《东南亚南亚研究》2012 年第 4 期。

45. 王焕之：《世界汉语热背景下马来西亚华文教育发展的困境与出路》，《华文教学与研究》2017 年第 2 期。

46. 王子昌：《政治领导与马来西亚国族打造》，《世界民族》2004 年第 1 期。

47. 王子昌：《集团博弈与公共利益——以马来西亚政治为例的研究》，《东南亚研究》2004 年第 1 期。

48. 韦红：《20 世纪 90 年代以来"马来西亚民族"政治的淡化》，《世界民族》2002 年第 1 期。

49. 许梅：《制约马来西亚华人政党政治发展的种族政治因素》，《世界民族》2003 年第 1 期。

50. 许梅：《独立后马来西亚华人的政治选择与政治参与》，《东南亚研究》2004 年第 1 期。

51. 薛岚：《安瓦尔下台与马来西亚政局走势》，《东南亚研究》1998年第5期。

52. 杨正刚、洪明：《马来西亚基础教育改革新政》，《比较教育研究》2018年第1期。

53. 姚自强、石斌：《权力·权威·责任——马克斯·韦伯国际关系思想浅析》，《外交评论》（外文学院学报）2008年第6期。

54. 叶笑云：《"碎片化"社会的政治整合——马来西亚的政治文化探析》，《东南亚研究》2006年第6期。

55. 张云：《马来西亚政党政治的变化及其走向》，《东南亚研究》2001年第2期。

56. 张月：《马来西亚政治转型的特点分析》，《东南亚南亚研究》2005年第4期。

57. 赵燕：《东南亚国家的语言政策与国家认同研究综述》，《东南亚南亚研究》2013年第4期。

58. 赵海立：《马来西亚华人社团大选诉求事件探析》，《东南亚研究》2011年第5期。

59. 郑秋盈、叶忠：《马来西亚公立高校招生政策变更前后的效应分析》，《东南亚纵横》2014年第8期。

60. 邹长虹：《马来西亚语言政策及其对中国外语教育政策的启示》，《长春理工大学学报》2012年第12期。

61. 周师：《论马克思的权力论及其时代价值》，《武陵学刊》2015年第5期。

62. 周聿峨：《马来西亚华族争取民族母语教育的抗争》，《东南亚研究》2000年第4期。

63. 周聿峨、龙向阳：《马来西亚华族的民族母语教育》，《世界民族》2002年第3期。

64. 庄礼伟：《多元竞争环境下的马来西亚政治生态》，《东南亚研究》2011年第2期。

65. 庄礼伟：《第13届国会选举前夕的马来西亚：选举型威权的终

结?》,《东南亚研究》2013 年第 2 期。

66. 庄礼伟:《马来西亚竞争型威权体制的走向:以选民结构为考察视角》,《东南亚研究》2014 年第 2 期。

二、英文参考文献

(一) 专著

1. Asmah Haji Omar, "Language and Society in Malaysia", Kuala Lumpur: Dewan Bahasa dan Pustaka, 1982.

2. Abdullah Hassan, "Language Planning in Southeast Asia", Kuala Lumpur: DBP, 1987.

3. Amry Vandenbosch, Richard Butwell, "Malaya: A Problem in Nation Building", University Press of Kentucky, 1957.

4. Cheah Boon Kheng, "Malaysia: The Making of a Nation", ISEAS – Yusof Ishak Institute, 2002.

5. Chelliah D. D., "A History of the Educational Policy of the Strait Settlements with Recommendations for a New System Based on Vernaculars", Kuala Lumpur: The Government Press, 1947.

6. Cheesmen H. R., "Education in Malaya, 1900 – 1941", London: Ernest Benn Limited, 1969.

7. Datuk Abdullah Ahmad, "Tengku Abdul Rahman and Malaysia's Foreign Policy, 1963 – 1970", Kuala Lumpur: Berita Publishing Sdn. Bhd, 1985.

8. Diane K. Mauzy, "Barisan Nasional: Coalition Government in Malaysia", Kuala Lumpur: Maricans, 1983.

9. Diane K. Mauzy, "After Indipendence (From Malay Nationalism to a Malaysian Nation?)", University of Michigan Press, 2009.

10. Funston, John, "Malay Politics in Malaysia: A Study of UMNO and PAS", Kuala Lumpur: Heinemann, 1980.

11. GIBB, H. A. R., "Modern Trends in Islam", Chicago: Chicago

University Press, 1947.

12. Harry Judge, "Word History from Earliest Times to 1800", Oxford: Oxford University Press, 1991.

13. Harper T. N., "The End of Empire and the Making of Malaya", Cambridge: Cambridge University Press, 2001.

14. Ismail Kassim, "Race, Politics and Moderation: A Study of Malaysian Electoral Process", Singapore: Times Book International, 1979.

15. Jagjit Singh Sidhu, "Administration in the Federated Malay States, 1896 - 1920", Kuala Lumpur, 1981.

16. Khong Kim Hoong, "British Rule and the Struggle for Independence in Malaya, 1945 - 1947", Pittsburgh: University of Pittsburgh, 1975.

17. Karl von Vorys, "Democracy without Consensus: Communalism and Political Stability in Malaysia", New Jersey: Princeton University Press, 1975.

18. Lee Kuan Yew, "The Singapore Story: Memoirs of Lee Kuan Yew", Singapore: Singapore Press Holdings, 1998.

19. Leon Comber, "13 May 1969: A Historical Survey of Sino - Malay Relations", Kuala Lumpur: Heinemann Asia, 1983.

20. Leo Suryadinata, "Ethnic Relations and Nation - Building in Southeast Asia", ISEAS - Yusof Ishak Institute, 2004.

21. "Malaysia Education Blueprint 2013 - 2025", Kementerian Pendidikan Malaysia, 2013.

22. Mubin Sheppard, "Tunku: His Life and Time", Kuala Lumpur: Pelanduk Publications, 1995.

23. Means G. P., "Malaysian Politics", London: University of London Press, 1970.

24. Milton J. Esman, "Administration and Development in Malaysia", Ithaca: Cornell University Press, 1972.

25. OOI Kee Beng, "Bangsa Malaysia: Vision or Spin? Malaysia: Re-

cent Trends and Challenges", ISEAS – Yusof Ishak Institute, 2005.

26. Pennycook, Alastair, "The Cultural Politics of English as an International Language", London: Longman, 1994.

27. Ratnam K. J., "Communalism and the Political Process in Malaya", Kuala Lumpur: University of Malaya Press, 1967.

28. Rachel Leow, "Taming Babel: Language in the Making of Malaysia", Cambridge University Press, 2016.

29. Saran Kaur Gill, "Language Policy Challenges in Multi – Ethnic Malaysia", Jerman: Springer – Verlag, 2014.

30. Saw Swee – Hock, K. Kesavapany, "Malaysia: Recent Trends and Challenges", ISEAS – Yusof Ishak Institute, 2005.

31. Syed Muhd Khairudin Aljunied, "Radicals Resistance and Protest in Colonial Malaya", Northern Illionis University Press, 2015.

32. Tunku Abdul Rahman, "May 13 Before and After", Kuala Lumpur: Utusan Melayu Press, 1969.

33. Vasil R. K., "Ethnic Politics in Malaysia", New Delhi: Radiant Publisher, 1980.

34. William R. Roff, "The Origins of Malay Nationalism", New Haven: Yale University Press, 1967.

35. Wang Gungwu, "Community and Nation: Essays on Southeast Asia and the Chinese", Singapore: Heinemann, 1981.

36. Wade, G., "The Origin and Evolutions of Ethnocracy in Malaysia", Singapore: Asia Research Institute, National University of Singapore, 2009.

37. F. Wong, T. H. Ee, "Education in Malaysia", Heinemann Kuala Lumpur, 1971.

38. Yahya, Z., "Resisting Colonialist Discourse", Penerbit Universiti Kebangsanan Malaysia, 2003.

（二）文章

1. Abdillah Noh, "Malaysia 13th General Election: A Short Note on

Malaysia's Continuing Battle with Ethnic Politics", Electoral Studies, 2014, No. 34.

2. Andreas Ufen, "The 2008 Elections in Malaysia Uncertainties of Electoral Authoritarianism", Taiwan Journal of Democracy, 2008, Iss. 4.

3. Arakaki Robert, "Tracking Ethnic Politics in Malaysia", Asia Politics & Policy, 2011, No. 3.

4. Asmah Haji Omar, "The Language Policy of Malaysia: A Formula for Balanced Pluralism", Papers in South – East Asian Linguistics No. 9: Language Policy, Language Planning and Socillinguitics in South – East Asia, 39 – 49 Pacific Linguistics A – 67, 1995.

5. Asmah Haji Omar, "Language Planning and Image Building: The Case of Malay in Malaysia", nt'l J. Soc. Lang, 1998, Iss. 130.

6. Ali Syed Husin, "Working Notes on the Malaysian Left", Inter – Asia Cultural Studies, 2015, Iss. 16, No. 1.

7. Ales Puteh, "The Language Medium Policy in Malaysia: A Plural Society Model?", Review of European Studies, 2010, Iss. 2, No. 2.

8. Albert Lau, "Malayan Union Citizenship: Constitutional Change and Controversy in Malaya, 1942 – 48", Journal of Southeast Asian Study, 1989, No. 2.

9. Byungkuk Soh, "Malay Society under Japanese Occupation, 1942 – 45", International Area Review, 1998, No. 2.

10. Brian Ridge, "Bangsa Malaysia and Recent Malaysian English Language Policies", Current Issues in Language Planning, 2004, Iss. 5, No. 4.

11. Byungkuk Soh, "Dato Onn Bin Jaafar's and Tunku Abdul Rahman's Visions: Ideology and Nation – Building in Malaya, 1948 – 1957", International Area Studies Review, 2010, Iss. 13, No. 3.

12. Cheah Booh Kheng, "The Japanese Occupation of Malaya, 1941 – 45: Ibrahim Yaacob and the Struggle for Indonesia Raya", Indonesia, 1979, No. 28.

13. Charles Gamba, "Labour and Labour Parties in Malaya", Pacific Affairs, 1958, Iss. 31, No. 2.

14. Dan Lemaire, "Malaysia Vision 2020", Canadian Business Review, 1996.

15. Donna J. Amoroso, "Dangerous Politics and the Malay National Movement, 1945 – 1957", South East Asia Reaserch, 1996, No. 3.

16. Funston N. J. , "The Origin of Parti Islam se Malaysia", Journal of Southeast Asian Studies, 1976, No. 7.

17. Ganesan Shanmugavelu, Khairi Afiffin, Nadarajan Thambau, Zulkufli Mahayudin, "Development of British Colonial Education in Malaya, 1816 – 1957", International Journal of Education, 2020, No. 8.

18. Graham K. Brown, "Making Ethnic Citizens: The Politics and Practice of Education in Malaysia", International Journal of Educational Development, 2007, No. 27.

19. Graham K. Brown, "Legible Pluralism: The Politics of Ethnic and Religious Identification in Malaysia", Ethnopolitics, 2019, Iss. 9, No. 1.

20. Guan, Lee Hock, "Ethnic Politics, National Development and Language Policy in Malaysia", Language Nation and Development in Southeast Asia, 2007.

21. Ibrahim Saad, "The National Culture Policy in a Plural Society: The Malaysian Case", Jurnal Negara, 1981, No. 2.

22. Jason Wei Jian Ng, Gary John Rangel, Santha Vaithilingam, and Subramaniam S. Pillay, "The 2013 Malaysian Elections: Ethnic Politics or Urban Wave?", Journal of East Asian Studies, 2015, No. 15.

23. Khong Kim Hoong, "Malaysia's General Election 1990: Continuity, Change and Ethnic Politics", Institute of Southeast Asian Studies, 1991.

24. Lemaire, Dan, "Malaysia: Vision 2020", Canadian Business Review, 1996, Iss. 23, No. 2.

25. Michael S. H. Heng, "A Study of Nation Building in Malaysia",

East Asia, 2017, No. 34.

26. Mohd Nazri Latiff Azmi, "National Language Policy and its Impacts on Second Language Reading Culture", Journal of International Education and Leadership, 2013, Iss. 3, No. 1.

27. Mohamed Mustafa Ishak, "Managing Ethnicity and Constructing the 'Bangsa Malaysia' (A United Malaysian Nation)", Malaysian Management Journal, 2002, No. 6.

28. Maznah Mohamad, "Religion and Politics in Malaysian Nation – Building: A 'Double – Movement' of Hegemonic and Plural Islam", Inter – Asia Cultural Studies, 2017, Iss. 18, No. 3.

29. Maznah Mohamad, "Malaysia – Democracy and the End of Party Politics?", Australian Journal of International Affairs, 2008, No. 62.

30. Michael S. H. Heng, "A Study of Nation Building in Malaysia", East Asia, 2017, No. 34.

31. Nor Zalina Mohamad – Yusof, Danture Wickramasinghe, Mahbub Zaman, "Corporate Governance, Critical Junctures and Ethnic Politics: Ownership and Boards in Malaysia", Critical Perspectives on Accounting, 2018, No. 55.

32. Paolo Coluzzi, "Language Planning for Malay in Malaysia: A Case of Failure or Success?", International Journal of the Sociology of Language, 2017, No. 244.

33. Rizal Yaakop, "The British Legacy and the Development of Politics in Malaya", Global Journal of Human – Social Science, 2014, Iss. 14, No. 1.

34. Rowland, Velerie Kathy, "The Politics of Drama: Post – 1969 State Policies and its Impact on Theatre in English in Malaysia from 1970 – 1999", Unpublishes M. A. Thesis, National University of Singapore, 2004.

35. Ruhanas Harun, "The Politics of Accommodation and the Problem of Nation – Building in a Plural Society: The Case of Malaysia", Islam And Ci-

vilisational Renewal, 2010, Iss. 1, No. 4.

36. Saran Kaur Gill, "Shift in Language Policy in Malaysia – Unravelling Reasons for Change, Conflict and Compromise in Mother – Tongue Education", AILA Review, 2007, No. 20.

37. Saran Kaur Gill, "Change in Language Policy in Malaysia: The Reality of Implementation in Public Universityes", Current Issues in Language Planning, 2008, Iss. 7, No. 1.

38. Saran Kaur Gill, "English Language Policy Changes in Malaysia: Demystifying the Diverse Demand of Nationalism and Modernization", Asian Englishes, 2014, Iss. 6, No. 2.

39. Saran Kaur Gill, "Language Policy and English Language Standards in Malaysia: Nationalism & Pragmatism", Journal of Asian Pacific Communication, 2002, Iss. 12, No. 1.

40. Saran Kaur Gill, "Language Policy in Malaysia: Reversing Direnction", Language Policy, 2005, No. 4.

41. Segawa Noriyuki, "Double – Layered Ethnic Politics in Malaysia: National Integration, Ethnic Unity and Social Stability", Commonwealth & Comparative Politics, 2017, No. 55.

42. Segawa Noriyuki, "Affirmative Action and Nation Building in Malaysia: The Future of Malay Preferential Policies", African and Asian Studies, 2013, No. 12.

43. Stockwell A. J., "The Formation and First Years of the United Malays National Organization (U. M. N. O.) 1946 – 1948", Modern Asian Studies, 1977, Iss. 11, No. 4.

44. Shamsul A. B., "A History of an Identity, an Identity of a History: The Idea and Practice of 'Malayness' in Malaysia Reconsidered", Journal of Southeast Asian Studies, 2001, Iss. 32, No. 3.

45. Shamsul A. B., "Debating about Identity in Malaysia: A Discourse Analysis (< Special Issue > Mediating Identities in a Changing Malaysia)",

Southeast Asian Studies, 1996, Iss. 34, No, 3.

46. Sivapalan Selvadurai, "Debating Education for Nation Building in Malaysia: National School Persistence or Vernacular School Resistance?", GEOGRAFIA Online Malaysian Journal of Society, 2015, Iss. 13, No. 11.

47. Soenarno, Radin, "Malay Nationalism, 1896 – 1941", Journal of Southeast Asian History, 1960, Iss. 1, No. 1.

48. Tan Yao Sua, "Decolonization, Educational Language Policy and Nation Building in Plural Societies: The Development of Chinese Education in Malaysia, 1950 – 1970", International Journal of Educational Development, 2013, No. 33.

49. Tan Yao Sua, "The British Educational Policy for the Indigenous Community in Malaya 1870 – 1957: Dualistic Structure, Colonial Interests and Malay Radical Nationalism", International Journal of Educational Development, 2013, No. 33.

50. Tan Yao Sua, Teoh Hooi See, "Ethnic Contestation and Language Policy in A Plural Society: The Chinese Language Movement in Malaysia, 1952 – 1967", History of Education, 2014, Iss. 43, No. 2.

51. Tan Chee Beng, "Ethnic Identities and National Identities: Some Examples from Malaysia", Identities Global Studies in Culture and Power, 2010, Iss. 6, No. 4.

52. Wong Vivien, "The Language Medium Policies: A Study on the Development of Independent Chinese Secondary Schools (ICSS) in Malaysia", KATHA, Vol. 2017, No. 13.

53. Yoji Akashi, "Japanese Military Administration in Malaya – Its Formation and Evolution in Reference to Sultans, the Islamic Religion, and the Moslem – Malays, 1941 – 1945", Asian Study, 1966.

三、马来文参考文献

(一) 专著

1. Abdullah Zakaria Ghazali, "Malaysia dari Segi Sejarah (Persekutuan Tanah Melayu Merdeka, 31 Ogos 1957: Liku dan Jejak Perjuangan Patriot dan Nasionalis Menentang British)", Persatuan Sejarah Malaysia, 2012.

2. "Asas Kebudayaan Kebangsaan: Kertas kerja", Kuala Lumpur: Kementerian Kebudayaan Belia dan Sukan, 1973.

3. Asmah Haji Omar, "Pengajaran Bahasa Melayu dalam Konteks Perancangan Bahasa Kebangsaan", Kuala Lumpur: Dewan Bahasa dan Pustaka, 1975.

4. ChamilWariya, "UMNO Era Mahathir", Fajar Bakti Petaling Jaya, 1988.

5. Fadilah Bt. Zaini, "Hubungan Etnik di Malaysia: Perspektif Teori Dan Praktik", Johor Bahru: Penerbit Universiti Teknologi Malaysia, 2009.

6. Ibrahim Yaacob, "Melihat Tanah Air", Kuala Lumpur: Percetakan Timur, 1941.

7. Jamaie Hamil, "Budaya Politik Melayu: Kesinambungan dan Perubahan", Bangi: Peberbit Universiti Kebangsaan Malaysia, 2005.

8. Leon Comber, "13 Mei—Sejarah Perhubungan Melayu – Cina", Penterjemah Omardin Haji Ashaari, IBS Buku Sdn Bhd, 2011.

9. Mohd. Dahlan Mansor, "Pengantar Sejarah Nusantara Awal", Kuala Lumpur: Dewan Bahasa dan Pustaka, 1979.

10. Paimah Atoma, Mohd Azmir Mohd Nizah, Latifah Abdul Latiff, "Hubungan Etnik", Negeri Sembilan: Universiti Sains Islam Malaysia, 2011.

11. Raja Mukhtaruddin Raja Mohd. Dain, "Pembinaan Bahasa Melayu: Perancangan Bahasa di Malaysia", Kuala Lumpur: Dewan Bahasa dan Pustaka, 1992.

12. Rahim bin Yahaya, "Krisis UMNO 1987 - 1988: Satu Pandangan Umum Masyarakat Kawasan Bota Perak Darul Ridzuan", Universiti Malaya, Sesi 1988/1989.

13. Tunku Abdul Rahman, "Sebelum dan Selepas Mei 13", Kuala Lumpur: Penerbit Utusan Melayu, 1969.

14. Ting Chew Peh, "Kebudayaan Cina dalam Pelaksanaan Dasar Kebudayaan Nasional, Konvensyen Kebudayaan dan Identiti Nasional 7 - 8 September 1985", Bangi: Universiti Kebangsaan Malaysia, 1985.

15. Taib Osman, "Bahasa Renchana Pengarang Akbar - akbar Melayu Hingga ka - tahun 1941", Kuala Lumpur: Dewan Bahasa dan Pustaka, 1964.

16. Wan Liz Ozman W. O. , "Mengurus Agenda Abad 21: Cabaran dan Persiapan Dalam Era Globalisasi", Kuala Lumpur: Golden Books Centre, 2000.

17. Zainal Abidin Wahid, "Sejarah Malaysia Sepintas Lalu", Kuala Lumpur: Dewan Bahasa dan Pustaka, 1983.

18. Zainal Kling, "Konsep Kebudayaan Kebangsaan Malaysia. Dalam Pertemuan Dunia Melayu", Kuala Lumpur: Dewan Bahasa dan Pustaka, 1987.

(二) 文章

1. Aman, "Kesedaran Sejarah Dan Nasionalism: Pengalaman Indonesia", Informasi, 2009, No. 2.

2. Azman Che Mat, "Bahasa Melayu Benteng Islam dan Melayu", Jurnal Pemikiran Dan Kepimpinan Melayu, 2013.

3. Azlinda binti Abd. Rahman, "Bahasa Melayu: Antara Peluasan, Penyempitan dan Kecelaruan", Jurnal of Techno Social, 2013, Iss. 5, No. 1.

4. Junaidi Awang Besar, Rosmadi Fauzi, Amer Saifude Ghazali, "Politik etnik di Kuala Lumpur: Kajian Tanggapan Pengundi dalam Kalangan Penghuni Program Perumahan Rakyat (PPR) pasca Pilihan Raya Umum 2013",

Malaysian Journal of Society and Space, 2015, Iss. 11, No. 7.

5. Mohd Faidz Mohd Zain, Jamaie Hj. Hamil, Mohd Rizal Mohd Yaakob, Mohamad Rodzi Abd Razak, "Pengaruh Nasionalisme Melayu Mewarnai Budaya Politik Melayu dalam Umno", Jurnal Melayu, 2011, No. 7.

6. Mohamed Anwar Omar Din, "Asal – Usul Orang Melayu: Menulis Semula Sejarahnya", Jurnal Melayu, 2011, No. 7.

7. Mohd Faidz Mohd Zain, "Pengaruh Nasionalisme Melayu Mewarnai Budaya Politik Melayu Dalam Umno", Jurnal Melayu, 2011, No. 7.

8. Maman S. Mahayana, "Gerakan Budaya Menjelang Kemerdekaan Indonesia – Malaysia", Makara, Sosial Humaniora, 2007, Iss. 11, No. 2.

9. Nazri Muslim, Jamsari Alias, Wan Zulkifli Wan Hassan, Azizi Umar, Nasruddin Yunos, "Analisis Peruntukan Orang Melayu dalam Perlembagaan Persekutuan Malaysia dalam Konteks Hubungan Etnik", Jurnal Melayu, 2013, No. 11.

10. Sharifah Darmia Binti Sharif Adam, "Cabaran dan Reaksi Pelaksanaan Bahasa Kebangsaan dalam Bidang Pentadbiran dan Pendidikan di Malaysia, 1957 – 1966", Social and Behavioral Sciences, 2014, No. 134.

11. Safar Hashim, "Pemilihan UMNO: Antara Tradisi dan Amalan Demokratik", Dewan Masyarakat, 1987, No. 5.

12. Tan Yao Sua, "Perkembangan Pendidikan di Malaysia: Peranan Lim Lian Geok dan Aminuddin Baki", Jurnal Terjemah Alam & Tamadun Melayu, 2009, No. 1.

四、外文档案、报告、政策类文献

1. Colonial No. 94, Sir Harold Macmicheal, Report on a Misson to Malaya (October, 1945 – January, 1946) London: His Majesty's Stationary Office, 1946.

2. CMD 6724, Malayan Union and Singapore: Statement of Policy on Future Constitution, his Majesty's Stationery Office, January, 1946.

3. CO 537/4242, No. 1 "Inward Telegram no 1636 from H Gurney to Mr Creech Jones", 19 December, 1948.

4. Education Act, No. 43 of 1961, Federation of Malaya.

5. First Report of the Central Advisory Committe on Education (Council Paper No. 29 of 1950).

6. Hugh Low to Robinson, 28 May 1878, Enclosed in Robinson to Hicks Beach, 171 of 13 June 1878, CO 273/94, Cited in Sadka, The Protected Malay States.

7. Kementerian Pelajaran Malaysia, Laporan Jawatankuasa Kabinet Mengkaji Pelaksanaan Dasar Pelajaran, 1979.

8. Ministry of Education Federation of Malaya, Report on the Education Committee 1956, Kuala Lumpur: The Government Press, 1956.

9. Private Higher Educational Institution Act 1996.

10. Reports on the Federated Malay States for 1897, C. 9108.

11. Report of the Committee on Malay Education Fedaration of Malaya, Kuala Lumpur: Acting Government Printer, 1951.

12. Report on the Barnes Report on Malay Education and the Fenn – Wu Report on Chinese Education. Federation of Malaya Central Advisory Committee on Education, 10 September 1951.

13. Report on the Education Committee 1956, Ministry of Education Federation of Malaya, 1992.

14. Report of the Education Review Committee 1960, Kuala Lumpur: Government Printer Federation of Malaya, 1960.

15. Rang Undang – undang Kuasa – kuasa Darurat Kelantan, 1977, Penyata Rasmi Parlimen, 9 November 1977.

16. Report on the National Brains Trust on Education, Ministry of Education, 2002.

17. Sadka, The Protected Malay States, Minute by Herbert Meade, 21 January 1876, on Jervois to Carnarvon, 17 December 1876, CO 273/81;

Ord to Anson, 28 December 1875, Anson Correspondence.

18. Sekolah Wawasan: Kongsep dan Pelaksanaan, Mesyuarat Jawatankuasa Perancangan Pendidikan, Disember 1995.

19. Stochwell A. J. British Documents on the End of Empire Project: Part I The Malayan Union Experiment 1942 – 1948, HMSO Publication Centre, 1994.

20. Stochwell A. J. British Documents on the End of Empire Project: Part II The Communist Insurrection 1948 – 1953, HMSO Publication Centre, 1994.

21. The Commissioner of Law Revision Malaysia, Education Act 1996.

五、外文报纸

《星洲日报》
《每日新闻》
《海峡时报》
《星槟日报》
《南洋商报》
《中国报》
Malaysiakini
Bernama
Berita Harian
Utusan Online
Sinar Harian
Astro Awani

图书在版编目（CIP）数据

语言与权力：二战后马来西亚语言教育政策发展研究 / 刘勇著. -- 北京：时事出版社，2025.5.
ISBN 978 - 7 - 5195 - 0648 - 3

Ⅰ．H002

中国国家版本馆 CIP 数据核字第 2025GK4982 号

出 版 发 行：时事出版社
地　　　　址：北京市海淀区彰化路 138 号西荣阁 B 座 G2 层
邮　　　　编：100097
发 行 热 线：（010）88869831　88869832
传　　　　真：（010）88869875
电 子 邮 箱：shishichubanshe@sina.com
印　　　　刷：北京良义印刷科技有限公司

开本：787×1092　1/16　印张：15.25　字数：220 千字
2025 年 5 月第 1 版　2025 年 5 月第 1 次印刷
定价：139.00 元

（如有印装质量问题，请与本社发行部联系调换）